平靜的力量

ALTERED
TRAITS

SCIENCE REVEALS HOW MEDITATION
CHANGES YOUR MIND, BRAIN, AND BODY

U0135623

正念研究經典，
科學實證持續練心即可重塑大腦迴路，
提升內心素質，脫離耗損身心的負面情緒

丹尼爾·高曼博士 ｜ 理查·戴維森博士——著

雷叔雲——譯

CONTENTS

各界推薦

　　這是作者傑出職涯的快樂綜述，從他們學生時代就直覺認定，靜觀當中有深刻和生命轉化的內容，本書道出了從此以後的故事：他們發現了什麼，而且為什麼在此時此刻這個事實對世界如此重要。

──喬・卡巴金（Jon Kabat-Zinn），麻州大學醫學院醫學榮譽教授暨減壓門診創辦人，《正念療癒力》作者

　　一位是實事求是的科學作家，一位是勇於突破的神經科學家，奏起精緻的二重奏，這本精心傑作告訴我們，訓練心靈如何可以轉化大腦和自我感，而且鼓舞著我們去創造一個身心更幸福安康、更具意義、與世界連結更緊密的感覺。太棒了！

──丹尼爾・席格（Daniel J. Siegel），加州大學洛杉磯分校精神醫學臨床教授

　　這是一本真正可以改變生命的書。兩位作者不僅呈現出靜觀的力量，還指出修行如何可以得到最大好處。誰不想更具正念、更有慈悲心、生命更充實？本書是一本路線圖。

──雅莉安娜・赫芬頓（Arianna Huffington），《哈芬登郵報》（*The Huffington Post*）創辦人，《富比士》雜誌「當代影響力女性之一」

這是兩位出色且勇敢的先驅所從事的傑出合作計畫，本書以科學的根據和實際的現狀，報導靜觀如何在改變心靈上有深遠不凡的影響。

—— 比爾·喬治（Bill George），哈佛商學院教授

在這一本入世且研究完善的書中，兩位作者幫助我們整理出當前許多靜觀利益的宣示。本書從他們個人的長期靜觀經驗，以及不斷增加的科學研究出發，說明靜觀的力量如何能轉化我們生命，開拓了新領域。

—— 約瑟夫·高斯汀（Joseph Goldstein），靜觀導師

世界最傑出的心理學科學家和最有天賦的科學作家，合寫了這本靜觀科學的書，研究嚴謹，說明深刻。若任何人對於人類心靈未開發的潛力有興趣，本書絕對是必讀之書。

—— 丹尼爾·吉爾伯特（Daniel Gilbert），哈佛大學心理學教授，
　　公認為世界上幸福研究領域最具影響力的研究者之一

本書的訊息既強有力，又充滿喜悅。丹尼爾·高曼和理查·戴維森的科學突破告訴我們正念和慈悲心如何能幫助每一個人，再幫助全世界。這是我讀過最令人振奮的書！

—— 陳一鳴，《搜尋你內心的關鍵字》作者，與丹尼爾·高曼等
　　人共同創辦「搜尋內在自我」課程，供 Google 員工進修

推薦序

大腦科學對帶領和學習正念的重要性

正念帶領老師、樸石學堂創辦人　石世明

　　這二十年來大腦科學的快速發展，逐漸為我們解開，正念（心的）訓練如何形塑大腦神經迴路變化，進而調整身心不良運作所導致的問題。

　　兩位作者既是嚴謹的科學研究者，亦是深入的正念修習者，以平實易懂的語言，娓娓向世人「轉譯」出大腦科學的研究成果，讓我們得以採取全新的視角，來看待正念訓練如何促進身心健康，提升幸福感。

正念的操作定義呼應大腦運作

　　正念減壓創始人喬・卡巴金（Jon Kabat-Zinn）將正念定義為：「正念是刻意地，將注意力帶到當下，對於一刻接著一刻所顯露的經驗，不給予評價，所升起的覺察（awareness）」。

　　經過多年的正念團體帶領和研究文獻閱讀後，我才恍然大悟，原來：「刻意將注意力帶到當下 =A」，就是活化大腦的前額

葉，而同時「對顯露的經驗不給予評價 =B」，似乎就是抑制和自我指涉（對錯、得失）相關的後扣帶迴，某個程度來說，就是不去使用慣性反應迴路。帶領不同的正念練習發現，無論練習者的背景為何，只要按著正念操作定義，做到 A 和 B，很有意思的是：對當下經驗，所出現的覺察，領悟或新的理解，就會自然升起。這樣的覺察，並非思考，往往為練習者帶來豁然開朗的發現。

作者在第五章提到，正念呼吸或專注訓練可降低杏仁核對負向刺激的情緒反應；持續練習可強化前額葉皮質與杏仁核之間的運作連結，讓人比較不會受到情緒的劫持。後續研究指出：20 分鐘的正念練習，可降低過度擔憂所引發的後扣帶迴反應，並開啟前額葉的運作。整體而言，按照正念定義來進行練習，其結果能和不同研究產生相互呼應。

腦科學知識引導正念帶領

對大腦科學的理解雖然粗淺，但卻大幅深化了我對正念練習的帶領，了解到：在引導語的使用，要能將注意力焦點帶回當下（活化前額葉），覺知身體感受變化（活化腦島），要對壓力與情緒的慣性反應採取接納態度（降低以自我評估為導向的腦迴路），並時時覺察帶領者內在是否帶有仁慈和不改變的意圖。

在醫院進行護理師正念復原力訓練時，我先說明大腦運作如何受正念調節，鼓勵成員在幾週基本訓練後，開始運用此原

則。護理師報告：事情做不完，身心煩躁時，在進入病房前執行「正念乾洗手」，刻意將注意力放到按下洗手液的力道，接觸的溫度，抹開的觸覺、味覺（活化前額葉）……之後身體感到輕鬆，出現自然微笑。另一位護理師報告：面對難打針的病人，自己感到極度焦慮時，將專注力聚焦在打針過程的細部動作（降低杏仁核訊號強度），常練習讓上針率明顯提升。

由此來看，將腦科學知識帶入正念訓練，不僅讓練習者清楚為何而做，知道在不同情境下如何變通，也能增加執行的信心與整體效能感。

「正念＋腦科學」成為普及知識

本書作者以實事求是的科學態度，從壓力，同理心，注意力訓練，自我運作系統，基因調節和憂鬱情緒等重要層面，細膩引介各種研究，環環相扣串起正念對不同身心議題的幫助，在堅實的研究鋪排之間，讓我深切感受到作者的悲憫之心。

相信本書的出版，最重要的貢獻之一，就是讓大眾了解，正念訓練背後所具有大腦運作和生理歷程。在這個資訊爆炸的時代，人們的注意力難以集中，經驗變得淺薄，出現憂鬱和焦慮的年齡越來越低，常常在報導中會聽到因為衝動，導致自傷的不幸消息。

近幾年在英國以腦科學為基礎的孩童正念課程，已正式進入國小、國中校園，成為課程一部分。若行之有年後，相信很快

就會成為民眾的基本常識。如果人人都知道:「感到焦慮時,先停一下,我會運用幾次呼吸,來轉換腦迴路」,那麼情緒所帶來的衝擊,就會降到最低。

最後,這本書要指出的大重點是:透過持續練習,正念帶來的改變,可從暫時的狀態,變成持久的「內心素質」。這的確是好消息,將正念融入生活,那麼,人間的苦會少一些,幸福會多一些。

祈願本書為這樣願景,開啟一扇希望的門。

推薦序

生命中自我療癒的力量

精神科主治醫師，台灣臨床正念學會常務理事 陳建鴻

看到或聽到「靜觀」這個詞時，你有什麼反應？有什麼感覺？有什麼情緒？

先稍微沉澱一下，感受一下自己的內在，覺察在這個當下所升起的身心反應，正在看這段文字並跟著觀照自己的身心的你，也進行了一個短短的「靜觀」，也可以翻譯成「正念靜觀練習」（mindfulness meditation）。

在繼續閱讀這本書之前，一定要先看看自己因為過去的經驗或是文化的脈絡，讓我們對「靜觀」這兩個字產生什麼樣的反應：排斥、厭惡、抵抗、困惑、疑問、好奇、有趣、神秘、嚮往等，或是什麼其他的想法？通常不會只有單一種情緒，很多時候我們的感受像一團繩結一樣，需要時間與精力去好好梳理，最終才能順暢。人們最常將靜觀與宗教連結在一起，可能會覺得那是一種宗教的修行，或者是有特定宗教信仰才能信奉的方法，也可能會聯想到某種傳教行為而心生排斥，邀請各位讀者，覺察到這些反應之後，能夠輕輕地將其放下並擺放在旁邊，讓我們帶著好

像第一次看到「靜觀」這兩個字的態度，甚至就把它視為兩個符號，讓這本書帶領讀者好好了解這兩個符號的內涵，以及科學研究證明它對人們有哪些幫助。

在正念（mindfulness）的脈絡中，我們常會翻譯成靜觀練習，其實最基礎的方式就是「靜」靜地「觀」察自己，從身體、情緒、想法、慣性等，如實地觀察當下自我的狀態，並不加以批判，所以在第一段中，各位讀者觀察到自己看到靜觀這兩個字的反應，這也就是短短的靜觀了，這並不是什麼晦澀難懂的語言，它可以是長達好幾個月的閉關修習，也可以落實在生活的時時刻刻。

光是覺察當下的自我可以帶給我們什麼幫助呢？最直接的幫助就是帶來專注，而專注又會帶來平靜與穩定。現代社會是個「訓練分心」的社會，手機不時的震動所帶來的誘惑，讓心一直被吸引過去，還有短影片的風行、追求高效率與推崇多工的氛圍，導致現代人的心總是浮動不安，隨時都處於高警覺狀態，久了以後注意力變得疲乏，身心負荷不了而產生很多自律神經失調症狀。而透過覺察身體作為靜觀的入門，就可以練習將注意力從日常生活的胡思亂想之中，帶回到專注自己的呼吸或身體感受上，而神奇的是，很多人會因專注而感覺到放鬆，所以很多學員第一次接觸到正念練習之一的身體掃描（body scan）時，都會發現對於睡眠品質的改善而驚訝不已。

不過靜觀的目的其實並不是為了要睡得好，或者是要透過靜觀追求快樂，靜觀是一種找到生命中自我療癒的力量的方

法，而這本來就內建在每一個人當中，正念或靜觀都只是一條引領我們找到自己內在力量的道路，這本書可以成為開啟這條道路的告示牌，它以科學證據說話，甚至不斷地進行反思諸多研究的不夠嚴謹之處，讓讀者能夠如實地了解走這條路可能會遇到什麼風景與挑戰，真正的感受唯有親自踏上這條旅程，才能有所感悟，一時的感悟則透過持續不斷的練習而轉化成我們內在的力量，如同內文所說，「持續練習才是把一時狀態變成素質的關鍵」，期待這樣的內容能將平靜帶給閱聽的讀者，讓生活中充滿愛與關懷，讓我們能活得舒心自在。

推薦序

安住當下的平靜

心能量管理中心執行長 許瑞云醫師

達賴喇嘛曾在演講中提到:「真實的平靜是一天二十四小時中,內心都沒有恐懼,也不感到焦慮」,但現代人很難保持平靜的心,因此診間常有過動兒,或是無法專注、焦慮不安的成年人來看診。其實人的心跟身體一樣,都可以經由長期而持續的鍛鍊,變得愈來愈健康有力。

暢銷書《EQ》的作者暨哈佛大學心理學博士丹尼爾・高曼先生,以及大腦暨神經科學家理查・戴維森博士所合著的《平靜的力量》一書,從靜觀的經驗出發,透過大量科學研究,記錄人們內心質變的過程,進而提出管理「破壞性情緒」的心智鍛鍊方法,幫助我們從負面情緒中解脫。

作者及其研究團隊長期與瑜伽士以及達賴喇嘛、明就仁波切等佛教修行大師合作,探討靜觀法門對人類的影響。研究發現「長期從事靜觀訓練,可以讓我們在日常生活中處於比較開放豐富的覺知狀態,進而開啟各種感官知覺,創造圓滿豐美的體驗」。

　　要促成這樣的心腦效益，必須透過不斷的刻意練習，只要每天進行靜觀訓練，持續兩週以上，專注力就會有所提升，除了改善分心、強化工作記憶、提高考試成績、減緩炎症標誌等益處，若能持之以恆，假以時日就可以達到減少壓力荷爾蒙濃度、緩和發炎反應、消除無謂的煩惱，甚至增加同理心，幫助個人跳脫自我中心的思考模式等諸多好處。

　　本書探索不同靜觀法門的作用，發現靜觀可以讓人產生一種「安住當下」的覺知，這是一種專注力，無論面臨生命中的各種起伏或重大事件，都能夠平靜以待，任由事件來了就來了，去了就去了，不妄自添加念頭或產生太大的情緒反應，可以單純的開放感受，覺知發生的事情，不以好壞、順逆來詮釋，不讓內心跟著被牽動。

　　書中將研究團隊對於靜觀法門有助於緩解各種身心疾病、減少疼痛、去除煩惱、改善家庭與人際關係、培養富同理心及專注力的孩子等優點，做了詳盡的闡述，對這樣的主題和研究有興趣的朋友們，歡迎一起閱讀本書！

譯者序

內太空的驚異奇航

雷叔雲

　　夜空裡那顆熒熒的火色星球，似乎不再遙遠。人類登上月球之後，下一個雄心就是移民火星。人類對外太空的遐想似乎永無止境，太空科技也一日千里。舉頭遙望星際的同時，是否也有人回望我們心中浩瀚的內太空呢？

　　有的，本書正是一場內太空的驚異奇航，由身兼靜觀者的神經科學家主述。

　　1870 年代，歐洲學術界開始研究佛法，百年之後，1960、70年代西方年輕人前進印度、尼泊爾、緬甸、泰國、斯里蘭卡等地，實地體驗東方靜觀的傳統。

　　「靜觀」（meditation）的巴利文和梵文為 bhāvanā，是開展和培育內心素質之意，其實就是「修行」（cultivation）。

　　本書作者丹尼爾・高曼和理查・戴維森（書中暱稱為丹和理奇）就躋身在這一批向東方取經的年輕人當中，他們在亞洲，發現了大師開示的修行小冊子和古代論典、親身體驗了密集靜觀，目睹了有高度、有溫度的修行典範。第一次瞥見，生命有更

宏闊的可能，心可經由系統化的訓練予以提升，產生質變，使生命超凡入聖。訓練的方法即是各式禪法。

禪法中，心既是研究對象，也是測量儀器，雖說東方靜觀早有傳承和教育的機制，完全如科學中的「可重複性」，但作者的發現畢竟只是個人化的主觀經驗，既難以向西方社會傳遞，「心」又看不見摸不著，他們於是展開了畢生的使命：以科學探索靜觀，此舉讓靜觀受到更嚴苛的檢視，也注入了新的元素。

科學和修行看似南轅北轍，然而達賴喇嘛道出了兩者的共通性：「追求真理，服務人類」。

書中有一個場景，1992 年的印度，理奇團隊向西藏僧人展示慈悲心的腦電訊號，理奇把電極一一黏在另一人的頭皮上，台下嚴肅的僧人突然哄堂大笑，他起初以為是頭上垂下那團亂糟糟的電線讓人忍俊不禁，後來才明白他們笑的是：不是說研究慈悲心嗎？怎麼把電極放在頭上，而不放在心上！

神經科學家從大腦著手，倒不是因為大腦主宰身心，而是因為大腦能夠鏡像體現心的實況。科學數據雖無法描繪精神境界的全貌，但可以提供部分（或說少部分）證據。佛法說得簡單明瞭，生命是精神現象（名法）和物質現象（色法）的和合，截然不同，卻相互依存、交相影響。兩者之間，心為前導[1]，精神引領物質，大腦是物質現象的一部分，因此可以說，修行始於心，成於腦，又終成於心。

東風西漸，靜觀者日眾，卻仍是小眾文化，在大眾眼中，靜觀仍是古老而無解的亂碼，現代人服膺科學，如缺乏嚴謹的實

驗和量化的數據，不信者恆不信，不確信者不敢輕易嘗試，好奇者面對眾多禪法又不知如何下手。所幸，從靜觀衍生出來「正念減壓」等通俗普及課程，廣大的人口可以用來減輕疼痛和壓力、調節情緒、增加專注力。這些好處原非靜觀的目標，不過是副產品而已，卻已足以讓人活得更輕鬆自在。

作者從充滿理想的研究生蛻變成將屆退休之齡的成熟科學家，本書是他們的靜觀研究回顧，兼及同一時期其他神經科學家的努力，可以說為靜觀的科學研究作了一番總體檢，架構恢宏，面面俱到。作者坦然檢討年輕無知所犯下的錯誤，也直言不諱靜觀研究仍需在設計上努力完善，科學家也必須對靜觀本身多加了解。全書持平走在科學與修行、趣味事例與嚴謹實驗、親身經驗與客觀分析、嚴密批判和真誠信念之間。

一般人期待的，可能只是一個簡短的結論：靜觀到底對身心有益，還是無益？但作者不做此想，他們細密鋪陳：是嗎？不是嗎？什麼無稽？什麼合理？為什麼？又如何做到？擦亮讀者的眼睛，不致誤蹈陷阱。

本書涉及五種專業領域：神經科學、認知科學、心理學、南傳佛教、藏傳佛教，知識量甚大，所使用的術語也跨屬五個系統。專業用語出現之處，如作者未在上下文脈絡中說明其意義，譯者則以譯註補足。如學術界沒有統一譯名，或尚未譯出，也儘量選用簡明易懂的字彙。然而，不精到之處，在所難免，對此，譯者概負全責。

腦值得探索，心可以昇華。外太空的第一手體驗不是常人

可得。然而內太空的翱翔，人人有份，隨時都能出發，當下一念便踏上旅程。

導讀
科學家的靜觀白皮書

台灣正念工坊執行長　陳德中

　　有次在接受廣播節目訪問時，主持人問我，「您是教正念減壓的專業權威，可否麻煩指導我們的聽眾只用 2 分鐘就能立即減壓？」另外，前陣子有個國際知名的精品業者邀請我們為其員工做個短時間的正念訓練，主管說「希望在這幾小時課程後，這些專櫃人員都能從此脫胎換骨，面對任務不再抱怨、遇到挫折不再低落，變成主動樂觀又積極的個性⋯⋯」。

　　被問到這類問題時，我通常有些為難，心裡明瞭人類內心素質的改變需要時間與練習，但又不忍心一下讓對方失望，畢竟市面上還是不少人宣稱可以快速達到如何又如何的效果。所幸，本書這兩位科學家作者，以最嚴格的實驗標準與謹慎的研究態度，把大腦系統改變的真相，詳實又誠實的告訴了世人。

　　我個人相當幸運，如同兩位作者般在大學時就接觸到正統靜觀方法，迄今已超過二十年，其中有八年多的時間處在相對專門修行的狀態，後來赴美留學攻讀心理諮商，也完成了麻州大學醫學院的正念減壓（MBSR）師資訓練。回台後，開始指導教授

當代正念（mindfulness），當時覺得這麼簡單的方法就能幫助到這麼多的人，真的很棒！只是同時，一方面會反思自己過去多年靜觀的意義與價值，另方面也常有學員回饋說「明明很簡單的方法，為何在你這邊學習效果就特別的好？」這本書的科學論述終於給出了答案，也證實了長期靜觀還是具有其極大的價值。

　　在「正念」逐漸流行之後，不少人都以為正念就只是好好放鬆、活在當下，跟很多紓壓樂活的概念混在一起，而逐漸忘了正念背後有著深厚的靜觀基底。記得幾年前一次正念減壓課後，一位中年男士開心地跑來找我，他說他多年來都靠安眠藥才能入睡，現在不用了，每晚睡覺前他就開始播放我所錄製的「身體掃描」光碟，聽一聽就自然睡著了。聽到這樣的回饋我當然很替他高興，只是一則以喜一則以憂，依賴藥物固然不是好事，但依賴我錄的光碟，其實也不是我真正希望的，而我真正希望的是，他能從內而外產生「心的質變」，如本書的原文書名 Altered Traits，他的 trait（個人特質，本書譯為內心素質）若能透過持續練習而獲得提升，才會帶給他真實的、徹底的、長期的改變與助益（前述精品業者希望的「脫胎換骨」，也是要到此時得以達成）。

　　我很感動也很慶幸，在這講求速食的時代中，出現了這本具備良心與科學的著作，以嚴謹的實證來探究靜觀與正念，引導我們走到正確安全的方向。同時，也以科學實驗證明，正念不只是放鬆或安慰劑，人們只要透過正確的指導與持續的練習，正念與靜觀確實能為大腦和行為帶來顯著而正面的改變，這並不是神話，而是事實。

　　讀者們在看這本書時，可先以輕鬆的心情翻翻前三章，就像在看兩位作者的故事一般，慢慢進入他們的脈絡。第四到十二章他們敘述了科學研究的歷程，其中第五到十章每章有個特定主題，依序是：「壓力」、「慈悲心」、「專注力」、「自我」、「疾病與基因」、「心理治療」，讀者可自行看看對哪個主題較有興趣、就先看那個章節，若時間不夠的話，每章最後也有「本章概要」；而第十一及十二章主要在談較長期、較高等級靜觀者的研究結果。第十三章則分別列出靜觀益處的三個階段：初學者、較長期靜觀者、和最高深專業級別；於最後一章，則談到了未來願景，靜觀的科學研究結果不只有益於個人，還可有益社會與整個世界。

　　對傳統靜觀不熟悉的讀者們，在此也預先說明些許基本概念與名詞，在閱讀此書時可能更易了解。原則上，靜觀（meditation）就是有系統鍛鍊心智的過程，在過去兩千多年來主要流傳在亞洲的佛教傳統當中，近代開始慢慢傳到歐美，後來亦衍伸出不具宗教脈絡的當代正念。而靜觀的方向主要有三種，第一種是專注力／注意力的訓練，書中談到的止禪或三摩地（samadhi），指的都是這個，它是一種讓內心能集中在單一目標對象的訓練過程，能讓人變得安定沉靜；第二種是覺知力／洞察力的訓練，書中談到的觀禪或毗婆舍那（vipassana）都是指這個，它重點在發展客觀觀察的能力，觀察對象不一定是單一的，而可能是動態的、多樣的，譬如身體感受與情緒……等等，漸漸的，我們會明瞭心身的本質、並培養出智慧的洞見；第

三種是慈悲心或愛心的練習，這個一般就比較容易了解，書中專有名詞也不多，相關的說明與研究主要在第六章，但這個慈悲的精神貫穿了全書，讓我深深感受到作者對人類的大愛。另外書中有個常見的名詞「所緣」，它意指「內心所留意的目標對象」，以上三種不同的靜觀都會應用到不同的所緣。

最後，如同書中所說，科學證據已顯示，在人類生命中，培育正面的品質是可能的，每一天的內心鍛鍊，都能創造長期幸福，並可教導下一代改善自己的生命。我們一起想像這樣的世界：心靈鍛鍊普遍，深深改善了社會，人類充滿平等心和慈悲心，共同邁向永續的幸福，那該有多好！

衷心祝福大家都能漸漸遠離痛苦煩憂，邁向踏實且較長遠的平靜與喜樂。

第一章

踏上提升心靈素質的旅程

　　秋天裡，一個晴朗的早晨，在五角大廈工作的史蒂夫・Z 中校突然聽到一聲「轟然巨響」，天花板當場塌陷，碎片紛紛落在他身上，他倒在地板上，昏迷不醒。那是 2001 年 9 月 11 日，一架客機衝入了那巨形的建築，非常靠近史蒂夫的辦公室。

　　飛機機身爆炸的那一刻，一團火球衝進了開放式的辦公室，因此史蒂夫身上覆蓋的碎片，救了他的一命。史蒂夫雖然受了腦震盪，但四天以後，他又回去上班，狂熱工作，焚膏繼晷，從晚上六點到早上六點，因為那正是阿富汗的白天。不久，他自願去伊拉克工作一年。

　　「我去伊拉克，主要是因為我連在商場附近行走，都不能不保持高度警覺、小心翼翼戒備別人用什麼眼光看我，無時不在提防。」史蒂夫回憶道：「我不敢走進電梯。塞車的時候，我覺得被困在車裡。」

　　他的症狀是典型的創傷後壓力症候群。史蒂夫終於意識到他無法獨力扭轉困局，於是找了一位心理治療師，到現在還在接

受治療。她非常溫和地引領他嘗試正念。

他回憶，正念（mindfulness）「讓我有個法子可以平靜下來，壓力少了些，反應也不那麼激烈了。」等他練習久了，也把慈心摻進練習，又去參加靜觀練習營，他的創傷後壓力症候群就不再頻繁發作，即使發作，也不會那樣強烈。雖然他還是易怒，而且躁動不安，但他可預見症狀何時行將發作。

史蒂夫這樣的故事，對練習靜觀（meditation，亦譯作禪修或冥想，此處取靜觀為平和寧靜的狀態，以及直觀與覺察的本質）的人來說，不啻是個令人振奮的訊息。我們兩人成年後的人生都練習靜觀，跟史蒂夫一樣，我們知道靜觀有許多好處。

但我們的科學背景也讓我們躊躇，並不是每一筆神效都算在靜觀的帳上，要可以通過最嚴格的測試。於是我們開始一步步澄清哪些有效，哪些無效。

所以，有些你所具備的靜觀知識，可能錯了；關於靜觀的正確知識，你可能並不知道。

就拿史蒂夫的例子來說，無數聲稱從靜觀的方法（例如正念）得到緩解的人，一再傳述著這個故事的各種版本，不只是創傷後壓力症候群，連各種情緒失調的人都這樣說。

然而，正念這個古老的靜觀傳統，並不是為了治療這些症狀，這個方法不過是近年才當做療癒現代生活各種苦惱的藥劑。至今仍有一些領域深信，正念最原始的目的是為了深刻探索內心，使我們的生命產生深層的改變。

另一方面，實用靜觀受到廣大的歡迎，如正念幫助史蒂夫

從創傷中復元，但走得沒那麼深。因為這樣通俗的方式易於切入，靜觀至少走進了許多人的日常生活。

於是，這裡就走出兩條路來了，一條走得深，一條走得廣。兩者儘管差別甚大，卻經常被混為一談。

我們看到，深入的這一條路徑，體現在兩個層次上。在純粹的層次，如東南亞國家修行的南傳佛教古老傳承，或者藏傳佛教的瑜伽士（我們會在第十一章看到許多驚人的數據），我們稱這些強度最高的類型為第一層。

第二層靜觀，把這種全面的宗教生活方式抽除，如比丘或瑜伽士，使它更適合西方胃口。這一層靜觀拋下了亞洲源頭中不易跨越文化的部分。

此外，還有走得廣的這條路：第三層是同樣的靜觀，卻更進一步除去了修行的內涵，並且傳播得更廣，就像我們的好友喬・卡巴金（Jon Kabat-Zinn）所創立的「正念減壓」（Mindfulness-based Stress Reduction，簡稱 MBSR），目前在數千家診所和醫學中心，以及其他處所教導。還有超覺靜坐（Transcendental Meditation，簡稱 TM），用友善易學的方法，對現代世界介紹古典梵文的咒語。

第四層是更廣為應用的靜觀，不免是最摻水，卻又是最能方便上手的。以目前流行的桌邊正念，或者幾分鐘的靜觀應用程式為代表。

我們預見還會出現第五層，現在看起來零零碎碎，但數量可能會隨著時間而增加。在這一層，由於科學家研究前四個層次

而學到許多經驗，勢必導向創新和適應，產生最廣泛的利益，我們在最後一章「啟動健康的心」將探討這種潛力。

我們初遇靜觀時，非常熱中於第一層的深層轉化。丹研究古老的佛法經論，並身體力行其中記載的修行方式，尤其是他研究所期間住在印度和斯里蘭卡的兩年，以及自此之後的體驗。理奇（Richie，每個人都這樣暱稱他）也一樣，繼丹之後去了亞洲，長期停留，也在靜觀營裡修行，並探訪靜觀學者，而且近年來在威斯康辛大學掃描「奧林匹克」水準的瑜伽士大腦。

我們自己的靜觀主要在第二層，但從一開始那條走得比較廣的道路，也就是第三層和第四層，對我們也一直非常重要。我們的亞洲老師說，如果靜觀的任一方面可助人減輕痛苦，就應該提供給所有人，而不僅限於探索心靈的人。我們的博士論文採納了這個建議，研究靜觀如何有助於認知和情緒。

本書所述盡是我們個人和專業的歷程。我倆自 1970 年代在哈佛的研究所認識以來，就是好友，也在靜觀科學上通力合作，而且多年以來，我們都是這項心靈藝術的修行者（儘管還談不上精通）。

因為我倆都接受過心理學的訓練，談論這個歷程就具備了輔助的技巧。丹除了是心理學家，亦是資深的科學記者，為《紐約時報》撰稿十餘年。理奇是神經科學家，除了領軍「威斯曼中心」（Waisman Center）腦造影實驗室，擁有專屬的功能性磁振造影（fMRI）、正子掃描（PET scan）、一系列最尖端的數據分析程式，以及數百台供研究所需的重型計算伺服器之外，並且創立和

領導威斯康辛大學「健康心智中心」（Center for Healthy Minds）。
他的研究團隊成員超過 100 位專家，從物理學家、統計學家、電
腦科學家，到神經科學家和心理學家，同時還有各種靜觀傳承的
學者。

我們倆合著一本書難免有點尷尬，不過跟共同合作的全然喜
悅相比，就不算一回事了。幾十年來，我們都是最好的朋友，各
自在專業領域分頭努力，這本書讓我們再度走到一起，確是一大
樂事。

你現在手裡捧著的書，我們早就想寫，卻遲遲未能動筆。
直到最近，支持我們想法的科學和數據逐漸成熟，兩者都到了一
個臨界值，我們很高興終能與讀者分享。

我們的喜悅也來自一種意義深長的共同使命：我們的目的
在於徹底重新詮釋「靜觀的益處到底是什麼，或者不是什麼？以
及修行的真正目標應該是什麼？」來改變輿論風向。

走得深的那條路

1974 年秋天理奇從印度回國後，有一次參加哈佛精神病理
學的研討會，當時他留著長髮，裝束頗具當時的劍橋風格，腰上
繫著彩色的編織腰帶。他的教授說：「精神分裂症的其中一個線
索，就是穿著怪異。」說完還意味深長地看了他一眼，理奇不免
心頭一驚。

當理奇告訴他的哈佛教授，博士論文想以靜觀為主題，教

授立即直白反應：那你的學術前途恐怕就要畫上句點了。

　　丹開始研究念咒修行產生的影響，他的臨床心理學教授聽說了，懷疑地問：「我的強迫症病人口中也不斷叨念『屎、屎、屎』，咒語跟這個有什麼不同？」[1] 雖然理奇說，在精神病理學當中，詛咒是不能控制的，安詳複誦咒語則是自願且刻意用來專注的工具。就算這樣解釋，也沒能說服那位教授。

　　這都是系所主任給予我們的典型反對意見，他們一聽到有關意識的研究，便懷著直覺的負面反應，這大概是一種溫和的創傷後壓力症候群吧。從前提摩西・李瑞（Timothy Leary）和理查・艾伯特（Richard Alpert）讓大學部學生實驗迷幻藥，引起一番爭端之後，公開遭逐出系門。這件事發生在我們進入系裡的前五年，但陰影仍揮之不去。

　　雖然學術前輩看我們的靜觀研究是一條死胡同，我們卻直覺認為非常必要。我們有個很好的創意：雖然靜觀可以帶來愉悅的境界，它真正的好處卻是持久的內心素質提升。

　　內心質變，也就是因靜觀而生起的一種新特質，在靜觀之後仍然延續。內心質變可以形塑我們日常生活中的行為，而不只是在靜觀當中或緊接靜觀之後。

　　內心質變的觀念一直是我們兩人終身的追求。在追求過程中，我們扮演著互動的角色。丹早年在印度參學種種心質轉變（mind-altering）的方法，直探其亞洲源頭，回到美國之後，試著向現代心理學傳遞靜觀對身心的益處及其古代運作模式，卻不太成功。

　　由於理奇自己有靜觀經驗，數十年來都在追求內心質變理論的證據。他的研究團隊現在已經產出許多數據，可以佐證這種想法並非異想天開。他引領這個初具雛形的研究領域，也就是靜觀的神經科學，一直在培養下一代科學家，而下一代已經開始依據現有證據開展研究，並追加了更多證據。

　　通俗普及的這條路風靡一時，另外一條路就是走得深的這條路，往往就無人理解了，但其實這才是靜觀的目的。在我們看來，靜觀最引人之處，並不是讓人身體更健康、工作表現更好，而是如何更進一步達到更純淨的本性。

　　一連串深層次路徑上的研究成果，大幅提高了人類正向潛力上限的認知模型。這條路徑培養我們無私、平等、慈心、大悲心等歷久不衰的心質，都是種種高度正向的內心質變。

　　我們剛著手時，若有人願意傾聽，肯定成為現代心理學的大新聞。平心而論，起初，內心質變的觀念其實少有具體證據，不過靠著我們朦朧的直覺，因為我們親見亞洲靜觀大師、親閱古老經論的記載，並親身粗淺涉獵這種內心藝術。而今，歷經數十年的沉默和忽視之後，近幾年開始有豐碩的研究成果出現，證實了我們早期的預感。一直到非常晚近，科學數據才到達了一個臨界值，確認我們的直覺和古老經論所載：這些深度的改變，是大腦功能明顯改變的外顯徵象。

　　多半的數據都來自理奇的實驗室，這可是唯一集合了數十位靜觀大師（主要是藏傳佛教的瑜珈士）的科學研究中心，也就是舉世研究高深修行人的最大數據庫。

　　雖然這些靜觀大師不是一般的研究夥伴，卻能見證一種現代思潮所忽略的生命方式，其實就明明白白地隱身在世界主要修行傳統的目標之中，現在我們終於可為這種深層的生命轉變提供科學認證，代表一種人類的可能性，大幅超越了心理科學所能想像。

　　這條深入道路的目標：「覺醒」（awakening）的理念，對現代人像一則離奇的神話故事，但是，就在本書付梓的同時，理奇的實驗室得到一些數據，剛在期刊中發表，確定了歷來所描述的深層次路徑中，大腦和行為產生顯著而正面的改變，並不是神話，而是現實。

走得廣的那條路

　　我們兩人都是「心智與生命學院」（Mind and Life Institute）的長期董事，組建這個研究所，是為了讓達賴喇嘛和科學家可以就廣泛的議題從事密集對話[②]。在 2000 年，我們和一群頂尖的情緒專家，包括理奇在內[③]，主辦了一個關於「破壞性情緒」（destructive emotions）的對談。在對話中，達賴喇嘛轉向理奇，給了他一個極具挑戰性的功課。

　　達賴喇嘛注意到自己的法脈中，長期流傳下來許多馴服破壞性情緒的方法，所以他呼籲將這些方法帶進實驗室，進行嚴格的測試，不要受限於宗教信仰。如果它們有助於減少破壞性情緒，那就廣泛傳播出去，給一切可能受益的人。

　　這讓我們士氣如虹，那天晚餐上和之後好幾個晚上，我們開始設計本書所描述之研究的大致流程。

　　達賴喇嘛提出挑戰之後，理奇重新注意到他的實驗室在研究深入層次和廣泛層次方面，已有很強大的實力，而且他是「健康心智中心」的創辦人，已經開展了一些有成效、有科學證據的工作，適合學校、診所、企業，甚至警察，任何人、任何地方，從學齡前兒童的慈心教育，到治療退伍軍人的創傷後壓力症候群，都可以應用。

　　達賴喇嘛的敦促，催化了以科學來支持通俗普及路徑的相關研究，這是全世界都通用的大眾語言。這種散播的程度已經算是爆紅，登上了部落格、推特和輕便的手機程式。例如，當我們在寫這本書的同時，正念修行已經成為一股熱情的浪潮，成千成百，也許有幾百萬人正在練習這個方法。

　　從科學的視角來觀察正念（或者其他不同的靜觀方法），不免提出這樣的問題：這個方法什麼時候有用？什麼時候沒有用？可以幫助每一個人嗎？它的益處和運動等其他方法有何不同？這些都是讓我們提筆寫作的一些問題。

　　靜觀是無數觀想修行（contemplative practice）方式的統括性詞彙，就像運動是指所有的體育活動。運動和靜觀，最終的結果都取決於你到底做了些什麼。

　　這裡提出一些實用的建議：如果你即將要開始練習靜觀，或已浸淫在幾種靜觀方式中，請記住，就像練出某一種運動技能，你也必須找一個適合你的靜觀方法，持續練習下去，才能得

到最大的好處。找到一種靜觀方法來嘗試，務實地決定每一天可以練習多少時間，即使是幾分鐘都好，嘗試一個月，然後看看在三十天以後，你感覺如何？

就像保持運動的習慣，身體就會健康，大部分的靜觀方法也都多少會加強心智的能力。我們在後面會看到，你投入某一特定靜觀方法的時數愈多，益處就愈大。

示警事件

我們姑且稱他 X 上師吧。在 1970 年代中期我們就讀哈佛的時候，有許多亞洲的靜觀老師蜂擁至美國，他也乘著這個浪尖找上我們，說很希望哈佛的科學家能夠研究他的瑜伽本事，證明他能力高超。

當時正瘋一種新技術：生物回饋（biofeedback），可以立即顯示無法用意識控制的生理狀況，譬如血壓。因為有這種新問世的訊息，人們可以把身體朝健康的方向運作，X 上師宣稱他不需要回饋，也可以有這樣的控制能力。

我們很高興發現了一個看起來本領高強的研究對象，讓我們得以使用哈佛醫學院麻薩諸塞心理健康中心的生理實驗室[4]。

測試上師能力的那一天，我們要求他降低血壓，他反而升高，要求他升高，他反而降低。我們告訴他結果的時候，他斥責我們給他喝「毒茶」，破壞他的能力。

我們的生理追蹤發現他所吹牛的本事，一個也做不到，然

而，他可以讓心房纖顫，這是一個風險很高的生物技術，他稱為「狗三昧」（dog samadhi），這個名詞讓我們至今不解。

X 上師不時會躲進男洗手間裡面，吸比迪菸（bidi，這是一種廉價的香菸，少許菸草碎片捲在一種葉子裡，在印度非常的流行）。我們在印度的朋友不久捎來了電報，說「上師」其實是前鞋廠經理，離棄了妻子和兩個子女，想來美國發財。

毫無疑問，X 上師是想找一個行銷優勢來吸引徒眾。他後來的亮相中，總不忘提到「哈佛大學的科學家」研究過他的靜觀本領，這是收割大量數據而變成行銷炒作的先鋒。

由於這次事件的示警，使我們對靜觀研究的現代浪潮抱持著開放且懷疑的心態，亦即科學家的心態。我們對於正念運動的興起，並迅速進入學校、企業和我們的私生活，也就是通俗普及的層次，大都持滿意的態度，但也看見一旦科學用做行銷手段，數據就常常被扭曲或誇張，令人扼腕。

靜觀和獲利的結合，過去有種種令人遺憾的事件，諸如一些行銷叫賣、令人失望的行為，甚至醜聞。往往以粗暴的誤解、問題重重的訴求、扭曲的科學研究，來行銷靜觀。舉例來說，一個企業網站在部落格貼文，名為「正念如何修復大腦、減低壓力，並提高績效」。這些宣示真能通過扎實的科學驗證嗎？對，也不對，如果說「不對」，或許只會像秋風過耳吧。

有些尚未定論的研究結果在網上爆紅，熱情宣稱：靜觀可以縮小杏仁核（amygdala），這是觸發戰、逃、凍結反應（fight-flight-freeze response）的區域，同時增厚大腦的執行中心，也就是

大腦前額葉皮質（prefrontal cortex）；靜觀可以改變大腦設定點，把情緒導入較正向的範圍；靜觀可以減緩老化；靜觀可以用來治療疾病，從糖尿病，到注意力不足過動症都適用。

仔細檢視這些訴求背後的科學研究，所使用的方法都有商榷的餘地，尚有待更多的測試和驗證，才能確認。這樣的研究結果也許經得起進一步檢視，也許根本站不住腳。

舉例來說，杏仁核縮小的研究，用了一種並不精確的方法來估計杏仁核的體積。有一種減緩老化的研究，被廣泛引用，用了非常複雜的治療方法，雖包括一些靜觀，同時也混入了特殊飲食和密集運動，因此靜觀本身的影響不可能分辨得出來。

儘管如此，社交媒體充斥著這樣的訴求，而且誇張的廣告文案誘人極了，因此我們以嚴格的正統科學為基礎，提供一個清醒的觀點，篩掉一些並不如表面上宣稱的這麼令人信服的研究結果。

甚至善意的支持者，也乏人指導，來分辨哪些值得信賴，哪些離譜，還有哪些根本是胡說八道。有鑒於熱情不斷上升，我們嚴謹縝密的立場應該來得正是時候。

讀者請注意，前三章涵蓋我們初期如何介入靜觀，以及我們的科學預感如何激發了使命感；第四章到十二章敘述我們科學研究的歷程，每一章都有一個特定主題，如專注力或慈悲心，每一章結尾都有「心腦效益」，讓有興趣知道我們研究結果（而非研究歷程）的讀者，進行一個概括性的描述；第十一章和十二章就講到我們長期追尋的目標，分享我們所能研究的最高深靜觀者

▌1970 ～ 2016 年靜觀或正念科學研究的出版數量

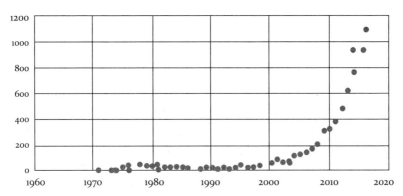

的結果。第十三章〈三層次心的質變〉中，我們鋪陳靜觀益處的三個階段：初學者、長期靜觀者和「奧林匹克」等級的；在最後一章，我們預測未來遠景，以及這些科學研究結果如何不只有益於個人，甚至有益於整個社會。

發展加速

早在 1830 年代，梭羅、愛默生，以及同時期的美國超覺靜坐主義者，就向東方的心靈藝術招手，他們被第一本亞洲古老心靈法本的英譯所激勵，卻缺乏修行指引，來證明法本的內容。約在一個世紀以後，佛洛伊德忠告心理治療師在聆聽病人的時候，要採取「均勻懸浮的注意力」（even-hovering attention），但也沒有提供任何方法。

幾十年前，西方開始更加認真探索心靈，因為東方的老師

來了,而西方人到亞洲學習靜觀的那一代也回來了,有些人當了老師。通俗普及的路徑因此加速發展,同時對於選擇追求深入路徑的人,也開啟了嶄新的可能。

在 1970 年代,我們開始發表有關靜觀的研究,當時這方面主題的科學論文還非常少量,至今總計有 6,838 篇,出版數量是後來顯著加速的。這方面出版的英語科學文獻,在 2014 年,年度數量是 925 篇,2015 年,共有 1.098 篇,2016 年,則有 1,113 篇(見上頁)[5]。

整地待耕

2001 年 4 月,在威斯康辛大學麥迪遜分校的「佛魯諾中心」(Fluno Center)頂樓,我們與達賴喇嘛進行了一下午靜觀研究成果的科學對談。弗朗西斯科・瓦雷拉(Francisco Varela)缺席了,他是一位智利出生的神經科學家,同時是巴黎「法國國家科學研究中心認知神經科學實驗室」(Cognitive Neuroscience laboratory, French National Center for Scientific Research)主任,他傑出的專業履歷還包括共同創立「心智與生命學院」,也就是主辦這次聚會的機構。

弗朗西斯科是一位認真的靜觀者,他已預見,只要資深靜觀者和研究他們的科學家充分合作,情勢將大有可為。這個模式後來成為理奇實驗室和其他實驗室的慣例。

弗朗西斯科本來計畫與會,但是他正在對抗肝癌,由於病

情急轉直下而無法成行。他躺在巴黎家中的床上，瀕臨死亡。

那是在 Skype 和視訊會議都還沒有發明的年代，但是理奇的團隊竭力在會議現場和他巴黎公寓臥室中，連接了一個雙向視訊。達賴喇嘛深深注視著攝影機中的他，講得很直接，他們兩位都知道這將是此生最後一次會面。

達賴喇嘛謝謝弗朗西斯科對科學和對大眾利益所做的一切，告訴他要堅強，並且說他們將會永遠保持聯繫，理奇和在場的許多人目睹這重要的一刻，都滿心感謝而熱淚縱橫。弗朗西斯科於數日後辭世。

三年後，也就是 2004 年，弗朗西斯科夢寐以求的事情實現了，在紐約市哈德遜河上游 1 小時車程的蓋瑞森學院（Garrison Institute），有 100 位科學家、研究生、博士後研究員首次齊聚一堂，參加為推廣嚴謹靜觀研究而設的「夏季研究學院」（Summer Research Institute，SRI），後來成了年度系列活動。

這個會議是由心智與生命學院主辦，是達賴喇嘛、弗朗西斯科和一位從律師轉業商人的亞當・安格（Adam Engle）在 1987 年成立的，我們都是創會董事。學院的使命是「整合科學和靜觀，以減輕痛苦，並促進身心安康」。

我們認為，心智與生命夏季研究學院可為立志研究靜觀的人，就像我們在研究所的時候，提供更加溫馨的研究環境。因為我們當時是孤立無援的先驅，所以現在希望能把使命同一、趣味相投的學者和科學家連結成一個社群，可以遠距支援彼此的工作，就算他們在研究機構裡只有獨自一人對這主題感到興趣，也

不寂寞。

　　夏季研究學院的細節，在理奇的麥迪遜家中廚桌上，和亞當・安格的一席對話中就敲定了。理奇跟幾位科學家和學者安排了第一次夏季課程，並擔任一週的老師，推出的主題包括注意力和心像的認知神經科學。截至寫作本書的時候，合計開了十三次的研討會（目前兩個在歐洲，將來或許會在亞洲和南美舉行）。

　　自從第一次的夏季研究學院開始，心智與生命學院就有一個以瓦雷拉為名的小額獎助金。這幾個金額不高的瓦雷拉研究獎（補助最高金額為 25,000 美元，雖然大部分這類的研究還需要更多的經費）已經帶來 6,000 萬美元以上的基金會和美國聯邦獎助機構的後續經費。這個創舉已有非常豐碩的成果：夏季研究學院 50 位左右的畢業生已經發表了數百篇關於靜觀的論文。

　　隨著這些年輕科學家擔任學術職位，不但該領域的研究人員數目激增，也大舉推動靜觀的科學研究數量不斷成長。

　　同時，比較資深的科學家因為看到甚有價值的研究成果，也將焦點移向這個領域。從理奇的威斯康辛大學大腦實驗室，以及史丹佛和埃默里、耶魯和哈佛，還有其他醫學院的科學家不斷產出研究結果，經常登上頭條新聞。

　　既然靜觀的人氣日益上升，我們覺得需要嚴格的檢視。靜觀在嚴謹科學中所記錄的神經和生理效益，不見得就是我們在報章雜誌、臉書，或電子廣告上看到的，而一些自吹自擂、遠播四方的訊息，卻往往不具科學根據。

　　許多報告都簡單總結：每天短短的靜觀就能改善我們的生

理和情緒，一經瘋傳，這訊息吸引了全世界數百萬人，在日常生活中騰出空檔來練習靜觀。

　　然而靜觀不僅於此，其可能性更為遠大，雖然也伴有風險。時機已經成熟，我們要公布從未上過頭條的更大新聞了。

　　在我們所編織的錦緞上已經有許多線頭。有一個線頭可以從我們多年的友誼和遠大的共同目標看出來，起初目標看似遙不可及，然而，無論任何障礙，我們都堅持下來。另一個線頭可以追溯到「經驗形塑大腦」的神經科學證據浮上了檯面，這成了支持我們「既然靜觀訓練心，因此也重塑大腦」理論的平臺。我們還挖掘出許多其他數據，顯示了這個漸變。

　　首先，每天只有幾分鐘靜觀練習，就會有出人意表的好處（儘管不全是現在大家所宣稱的那些），除了這些初步的好處之外，我們已可證明，練習的時間愈多，收穫就愈大。在最高層次的修行，我們發現到內心真正的質變，這是以前科學從未觀察到的大腦變化，而我們在幾十年前已經提出來了。

第二章

亞洲式心理學的奧秘

我們的故事，要從 1970 年 11 月初的一個清晨講起。菩提迦耶的佛塔[1]籠罩在附近尼連禪河升起的空靈曉霧中，塔尖都幾乎隱沒不見。佛塔旁，有一株菩提樹，傳說佛陀在樹下坐禪而悟道，但現在的樹是接枝的後代了[2]。

那天丹在黎明後繞行聖址時，從晨霧中瞥見了一位上了年紀的西藏出家人緩步經過，他的灰髮削得很短，眼鏡片厚得像可樂瓶底，手指撥著念珠，嘴裡喃喃輕唸聖者佛陀（梵文稱為牟尼）的心咒：「嗡，牟尼，牟尼，摩訶牟尼，摩訶牟尼耶，娑訶（Om Muni, Muni, Mahamuni, Mahamuniya, Swaha）[3]。」

幾天以後，朋友剛巧帶丹去拜望那位出家人，也就是庫努喇嘛（Khunu Lama）。他住在一個破破落落又沒有暖氣的小房子裡，水泥牆壁透出晚秋的涼意，一條木板既是床，又是白天的座椅，一旁有個小小的檯子，架著唸誦的法本，此外就什麼也沒有了。房裡空無一物，沒有任何私人物品，正符合他出家人的身分。

　　從清晨到深夜，庫努喇嘛會坐在床上。法本總是攤在面前。只要訪客路過進來（在西藏世界裡隨時都有可能），他一律用慈愛的眼神和溫暖的話語歡迎他們。

　　對到訪的人來說，庫努喇嘛的性格是一種慈悲的專注，也是平靜的生命和溫柔的存在，這使得丹非常驚訝，因為完全不似他念哈佛臨床心理學學位時研究過的人格特質，而且遠遠更為正向。丹所受過的訓練均針對負面特質：如神經官能模式、不堪負荷之感，以及精神病學。

　　相反的，庫努靜靜流溢出人性中崇高的那一面。舉例來說，他謙卑的故事傳為一時美談：由於庫努修行高深，他所在寺院的住持供養他寺院頂樓的一間套房，還指派另一名出家人擔任侍者，庫努拒絕了，寧願住在他狹窄簡陋的小屋，過簡單的生活。

　　庫努是罕見的整個藏傳佛教各學派都尊敬的大師，甚至達賴喇嘛也向他求教寂天菩薩（Shantideva）的《入菩薩行》（Bodhicharyavatara），這部論典指導菩薩如何使生命充滿慈悲。直至今日，只要達賴喇嘛開示這部他最喜愛的論書，都會歸功於庫努喇嘛的教導。

　　在遇見庫努喇嘛之前，丹曾在印度花了幾個月追隨一位印度瑜伽師尼姆・卡洛里・巴巴（Neem Karoli Baba），人稱尊敬的馬哈拉吉（Maharaji）④，丹最先是衝著他而到印度，因為他是拉姆・達斯（Ram Dass）的上師，而名聞西方世界。拉姆原名理查・艾伯特（就是那位哈佛的教授，因為實驗迷幻藥，和同事提

摩西‧李瑞一起遭到開除），那些年曾在印度全國旅行，後來轉化為他的信徒，故事風靡人心。很巧的，丹在哈佛求學的 1968 年耶誕假期，遇見了拉姆，當時拉姆追隨尼姆‧卡洛里一段時間，甫自印度返美，這段巧遇最後促成了丹前往印度的因緣。

丹在 1970 年秋季設法獲得了哈佛博士前旅行獎學金，到了印度，並在喜馬拉雅山腳下的一座小小靜修所找到了尼姆‧卡洛里‧巴巴。他過著苦行僧的生活，唯一的世俗財產就是一塊天熱時圍的白色棉質腰布，一塊天冷時裹的厚重羊毛花格子毯。他沒有特別的行程表，不發展任何組織，也沒有任何瑜伽體位法或靜觀的固定課程。像大部分苦行僧一樣，他巡遊四方，動向無法預知，只坐在他所探訪的靜修所、寺廟或家庭的前廊與人說話。

馬哈拉吉似乎總是處於安靜的喜悅中，弔詭的是，他同時也專注於眼前的人⑤。丹非常驚異他是那樣全然平靜，又是那樣慈悲。他像庫努一樣，對所有來訪的人都保持同等的興趣，他的訪客從高官到乞丐都有。

馬哈拉吉內心的不可思議境界，是丹認識他以前從未在任何人身上感受過的。他無論做什麼，都是毫不費力地保持在一個喜悅且慈悲的空間中，總是平靜自在。無論馬哈拉吉處於什麼樣的狀態，都不是一個內心的臨時避難所，而是一種持續的生命方式：一種身心完全健康的特質。

超越典範

每天丹都會去馬哈拉吉的靜修所拜望他，約兩個月後，他和朋友傑夫（現在以虔誠歌手克里希納・達斯 Krishna Das 之名而廣為人知）以及另外一位西方人一起旅行，這位西方人在印度過著苦行僧的生活長達七年，正急著辦理延長簽證。菩提迦耶是丹那段旅程的終站，他在這裡遇見了庫努喇嘛。

菩提迦耶位於北印度比哈爾邦，是全球佛教徒的朝聖地點。大部分佛教國家都在城裡有一幢建築物，供朝聖者住宿。緬甸的寺院，也就是朝聖者招待所，在軍事獨裁政府奪取政權、不准緬甸公民旅行以前就蓋好了，因此這座寺院有許多房間，卻沒多少朝聖者入住，很快就成了一群在城裡晃蕩無事的邊邊西方人想去過夜的地方。

1970 年 11 月，丹到達時碰到了唯一的美國長期住客，約瑟夫・葛斯登（Joseph Goldstein），他曾擔任和平工作團駐泰國的工作人員，約瑟夫花了四年多跟著靜觀大師慕寧達（Anagarika Munindra）在他的寺院學習。慕寧達身材輕巧，總穿著白衣，屬孟加拉巴如阿（Barua）種姓，這個種姓的成員自喬達摩[⑥]時代就是佛教徒[⑦]。

慕寧達曾跟著緬甸一些著名的禪師學習毗婆舍那（vipassana，意為觀禪，是南傳佛教的靜觀系統，也是現在非常流行的正念的根源），他成為丹的第一位觀禪老師。慕寧達不久前邀請了他的朋友葛印卡（S. N. Goenka）來寺院帶領一系列為期

十天的靜觀營。葛印卡快活隨和、大腹便便，以前是商人，剛成
為靜觀老師。

葛印卡是雷迪大師（Ledi Sayadaw）的傳承中養成的靜觀老
師，雷迪大師是緬甸比丘，革新了靜觀，廣泛對在家人開放，
這是 20 世紀早期為反制英國殖民影響而興起的文化復興運動之
一。雖然好幾世紀以來，在這個佛教文化裡，靜觀都是比丘和
戒女的專利，葛印卡卻是從烏巴慶（U Ba Khin，U 是緬甸的尊
稱）學習靜觀，烏巴慶一度是緬甸的國家會計長，他師從一位農
夫，農夫又曾經受教於雷迪大師。

丹連續參加了五次葛印卡的十天課程，沉浸在豐富的靜觀
方法當中，同時有百位左右外國人一道參加，1970 ～ 1971 年
冬季的那次靜觀營，是把亞洲國家的祕傳散播到全球的種子聚
會。後來一些其他學生，由約瑟夫・葛斯登領頭，成為把正念傳
到西方的重要人物[8]。

丹就讀大學時，就養成每日靜觀兩次、每次各 20 分鐘的習
慣，但是這次十天連續的修行，把他帶入了一個全新的層次。葛
印卡的方法，從僅僅注意呼吸進出的感受開始，這次可不止 20
分鐘，而是整天沒有間歇的。這種專注力的培育，後來變成一個
有系統的全身掃描，身體哪一處有感受就去掃描。原來是「我
的身體，我的膝蓋」，現在變成一種感受瞬息變換的海洋：覺知
（awareness）徹徹底底改變了。

這樣的轉化時刻，畫出了正念的界線。在正念裡，我們觀
察內心的變幻消長，更進一步，我們得以洞察心的本質。有了正

念，你會只注意那一連串的感受之流。

下一步是洞察力。我們更領悟到，自己原來一向把感受看做「我的」。例如我們觀照單純的疼痛，卻因為執著「我」而變成「我的痛」，卻從未觀察到，疼痛不過是一種感受的雜音，片刻不停地變化。

以上這些修行指南印在油印小冊子裡，鉅細靡遺地闡釋著心路的歷程，因為都是手傳手的地下出版物，邊角都磨得很破舊了，這是馬哈希大師寫的。馬哈希大師（Mahasi Sayadaw）是慕寧達的緬甸靜觀老師。那些破爛的小冊子，細密指導正念以及如何更進一步走上解脫之道。

這些轉化內心的實用手冊載有各種「整治」內心的方法，千年以來，人們一直使用不輟。這些小冊子用在一對一口傳、因材施教的時候，其中詳盡的解說可以指導一位靜觀者直至爐火純青的境地。

這些手冊有著共同的命題：若能以靜觀和相關修行來充實生命，即可產生非同尋常的生命轉化。庫努、馬哈拉吉，還有丹在印度旅途中所碰到的幾位老師，都具有共同的特質，皆是現成的佐證。

整個歐亞大陸的修行文獻都描述一種相似的解脫之路，內心從日常的憂慮、執著、自我中心、矛盾和衝動中解放出來，不再自我中心、無論任何困難都持著平等心、「當下」保持敏銳的覺知，以及對一切眾生的慈悲為懷。

相對之下，現代心理學才不過一百年，對於人類的潛力深

淺一無所悉。以丹的專業領域臨床心理學為例，它只聚焦於高度
焦慮之類的一個特定問題，並針對它尋求改善。亞洲式心理學對
生命持有更廣闊的看法，並提供方法來擴大我們的正向素質。丹
從印度回到哈佛後，決心要讓同事認識到，內心的昇華遠較目前
心理學所能想像的更為常見[9]。

　　丹去印度以前寫了一篇文章，根據他在大學時期第一次靜
觀的經驗，以及極其稀少的英語文獻來源，提出意識有一種持
久的純淨模式存在[10]。當年的科學視角看意識的主要的狀態不過
就是：醒、睡、做夢，各有截然不同的腦波訊號。另外一種意
識：不散亂的定力，比較有爭議，而且缺乏強力科學證據的支
持，在梵文裡面叫做三摩地（Samadhi）[11]，這是一種經由靜觀而
達到的意識狀態的暫變。

　　關於三摩地，當時丹只有一份較具有爭議性的科學研究能
夠引用。該報告說，研究人員用加熱的試管碰觸處於三摩地境界
當中的瑜伽士，腦電圖（EEG）顯示他對疼痛絲毫不以為意[12]。

　　然而，沒有資料談及這種長久純淨的生命品質。丹只能
自立假說。偏偏丹在印度到處都遇見體現這種崇高素質的修行
人，至少看來如此。

　　佛教、印度教、耆那教等萌芽於印度文明的宗教，都有一
個共同的「解脫」概念，只是形式各有不同。但是心理學告訴我
們，我們的假設會使自己所見所聞有所偏差。印度文化裡，「解
脫」的人具有一個非常強力的原型，丹已經知道，那種視角已經
有了一廂情願的投射，也就是說，為一個普遍而強有力的信仰系

統，提供一種虛假的完美形象。

　　所以，尚待釐清的問題是：生命純淨的素質，是現實，還是神話？

造就叛逆小子

　　在印度，家家都有座神壇，車輛也有，如果看到一個巨大笨重無比的塔塔（Tata）卡車，而那個司機剛好是錫克教徒，供養的肖像就是受人尊敬的宗教創始人納納克上師（Guru Nanak）。如果司機是印度教徒，就有一尊神，也許是猴神哈努曼（Hanuman）、濕婆（Shiva）或杜爾迦（Durga），通常還有一位敬愛的聖者或上師。那些肖像使司機的座位變成一座移動神龕，是每個印度家庭每日祈禱的神聖處所。

　　丹在 1972 年秋天從印度回到哈佛以後，在劍橋到處開著消防車紅的福斯（VW）麵包車，陳設他自己的萬神殿：在儀表板上貼的是尼姆・卡洛里・巴巴，還有他聽過的其他聖人，像是超塵脫俗的尼提阿南達（Nityananda）、微笑燦爛的拉瑪納・馬哈西（Ramana Maharshi），還有留著八字鬍、面容溫和有趣的美赫巴巴（Meher Baba）和他的口訣，後來被歌手巴比・麥菲林（Bobby McFerrin）唱響的「別擔心，要開心」（Don't worry. Be happy.）。

　　丹為了博士論文（主題是研究靜觀可以阻斷身體對壓力的反應）所需要的實驗技巧，選了一門心理生理學的課。他把車停在討論室不遠的地方，討論室在威廉・詹姆斯大樓十四樓，寥寥

無幾的學生坐在會議桌四周。理奇剛好選了丹身旁的座位坐下來，那天晚上是我們初次見面。

課後聊天，我們發現彼此有共同的目標：都希望用博士論文來記錄靜觀的一些益處，而且，選修心理生理學是為了研究的需要。

丹開車送理奇返回他和蘇珊共住的公寓（蘇珊是理奇的大學時代的女朋友，現在是他的妻子），理奇看到儀表板上的神龕時，目瞪口呆，但他很高興坐上丹的車：雖然理奇那時還在大學部，卻已廣泛閱讀心理期刊，包括晦澀的《超個人心理學》（*Transpersonal Psychology*）期刊，他曾在其中讀到丹的論文。

理奇後來回憶說：「我真想不到在哈佛居然有人寫這樣的論文。」當他申請研究所時，這成為他認為應該選擇哈佛的理由之一。丹自然感到十分欣慰，還有人如此認真看待他的論文。

理奇對意識的興趣，首先受到阿道斯・赫胥黎（Aldous Huxley）、英國精神病學家萊恩（R. D. Laing）和馬丁・布伯（Martin Buber）著作的啟蒙，繼之被拉姆・達斯的書《此時，就在此地》（*Be Here Now*）所感召，他開始念研究所的時候，該書剛剛出版。

但是這些興趣，在理奇就讀紐約大學位於布朗克斯的上城校區心理學系的時候，被迫轉入地下，因為那裡充滿了堅定的行為心理學家，也就是說，史金納（B. F. Skinner）的追隨者左右了心理學系[13]，他們堅定的假設是，只有觀察得到的行為，才是心理學該研究的，觀察內心是一個值得存疑的努力、一個白費時間

的禁忌,內心生活跟了解行為根本是風馬牛不相及[14]。

理奇選了一門異常心理學的課,教科書屬於熱切的行為學派,宣稱所有的精神病理學都是操作制約。好的行為會得到獎勵,就像鴿子啄右邊的按鈕,就得享美味的鳥食。理奇覺得這種觀點毫無立足之地:不僅忽視了心,也忽視了大腦,他對這個教條十分不對胃口,上了一個星期課就退選了。

理奇堅信,心理學應該研究內心,並不是研究鴿子的增強(reinforcement)行為表,於是他變成了一個叛逆小子。在嚴格的行為學家眼中,理奇對心的興趣簡直是離經叛道[15]。

白天,他必須跟行為主義的浪潮奮鬥,晚上則是自己的時間,可以自由探索。他自願幫助瑪摩利醫療中心(Maimonides Medical Center)進行睡眠領域的研究,在那裡他學到用腦電圖監測大腦活動,這一門專業知識,對他整個職涯都很有幫助。

他大四榮譽論文的指導教授是茱迪絲,羅丹(Judith Rodin)。理奇跟她一起研究白日夢和肥胖症。他的假設是,因為白日夢讓人脫離現實,於是對飽腹感不那麼敏感,便吃個不停。肥胖的部分,是因為羅丹對這個主題感興趣,白日夢則是理奇開始探究意識的方式[16],理奇從事這個研究是一個藉口,他用生理學和行為學的測量方法,學著探索內心活動的技巧。

理奇在人們心思散漫或從事內心活動時監測心率和排汗,這是他第一次用生理測量方法來推斷心理過程,當時算是一種激進的方法[17]。

他不用受人敬重的主流方法來進行意識元素的研究,這種

方法學上的策略，在後來幾十年下來，成為理奇的研究標誌，可是在當時的時代氛圍之下，他對靜觀的興趣可說是孤立無援。

理奇設計了一篇不以靜觀為主，只針對非靜觀者的獨立研究論文，後來證明是洞燭機先。他在紐約州立大學帕切斯校區第一次進入學術界，在那裡，他私下保持對靜觀的興趣，同時在新興的情感神經科學（affective neuroscience）領域進行了一些重要的研究，也就是大腦中的情緒運作。

然而丹找不到任何大學教職可以呼應他對意識的興趣，於是欣然接受了一份新聞記者的工作，最終成為了《紐約時報》的科學專欄作家。就在這時，他借重了理奇（和其他科學家）對情緒及大腦的研究，完成了《EQ》[18]一書。

丹幫《紐約時報》寫的八百多篇文章中，只有一小撮跟靜觀有關，雖然我們兩人都常用私人時間繼續參加靜觀營，卻有一、二十年時間之久，在公開場合絕口不提靜觀，私底下卻持續追尋長期密集的靜觀如何改變人們生命核心的證據。我倆保持低飛，躲過雷達偵測。

意識狀態的改變

威廉・詹姆斯大樓矗立在劍橋，一座十五層白石板的現代主義派大樓，是一個建築的錯誤，在周圍的維多利亞式房屋和哈佛大學校園低矮的磚石建物當中顯然不合時宜。20 世紀初，威廉・詹姆斯（William James）成為哈佛大學第一任心理學教授，

隨著他從理論哲學過渡到對心智更實證、更務實的觀點，於是統領風騷創立了這個領域。詹姆斯的故居還在附近。

　　儘管有這樣的歷史，老師從未指定我們這些在威廉‧詹姆斯大樓上課的研究生讀詹姆斯的書，一頁都沒有，因為他老早就過時了。不過，詹姆斯給了我們靈感，主要是因為他從事一種教授忽視、我們著迷的主題：意識。

　　回到詹姆斯的時代，那是 19 世紀末，20 世紀初，波士頓的名士圈裡流行一個時尚：哈二氧化氮（或稱「笑氣」，因為牙醫例行使用這化合物來麻醉而得名）。詹姆斯在二氧化氮的助長之下，感受到超驗的時刻，於是產生了自稱「屹立不搖的信念」，即「我們正常的醒意識……不過是一種特殊的意識，同時還有一種完全不同的意識潛在形式，被一層最薄的紗隔著。」[19]

　　詹姆斯指出了意識狀態確實可以改變（儘管沒用這個詞），又說：「我們活了一輩子也沒想過是否有這樣的存在，但只要稍加刺激，就會發現它們一直以來都完完整整地存在。」

　　這是威廉‧詹姆斯的〈宗教經驗之種種〉（The Varieties of Religious Experience）中所說，以召喚大家研究意識狀態的改變。丹在文章一開頭，首先引出這段話。在詹姆斯眼中，這些狀態在凡常的意識狀態中是不連續的，而且他觀察到：「另一種意識形式，找遍全世界也找不到確切的描述，因此受到忽視。」這些狀態的存在，「意味著我們現有的紀錄工具都不再管用。」

　　心理學中描繪心智的地誌上，對這樣的狀態從未稍有著墨。這個地帶也找不到任何超覺靜坐經驗的紀錄，即使提到也被

貶黜到不受歡迎的領域。心理學早期，從佛洛伊德開始，意識狀態的改變就被打落到某種精神病理學的病徵。舉例而言，法國詩人、諾貝爾文學獎得主羅曼·羅蘭就是 20 世紀初印度聖者拉瑪克里斯納（Sri Ramakrishna）的信徒。他寫信給佛洛伊德描述他所經驗的迷幻心理，佛洛伊德卻診斷他是退化回到嬰兒狀態[20]。

到 1960 年代，心理學家慣常把迷幻藥物發動的改變狀態打入人為引發的精神病（迷幻藥的原始字義是「擬精神病藥物」）。我們也發現，靜觀也招致類似的懷疑：多可疑的改變心智途徑啊！至少我們一些指導教授便是如此。

即便如此，1972 年當理奇剛進哈佛，丹從亞洲旅行（兩次中的第一次）返美開始著手博士論文時，劍橋瀰漫著對心理意識的濃厚興趣。查爾斯·塔特（Charles Tart）當時的暢銷書《意識狀態的改變》（*Altered States of Consciousness*），是一冊文集，包括生物回饋、藥物、自我催眠、瑜伽、靜觀和詹姆斯稱為的「其他狀態」，捕捉了那年代的風氣[21]。在大腦科學方面，令人興奮的是發現了神經傳導物質（neurotransmitters），也就是在神經元之間傳遞訊息的化學物質，像是調節情緒的血清素（serotonin），一種讓我們進入狂喜或絕望的神奇分子[22]。

神經傳導物質的實驗研究，進入了一般文化，成為 LSD 之類迷幻藥物可改變意識狀態的科學託辭，這時是迷幻藥革命的時期，我們所在的哈佛的學系有個不愉快的宿根，或許可以解釋為什麼還留在系裡的保守份子對於任何沾上心智改變的題目，咸持悲觀看法。

內心的旅程

　　達爾豪斯（Dalhousie）坐落在達哈拉德（Dhauladhar）山腳下，該山脈是喜馬拉雅山脈的一個分支，分布在印度的旁遮普邦和喜馬偕爾邦。19 世紀，達爾豪斯由於景色優美而受到青睞，建為「山區招待所」，供英國政府官員避印度河—恆河平原的暑熱。這座山區招待所有著殖民時期遺留下來的洋房，風光如畫，一直是旅遊勝地。

　　理奇和蘇珊在 1973 年夏季去達爾豪斯，倒不是為了景色，而是來參加葛印卡十天的靜觀營，這是他們首次嘗試深入靜觀。丹幾年前第一次到印度做博士前獎助金旅行，在菩提迦耶連續參加好幾個靜觀營，就是同一個老師。理奇和蘇珊才在斯里蘭卡聖城康提（Kandy）探望了丹，他住在那裡做博士後的獎助金旅行，是他第二次的亞洲之行[23]。

　　丹鼓勵他們倆先參加一個葛印卡的課程，再開始密集的靜觀。一開始，有點混亂，一個理由是，理奇睡在男生的大帳篷裡，蘇珊睡在女生的大帳篷裡，從第一天起就必須遵守止語（noble silence），結果理奇從沒弄清楚跟他同住一個帳篷下都是何方人物，只知道他們大部分是歐洲人。

　　在禪堂裡，理奇看見地板上盡是圓形蒲團（zafu），這是一種日本曹洞禪（zen）風格的座墊，是理奇一天需要坐上 12 個鐘頭左右的落腳處。

　　理奇以他習慣的單盤（half lotus）坐在蒲團上，感到右膝有

一陣刺痛，這一直都是他比較弱的部位。愈坐愈久之後，這個痛就變成一種隱隱作痛，令人難耐，不只傳到另外一隻膝蓋，還到了下背，這是西方人身體一般容易疼痛的部位，因為不習慣久坐不動，而支持身體的，又只有地上一個墊子。

理奇一整天的內心任務，就是專注他鼻端的呼吸覺受。但最明顯的感覺並不在呼吸，而在膝蓋和背部強烈不斷的疼痛。第一天結束時，他想，我簡直不敢相信還有九天要坐。

然而到第三天有個大轉變，葛印卡教導他們用一種縝密、僅僅觀察的專注力，從頭到腳，從腳到頭，「掃描」全身許多不同的覺受，雖然理奇的注意力總是一遍又一遍的回到膝蓋的劇痛，但他也開始瞥見平等心和身心安適的感覺。

不久，理奇就進入一種全面的專注狀態，直到靜觀營結束，他可以一上座就坐 4 個小時。熄燈後，他還會去那個空無一人的禪堂，穩定地專注身體覺受，有時候直到凌晨一點或兩點。

這次靜觀對理奇是一個高點。他堅信有一種方法可以轉化我們的內心，產生一種深刻的幸福，我們不必被內心隨機的聯想、突然的恐懼和憤怒等所控制，表示我們可以重新掌舵。

靜觀營結束之後的幾天，理奇仍能感覺到那種高亢，當理奇和蘇珊還在達爾豪斯，理奇覺得他的心仍非常高昂，這種高點隨著他坐巴士下山，一路蜿蜒，越過田野，穿過村莊，滿目盡是泥土牆和茅草頂房子的村落，然後抵達平原上忙碌的城市，最後到達德里節奏強烈而擁塞的道路上。

理奇和蘇珊花了幾天住在研究生負擔得起的簡陋賓館，

然後到德里吵鬧擁擠的街道，找個裁縫，做些衣服，買些紀念品。理奇感到靜觀高點開始消退。

　　最能讓靜觀狀態消退的，恐怕就是旅行者的腸胃，他們兩個都覺得快病倒了。他們乘廉價班機從德里飛到法蘭克福，轉到甘迺迪機場，一直在生病。飛了差不多一天，在紐約降落，雙方的父母都前來迎接，因為他們整個夏天都旅遊在外，父母急著想見到他們。

　　當蘇珊和理奇出了海關，又病又累，而且穿著當時的印度風衣服。家人接到他們的時候，看著看著都嚇壞了，居然沒有用愛把他們團團圍住，反而驚恐地質問：「你們到底把自己怎麼了？看起來真糟透了。」

　　當他們回到了位於紐約上州的蘇珊家的鄉村小屋，大半的高點都已退到了谷底。理奇的感覺跟走下飛機的模樣一樣，糟透了。

　　理奇努力想恢復他在達爾豪斯課程中所達到的狀態，但已經消失了。好像迷幻藥的經歷：他對靜觀的回憶栩栩如生，卻並沒有體現出持久的轉變，只剩下回憶。

　　這種清清楚楚的經驗提出了一個迫切的科學問題：「狀態」效應，像理奇的靜觀高點能維持多久？到什麼程度才算持久的內心素質？這種轉化如何能持久，而不會消退成朦朧的記憶？

　　理奇究竟走過心靈地表上那些景觀？

靜觀指南

　　理奇內心經歷的景觀，很可能被記載在一本厚書裡，那是丹在幾年前第一次印度之旅，慕寧達鼓勵他去讀的《清淨道論》（*Visuddhimagga*），這部 5 世紀的論書在巴利文（佛教早期經典的語言）的意思是通向清淨的道路，是丹在菩提迦耶細讀的油印本手冊的古代源頭。

　　雖然《清淨道論》成書已有十幾個世紀了，遵循南傳佛教的緬甸和泰國等地靜觀者仍奉為必讀圭臬，經由各種的現代詮釋，依然提供了觀禪的基本平台，也就是一般所認識的「正念」的根源。

　　這部靜觀指南教人如何穿越內心最微妙的區域，提供了一個靜觀狀態細密的現象學，以及直達涅槃（nirvana，巴利文是 nibbana）的進程。手冊說。這條通往究竟寂靜的直達大道，一者，是高度專注的心，再者，必須融入非常敏銳的正念覺知。

　　本書對成就靜觀一路上的體驗里程碑，解釋得十分詳實。例如，修定始於專注呼吸（或者專注四十種[24]其他的業處，甚至如一塊顏色[25]，只要是使心集中的業處）。初學者就像在完全專注和心思散漫之間搖擺舞動。

　　起先念頭會像瀑流，初學者有時會心灰意冷，覺得自心難以駕馭。其實，這種念頭湍流的感覺，是因為我們自然狀態原本如此，現在不過是非常專注而看得清楚所致。亞洲文化裡常常形容心狂野而隨性，所用的字眼就是「心猿」[26]。

　　隨著專注力加強，散亂的念頭就消退了，不會把我們拽到心的暗巷。這時念頭流動比較慢了，像一條河流，最後安住在湖水的寧靜之中，這是個古老譬喻，形容在靜觀中將心安頓。

　　手冊上說，持續的專注會帶來進程中第一個主要的徵象，也就是「近行定」（access concentration），這時專注力固定在一個選定的所緣（object，心及其作用之對象）[27]上，沒有散漫。這樣的專注層次，會出現喜悅和平靜，有時候感覺出現光，或有身體輕快的感覺。

　　「近行」意味在完全專注的邊緣。全然的安止定叫做禪那（jhana，近梵文中的三摩地）[28]。這時所有散漫的念頭都止息了，在禪那當中，心充滿強烈的喜、樂和對於靜觀業處的心一境性[29]。

　　《清淨道論》裡面還列出了其後的七個禪那[30]，每一個禪那都標誌著愈來愈微妙的喜、樂和愈來愈強的捨心，還有穩定、任運[31]的專注。在後面四個層次，甚至連喜，這種比較粗重的感覺也消失了，只剩下不會動搖的心一境性和捨心。最高的狀態是非常微細的，精煉的覺知到達極細微的狀態，因此叫做「非想非非想定」。

　　在佛陀還是喬達摩的時代，一般咸認為高度專注的三摩地是靜觀者通往解脫的直達大道，傳說佛陀自己就和一群遊化的苦行者一起修行這樣的方法，但最後他放棄了這條大道，發現了另一種創新的靜觀方式：深入檢視意識本身的運作。

　　據說佛陀曾經宣稱，只具備禪那，並不能通往心的解脫，

雖然強大的定力是這條路極大的助力，但是佛陀的修行之道已轉向另一種內在的焦點：智慧之道。

在這條路上，對於心中生起的任何現象都保持開放的覺知，而不像修定那樣，固定在一個所緣上，而排除了其他的所緣。維持這樣正念的能力，即專注力警醒卻不作出反應，跟心一境性的力量是不一樣的。

保持正念的時候，靜觀者僅僅觀照，卻不對心中生起的現象產生反應，諸如念頭或聲音之類的感官印記，然後就放下了，此處的操作詞是放下。如果你對剛才生起的現象想太多，或者讓它觸發任何反應，那我們就失去了正念，除非我們的反應或念頭又一次成為正念的目標。

《清淨道論》描述，悉心保持的正念，也就是在不間斷的剎那裡「對確實發生」在我們體驗中的現象，「保持清晰而且一心的覺知」，可精煉成更細微的智慧修行，引領我們經由一系列階段而達到究竟的證悟，亦即涅槃[32]。

正念能轉到內觀，是因為我們的「覺知」和「念頭」的關係改變了。通常念頭會驅動我們，我們的厭惡或自我厭惡會產生一套感受和行動，浪漫的幻想又產生另一套，但若有強大的正念，我們可以體驗到一種深刻的感覺：自我厭惡和浪漫的念頭其實沒有兩樣，就像其他的念頭一樣，都是心的過眼雲煙。我們不必整天被念頭追著跑，它們其實是內心劇場裡的短片、預告片，或是被剪片段。

一旦我們不再臣服於念頭的誘惑，瞥見了心其實就是一套

過程，便進入了智慧之道。我們一次又一次轉變我們跟內心戲碼的關係，每一次就更深入洞察了意識的特性。

當池塘裡的泥土沉澱下來，我們才能夠看清楚池水，同樣的，如果念頭的串流消退了，我們也才能更清晰地觀察到心的運作。舉例來說，在這個過程中，靜觀者會看到心識剎那飛快的經過內心，平常是藏在薄紗後面，無法覺知。

理奇的靜觀高點應該可以肯定是發現了這些過程中的某個基準點。但是那個高點消失在回憶的迷霧中，曾改變的「狀態」猶如過眼雲煙。

印度流傳著一則故事。有一位靜觀者獨自在山洞裡修行多年，成就了崇高的三摩地。一天，他非常滿意自己終於走到了內心旅程的終點，於是從深山裡的落腳處，下山來到了一個村莊。

那一天，市集擠滿了人，他奮力穿過人群，因為一個地方官正騎著大象經過，要求讓路，他就被亂哄哄的場面擋住了。有個小男孩站在他前面，突然害怕地退後一步，不偏不倚剛好踩到他的赤腳。

這位靜觀者痛到生氣，舉起手杖想揍這個小孩，一剎間他看到自己即將做出什麼動作，還有把他手臂高高舉起的怒氣，於是他轉過身去，回到山洞，繼續修行。

這個故事告訴我們，靜觀高點和持久轉變之間是有區別的。除了三摩地（或同等的禪那）這樣的「狀態暫變」之外，我們生命裡還會發生「持久轉變」。《清淨道論》視這種轉化為達到智慧之道[33]的結果。例如論典中說，強烈的負面情緒如貪心和

自私、憤怒和害意會消失，取而代之的是正面的素質，如慈、悲、喜、捨。

這一份正面內心素質清單，和其他靜觀系統的類似宣示是有共鳴的。無論這些素質是因為特定轉化經驗增長而達到這些層次？還只是由於修行的時間夠久而產生？我們無法斷言，但是理奇在靜觀中所引發的美好高點，就算不是靠近初禪，也可能靠近近行定了，並不足以引發這些內心素質的改變。

佛陀的發現（經由智慧之道而達到開悟），挑戰了當年的靜觀傳統，當時咸信以修定而達到不同層次的三摩地才是究竟之道，三摩地是充滿喜悅的全然專注狀態。在那個時代，智慧或是禪定，哪一條才是轉變內心素質的最佳道路？是有關意識爭議的發燒話題。

我們將時間快轉到 1960 年代，在迷幻藥物蔚然成風的時代，還有一個關於意識的爭議。藥物會觸發意識狀態改變，事實突然攤在大家面前，於是引發了一些假設，像是一位服藥成癮的人就說：「我們用 LSD，只消 20 分鐘，就可以體會到藏傳出家人二十年才能達到的狀態[34]。」

這就大錯特錯了，藥物引發狀態的麻煩是，身體裡的化學成分一旦消失，你永遠還是同樣的你，而且就像理奇發現的，靜觀的高點也同樣會消失。

第三章

健康的心是可以鍛鍊的

　　丹第二次去亞洲是 1973 年，這次的身分是社會科學研究委員會的博士後研究員，名為探討「種族心理學」，研究亞洲各個「剖析心智及其潛力」的系統。前六個月住在康提，這是斯里蘭卡一個山腳下的城市，丹每隔幾天就去拜訪向智長老（Nyanaponika Thera），長老是德國出生的南傳比丘，他的研究範圍主要在靜觀的理論和修行（丹後來又到印度的達蘭薩拉住了幾個月，在西藏文獻與檔案圖書館進行研究）。

　　向智長老的寫作聚焦於阿毗達摩（Abhidhamma），這是一個心的運作模型，它鋪陳意識轉化的地圖和方法，使心產生質變。丹所研讀的《清淨道論》和靜觀手冊是心的操作指導，阿毗達摩則是這種手冊的指導理論。這個心理系統詳述心的重要組成元素，以及如何穿越這些內心景觀，使我們的核心生命出現持久的改變。

　　有些章節與心理學非常相關，尤其是「健康」和「不健康」心態[①]的交相作用[②]，我們心的狀態往往都在一個範圍內上下波

動，大致有貪欲、自我中心、昏沉、瞋怒等，這些都是在內心地圖上不健康的狀態。

相對之下，健康的狀態包括平等心、平靜、持續的正念和務實的信心。有趣的是，有一組健康狀態的子集合，同時可用於心和身：輕快（buoyancy）、柔軟（flexibility）、適業（adaptability）、練達（pliancy）等[3]。

健康的狀態會抑制不健康的，反之亦然。我們日常生活中的各種反應是否轉向健康的心態，是修行道路上進展的標誌。我們的目標是把健康的心態發展成主要的、持久的內心素質。

靜觀者只要沉浸在深定當中，不健康的心態就被抑制了，但這就像市集上的那位修行人，定力消退的時候，不健康的心態可能強烈浮現。對比之下，根據這門古老的佛教心理學所述，達到深觀時，會引發全然的轉化，靜觀者的心最終可從各種不健康的心態中解放出來。一位高深的修行人體現了信心、輕快等，毫不費力地把健康的一面穩固下來。

丹把亞洲式心理學看做一個心的運作模式，經過幾世紀仍歷久不衰，是心理訓練可以達到高度正面內心素質轉變的理論，這個理論指導靜觀兩千多年，這樣的概念驗證（proof of concept）多令人鼓舞！

1973 年的夏季，理奇和蘇珊去印度參加既振奮又清醒的葛印卡靜觀營之前，先到了康堤停留 6 週。理奇和丹在康提會合後，穿過叢林到向智長老偏遠的小屋請教內心安適自在的模型[4]。

那一年下半年，丹從第二次亞洲之旅擔任社會科學研究學

者返美，哈佛聘他為訪問講師。他在 1974 年秋季班開了一門課，叫做意識心理學，與當時的風氣非常吻合，至少許多學生都在課外研究迷幻藥、瑜伽，甚至少許的靜觀。

　　意識心理學這門課一公布出來，吸引了上百位哈佛大學部學生，因為該課綜論靜觀及其內心素質轉變、佛教心理系統，以及當時鮮為人知的專注力。選修這門課的人實在太多了，必須搬到當時哈佛最大的教室，也就是有一千個座位的桑德斯劇院（Sanders Theatre）[5]，理奇那時候正是博士生第三年，擔任這門課的助教[6]。

　　意識心理學這門課所講的大部分主題，甚至課名本身，都大大超過了當時心理學的傳統地圖，難怪學期結束之後，系上沒有再續聘。但我們當時已經開始共同寫作，一起作研究，理奇一想到這就是他未來的研究路線時就十分振奮，迫不及待地要及早上路。

　　我們同在斯里蘭卡的時候，以及後來丹開設意識心理學的那學期，已經開始撰寫論文的初稿，希望對心理學同事說明內心的素質轉變。以前丹的第一篇論文只能根據非常薄弱的訴求、零星的研究、大量的猜度，現在我們對於「素質」轉變的路徑有了一個模型，而且還有內心轉化的規則系統，我們努力把這個地圖和當時科學所能提供的零星數據連繫在一起。

　　在劍橋的時候，我們在這個討論上磨了很久，大部分時間待在哈佛廣場。當時我們吃素，很喜歡到布拉圖街的貝利冰淇淋店享受一客焦糖聖代，然後我們將稀少的資料拼接起來，完成了

一篇期刊論文，是我們主張內心素質可以產生高度正向轉變的第一份宣言。

我們稱這篇文章為〈靜觀和催眠中注意力的角色：意識轉化的心理生理學視角〉（The Role of Attention in Meditation and Hypnosis: A Psychobiological Perspective on Transformations of Consciousness），其中有效的關鍵片語是意識轉化，這是我們當時對於內心素質轉變的用語，即我們所謂「心理生理學」（今天我們說的「神經」）的改變。我們主張催眠根本上只能產生「狀態」效應，不像靜觀可以產生「素質」效應。

在那個時代，吸引人的不是「素質」的轉變，而是「狀態」的暫變，管它從迷幻藥還是從靜觀來。就像我們在貝利冰淇淋店所談的：「高點過去以後，你還是以前那個笨蛋。」在往後的期刊論文中，我們會把這個主題闡述得更明確。

靜觀如何改變我們？我們其實正面對一個非常普遍的基本混淆。有些人迷戀一節禪坐中所感受到的美妙狀態（尤其是在長期的靜觀營當中），卻沒注意到，回家以後這些「狀態」如何轉為長期的改變？甚至會不會出現長期的改變，使生命品質更好？只重視這個高點，其實沒有看到修行真正的重點：用長效的方法一天天轉化自己。

更晚近一點，當我們有機會把理奇實驗室資深靜觀者所顯示的靜觀狀態和大腦模式告知達賴喇嘛，這樣的想法便更加堅定了。靜觀專家從事某一特定的靜觀方法時，例如修定或觀想，腦造影（brain imaging）數據顯示，每種靜觀的改變狀態各具有一種

獨特的神經特徵。

「很好！」達賴喇嘛這樣說：「理奇終於讓我們看到瑜伽能力的徵象了。」他指的是在喜馬拉雅山洞裡經年累月的密集靜觀，而不是時下流行的各種健身瑜伽[7]。

他又接著說：「但靜觀者真正的特徵是，他已自負面的情緒中解脫，心已完成訓練。」

這個法則遠自《清淨道論》成書以前一直都沒有改變，過程中的高點並不重要，重要的是，你成為了什麼。

因為我們不知道如何把靜觀地圖和親身體驗和一些非常稀少的科學證據融會貫通，於是提出了一個假說：「靜觀後」就是下一次「靜觀當中」的「靜觀前」。

在這裡說明一下這個想法：「靜觀後」指在靜觀中所得到的長期改變，靜觀完畢仍然持續。「靜觀前」指在我們開始靜觀以前的基準線。「靜觀當中」指我們靜觀的時候，發生了哪些一時改變的「狀態」，不靜觀就會消失。

換句話說，不斷靜觀會產生一些持續的內心素質，亦即「靜觀後」。

靜觀之後，在任何情況都能穩定體現高度正面的內心素質，像是慈心、安忍、安住當下、自在，我們有興趣探索這時可能會出現的一些生物性軌跡。我們主張，靜觀正是培育這些有益心質的方法。

在 1970 年代，或許只有兩、三種學術期刊對這樣舶來的靜觀主題有興趣[8]，我們在其中之一發表了論文，這是第一次閃現

我們對於內心素質轉變的想法，雖然只有薄弱的科學根據。「或然率並不是證據」這句俗話，多少可以用在我們身上：我們所有的，僅僅是一個可能性，還很難說是或然率，而且毫無證據。

當我們第一次寫出這樣的論文，根本找不到科學研究能提供證據，只有在我們發表文章的幾十年以後，理奇才發現，高深靜觀者的「靜觀前」狀態，確實跟從來不曾靜觀或很少靜觀的人的狀態是完全不一樣的，這是一個內心素質轉變的指標（見第十二章〈科學驚奇，大腦的持久改變〉）。

在那個時代，心理學裡沒有人談到內心素質轉變，再加上，我們的原始素材：古代的靜觀手冊，別說心理學家沒見過，在亞洲以外都難以取得，還有我們參加密集靜觀營的親身體驗，以及不期而遇高深靜觀者的經驗，在哈佛同事眼裡看來，我們無疑算是心理學的孤鳥，要不然就是怪胎。

我們對於內心質變的見解，在當年的心理學界中算超前了一大步，風險不小。

科學跟上了腳步

當一個充滿想像力的研究人員要策動一個新主張，就會展開一連串事件，很像進化過程的自然演化：新穎的想法經過可靠的實驗方法來驗證，錯誤的假說會被淘汰，正確的看法會逐漸宣揚開來[9]。

要這樣做，科學需要用冒險家來平衡懷疑論者，冒險家撒

下巨大的網，任想像力馳騁，同時考慮「萬一如何如何」。只有靠我們這樣的冒險家來測試原始想法，知識之網才會成長。要是只有懷疑論者追求科學，就不會有什麼創新了。

經濟學家熊彼得（Joseph Schumpeter）現以「創造性破壞」（creative destruction）的觀念而知名，他是說在市場裡面，新的會破壞舊的。我們早期關於內心素質改變的預感，剛好就是熊彼得所稱的「遠見」（vision）：一種本能的行動，為分析的工作注入方向和活力，如他所言，遠見讓你用新視野看到「在科學原本已經存在的事實、方法和結果中見不到的事情[⑩]。」

這樣說來，確實，我們是有些遠見，可是想要探索這種正向的內心質變，我們當時可用的方法或資料卻少得可憐，對於大腦如何能造成如此深層改變的機制更是一無所知。雖然我們有心建立有力的論述，卻還是早了許多年，這個拼圖遊戲中少了幾片關鍵的科學卡片。

我們博士論文所持的論點是：愈常進入靜觀的狀態，便愈能維持靜觀的後續影響。可是數據薄弱非常非常的薄弱。

然而，大腦科學在幾十年內進步許多，我們看到愈來愈多的論據支持我們的想法。

理奇於 1973 年第一次參加在紐約舉行的神經科學學會，約有 2,500 位科學家與會，他們看到了一個新領域的誕生都感感振奮（但大家做夢都沒想到，今日這些會議可以吸引 3 萬個神經科學家）[⑪]。在 1980 年中期，學會早期的一位主席：洛克菲勒大學的布魯斯，麥凱文（Bruce McEwen）終於補給了科學彈藥。

麥凱文把社會排輩中一隻優勢樹鼩和一隻底層樹鼩關在同一個籠子裡二十八天，相當於一個人一天二十四小時、一週七天都跟一位惡老闆綁在一起一個月。麥凱文的研究令人震驚之處是，優勢樹鼩大腦裡海馬迴的樹突縮小了，這是記憶力很重要的節點。這些樹突是身體細胞的分支投射，可以伸出去並和其他細胞互為作用，萎縮的樹突代表記憶力缺陷。

麥凱文的研究結果，像小型海嘯沖開了大腦和行為科學，讓人認識到，原來一個特定的經驗可在大腦裡留下印記。麥凱文聚焦於心理學的聖杯：壓力事件如何產生長期的神經疤痕，任何經驗都可以在大腦上留下痕跡。那個時期的人是難以想像的。

實驗室老鼠已經有壓力了，麥凱文還把壓力強度提高。實驗室大鼠居住空間的標準設置，等同單獨監禁：幾週或幾個月關在一個小鐵絲籠裡。如果幸運，會多一個滾輪可以運動。

跟生活乏味、與世隔絕的生活截然相反的，是住在健康的度假勝地，有很多玩的、爬的，還有彩色牆壁，有玩伴、有趣味空間可以探索，這是加州大學柏克萊分校瑪麗安·戴蒙（Marion Diamond）為她實驗室大鼠所建造的棲息地，外界刺激非常豐富。戴蒙跟麥凱文的研究大概同時，她發現這有利於實驗室大鼠的大腦，跟神經元連接的樹突分支會增厚，大腦一些區域會生長，如前額葉皮質，這是注意力和自我調節很重要的區域[12]。

麥凱文的研究顯示，不利事件可以讓大腦一部分萎縮，戴蒙的重點則在於正面的影響。但是神經科學界還是漠視她的研究，或許是因為直接挑戰了這領域普遍的信念。那時普遍認

為，我們一出生時，腦蓋骨下方的神經元數量就是最高點，然後隨著年齡增長而相繼穩定死去，人們的經驗應該完全沒有關係。

　　但麥凱文和戴蒙的研究讓我們好奇，既然老鼠的大腦會變壞或變好，那麼，正確的經驗會不會幫助人類大腦朝向有益的內心素質轉變？靜觀可不可能就是一個有益的內心鍛鍊呢？

　　瞥見這個可能性，讓人振奮，我們感覺到，不久以後會出現一些革命性事件，但還是等了幾十年，這個證據才開始跟上我們當初的預感。

大跨越

　　這一年是 1992 年，威斯康辛大學社會學系邀請理奇去一個全系討論會上演講。他有點緊張，因為他會走入一個知識的氣旋中心，這是先天與後天的辯論，這在社會科學中已經辯論了許多年。「後天」陣營相信，行為塑造經驗，「先天」的陣營則看到基因決定行為。

　　這個論戰有一個甚為不堪的長期歷史，19 世紀和 20 世紀初，種族主義者把那個時代的基因理論扭曲為「科學」證據，對黑人、美洲原住民、猶太人、愛爾蘭人以及其他許許多多種族抱持偏見。種族主義者把這些種族的教育和經濟成就低落，歸諸於基因的宿命，不理會他們能得到的機會其實非常失衡。後來導致一些社會學科的反擊，讓許多社會學系對任何生物學上的解釋都不予採信。

　　理奇感覺，社會學家直接假設，生理的原因把種族之間差異簡約到基因的差別就什麼也改變不了，這是科學上的謬誤。在理奇的眼中，這些社會學家被意識形態牽著鼻子走。

　　這是他第一次公開提出「神經可塑性」（neuroplasticity）的概念，來解決先天與後天的論戰。他解釋，神經可塑性係指重複的經驗可以塑造大腦，因而改變大腦，我們不必在先天或後天之間選邊站，先天和或後天是互動的，一個形塑另外一個。

　　這個觀念剛好調和了一向敵對的兩種觀點，但是理奇超越了當時的科學所見；人類神經可塑性的數據還是一片迷茫。

　　但是在幾年後，大量研究結果改變了這個現象，例如研究顯示，嫻熟演奏樂器可以增大相關的腦部中樞[13]，小提琴家演奏的時候不斷用左手撥弦，增大了腦部管理手指的那一部分。他們演奏得愈久，那一部分就愈大[14]。

「先天」的實驗

　　試試看，眼睛向前直視，舉起一隻手指，手臂前伸，保持向前看，慢慢移動你的手臂，一直到鼻子右方 60 公分左右，當你把手指移到最右方，但是眼睛仍然向前看，手指會在你的外圍視力，也就是你視覺系統可看到的外緣[15]。

　　大部分人在手指移到鼻子最右方或最左方的時候就看不見了，只有一種人還看得見：就是聾人。

　　雖然我們一直知道聾人有不尋常的視覺優勢，但到最近才

發現這現象的大腦基本原理，其運作系統又是神經可塑性。

　　像這樣的大腦研究，是利用所謂的「先天」的實驗，也就是自然發生的情況，如先天性聾者。奧瑞岡大學的神經科學家海倫・納薇爾（Helen Neville）對大腦神經可塑性抱著熱情，她抓住了這個機會，用一個視覺刺激，仿聾人讀手語會看到的景象，並使用腦部磁振造影來測驗聾人和聽覺正常的人。

　　手語是手勢的擴張，當聾人讀取另一人的手語時，通常會看著那人的臉孔，而不是直接看著他的手如何比劃手語，有些擴張性的手勢在視覺領域的外緣移動，大腦自然練習了認知視覺外緣的能力。在聾人學習手語的時候，可塑性使這些神經迴路承擔了視覺任務：也就是讀取在視覺邊緣的事。

　　這一塊神經區塊是初級聽覺皮層（又稱顳橫回，Heschl's gyrus），聾人的這一區塊是接收不到輸入感官訊息的，納薇爾發現，聾人的大腦現在把那塊原屬聽覺系統一部分的，跟視覺迴路一起運作[16]。

　　這樣的研究結果描繪出，大腦對一些重複的經驗如何能徹底重新串聯[17]，對音樂家、聾人和許多其他人的研究結果，提供我們久等未至的證據。神經可塑性提供了一個有證據的框架，和一種對現階段的科學思考說得通的語言[18]。這是我們早就需要的科學平台，也是一種思維方式：刻意訓練心，如靜觀，可以形塑大腦。

內心素質轉變的光譜

　　內心素質轉變的地圖，猶如一個從負面端開始的光譜，例如創傷後壓力症候群就在負面端。杏仁核像一個偵測威脅的神經雷達，嚴重的創傷會重新設定杏仁核一觸即發的門檻，來劫持大腦其他部分，也一同對它認為的緊急事件產生反應[19]。有創傷後壓力症候群的人，任何線索都會讓他憶起創傷的經驗，但別人卻覺得不值得特別注意，他這樣啟動了神經的一連串過度反應，會產生倒敘、失眠、易怒，還有對這症候群本身高度警戒的焦慮。

　　內心素質光譜若向正面範圍移動，我們可以看到具安全感的孩子身上有良好的神經影響，他的大腦是由同理心、關懷、呵護的親子教育所形塑。舉例來說，這個童年中大腦的塑形，使成年後一生氣就很快平靜下來[20]。

　　我們對內心素質轉變的興趣，並不止於健康的光譜，還跨入了更有益的範疇：生命中純淨的素質，這些極端正面的「素質」轉變，如平等心和慈悲心，都是各種靜觀傳承中修心的目標。我們用內心素質轉變一詞，當做高度正面範疇的一個簡稱[21]。

　　神經可塑性提供了一個科學的根據：重複的訓練可創造我們所遇見的少數傑出的瑜伽士、上師、比丘和喇嘛的持久特質，他們的內心素質轉變符合古老記載中持久的高層次轉化。

　　一顆不受擾的心，可以減少人類的痛苦，這是科學之道和靜觀之道的共同目標，但是除了這些崇高的生命之外，也有我們

每一個人都做得到的：一個可稱為豐美（flourishing）的生命。

豐美的生命

　　亞歷山大大帝領著軍隊穿過現在的喀什米爾，傳說他在通往印度平原的絲路分支路上一座繁華的城市塔克西拉（Taxila），遇見一群苦行的瑜伽士。

　　這些瑜伽士對亞歷山大壯盛的軍容，淡然以對，說大帝就像他們，能夠擁有的，也不過只是足下站立的一方土地，而且亞歷山大跟他們都一樣，終將一死。

　　這些瑜伽士，希臘文稱為天體學派（gymnosophists），字面的意思是「赤裸哲士」（即使今日有些印度的瑜伽士，還是到處裸體遊行，只是在身上敷著灰），亞歷山大被他們的平等心所折服，相信他們是「自由人」，甚至還說服了一位瑜伽士伽蘭拉（Kalyana），在東征的旅途上與他作伴。

　　這些瑜伽士的生活形態和觀點，無疑與亞歷山大本身所受的教育起了共鳴。希臘哲學家亞里士多德曾擔任亞歷山大的私人教師，人人皆知亞歷山大終身熱愛知識，自然會認識到這些瑜珈士是另外一種智慧的典範。

　　哲學中的希臘學派深信個人轉化的理想，和亞洲驚人相似，也許亞歷山大已在他和伽蘭拉的對話中發現了。希臘和他們文明的後裔羅馬人接續打下了西方思想的基礎，一直到今天。

　　亞里士多德認為生命的目標就是建立以美德為基礎的「至善」（eudaimonia），一種豐美的特質，即現今仍蘊藏在現代西方思想裡的視角。亞里士多德說，美德是在兩個極端中找到「正道」，勇氣是在衝動的冒險和怯弱之間，中庸是在自我耽溺和禁欲克己之間。

　　他還說，我們不是天生性善，但經由正確的努力，所有的人都可以性善，這個努力包括今天我們稱的自我監控（self-monitoring），即持續觀照自身言行的修行。

　　其他希臘羅馬哲學學派，也用類似的修行走向豐美的道路。如斯多噶學派（Stoics）有一個重點：決定我們快樂與否的是自己對生命中事件的感受，而不是事件本身；我們分辨生命裡哪些可控制、哪些不可控制，而找到平等心。今天，這樣的信念反映在廣受歡迎的匿名戒酒協會十二步驟裡，其中借用了神學家霍爾德・尼布爾（Reinhold Niebuhr）的寧靜禱文：

> 神啊，請賜給我平靜，來接受我改變不了的事物，
> 請賜給我勇氣，來改變我改變得了的事物，
> 並賜給我智慧，讓我能區分兩者。

　　「用智慧去分辨兩者」的典型方法就是心靈訓練，希臘的學派視哲學為應用的藝術，而且教導靜觀練習和自我節制，好走向豐美的道路。希臘人認為我們可以培育心的品質，以獲得幸福，一如他們的東方同儕。

希臘傳承中對於美德的培育之道，有些是公開教授的，有些顯然只傳授給亞歷山大這樣的受教者，因為他們了解，唯有私人教學才能充分明瞭智者的典籍。

在希臘羅馬的傳統中，像正直、慈悲、耐心、謙遜這些特質都是持久幸福的關鍵，這些西方思想家和亞洲心靈傳統都同樣重視一條大致相似的生命轉化途徑，以培育品德崇高的生命。

舉例來說，在佛教中，最能體現內在豐美的理想狀態的是菩提一詞（巴利文和梵文都是 bodhi），菩提是一條自我實現之道，足以滋養一個人的「心中至善」[22]。

亞里士多德的傳人

今天的心理學用幸福（well-being）一詞模仿亞里士多德式的豐美。威斯康辛大學心理學家、理奇的同事卡蘿・芮芙（Carol Ryff）汲取亞里士多德和其他思想家的精髓，建立了六個軸向的幸福模式。

◆ 接納自己：肯定自己，接受自己特質中最好的、不怎麼好的，做自己就很好，無須批判。

◆ 個人成長：你感到自己持續改變且發展潛力，與時俱進，採取一個嶄新的方法來看、來做、來發揮天賦才能。「你們每個人都已經很完美了。」鈴木俊隆禪師（Suzuki Roshi）這樣告訴學生，又說：「不過，不妨再加上一點點改進。」

剛好調和了「接納」和「成長」兩方面。

◆ 自主性：思想和行為上獨立，不受社會壓力，用自己的標準來衡量自己。順便一提，這在個人主義文化的澳洲和美國最多見，日本文化則更在乎與團體之間的和諧。

◆ 主控性：相信自己有能力應付生命中種種複雜形勢，機會來了便緊緊掌握，或者根據自己的需求或價值，創造適合的機緣。

◆ 適意的人際關係：溫暖、同理心、信任，再加上相互的關懷，健康的施與受關係。

◆ 生命的目的：目標和信仰能賦予生命的意義和方向。有哲學家說：真正的快樂是生命目的和意義的一項副產品。

芮芙把這些特質看做是至善的現代版，也就是亞里士多德所謂人類最崇高的良善，也就是認識你獨特的潛力[23]。我們會在以下各章看到，不同類型的靜觀似可培育出一種或多種這樣的能力。好幾個研究都直接利用芮芙幸福度衡量表上的等級，來看靜觀如何提升人們的幸福度。

根據「疾病控制與預防中心」（Centers for Disease Control and Prevention）的統計，只有半數以下的美國人在工作和家庭義務之外，感到強烈的生命目標[24]。這個幸福的向度可能有重要的意義：維克多·法蘭克（Viktor Frankl）寫下意義感和目標感如何讓他和其他少數人在納粹集中營中存活多年，而有幾千個人卻在他們周圍死去[25]。法蘭克繼續擔任集中營其他囚犯的心理治療師，

啟發他生命的目的；營裡另一人的意義是因為有孩子在集中營外；還有一人是因想寫的書而發現生命目標。

法蘭克的觀點跟一個研究有所共鳴：三個月靜觀營（總計約540 個小時）之後，那些靜觀者增強了生命的意義感，免疫細胞裡端粒酶（telomerase）的活動也同時增加，甚至到五個月以後[26]。這種酵素可以保護端粒（telomeres）的長度，端粒是 DNA 的長鏈末端的帽子，可反映細胞的壽命。

這就好像身體的細胞說：留下來，你還有重要的工作要做！另一方面，這些研究人員也注意到，想要確定這個結論，還得設計出一個完善的實驗，複製出相同的結果。

還有一件事值得一提，各種不同的 8 週正念課程，可增大芮芙測試裡能提高幸福度的腦幹（brainstem）區域[27]，但這個研究規模非常小，只有 14 人，所以還需要對更廣大的對象重新進行實驗，才能得到比較明確的結論。

同樣的，另外一份研究說，練習一種通俗形式的正念，可提高幸福度和其他的利益，一年以後仍感覺得到[28]。而且研究對象每天正念時間愈多，主觀幸福感愈強。只可惜這份研究樣本數太小，而且如果有大腦的直接測量，不像現在只靠受試者的自我評估，便能減少偏差，更具說服力。

因此，儘管我們樂於見到靜觀可增進身心安康的結論，尤其我們自己就靜觀，而我們科學的那一面，還是存疑。

像這樣的研究，經常有人用來「證明」靜觀的好處，尤其是這年頭，正念成了大家喜愛的主廚推薦，但是各種靜觀研究的科

學可靠性差別頗大，不過若想用科學研究來推廣各種靜觀、應用程式和其他靜觀「產品」品牌，這些不討喜的事實就不見了。

　　在以下各章裡，我們會用嚴謹的標準來區分錯誤和事實。靜觀的影響，科學究竟怎麼說？

第四章

轉化心身的四個主要神經迴路

場景：木工坊，和兩個人正興高采烈地聊天，姑且稱他們艾爾和法蘭克，艾爾一面把一塊很大的三夾板送進巨大圓形鋸子那鋸齒狀刀刃。突然，你注意到艾爾沒有穿戴安全防護，隨著他大拇指愈來愈接近那個可怕的圓形鋼鐵利齒，你心跳開始加速。

艾爾和法蘭克還在忘情地聊天，都沒有看到危險就近在眼前，甚至大拇指已經靠近那轉動的刀刃，你的心臟狂跳，眉間冒出一粒粒汗珠，急得想去警告艾爾，但你正在觀賞影片，他只是片中的主角。

《這一切都不必發生》（It Didn't Have to Happen）是加拿大電影委員會想以恫嚇方式來說服木匠使用機器安全裝置的影片，在12分鐘的短片裡，講述三個木工場的意外災害。每一個場景都製造了許多懸疑，如大拇指向刀鋒接近，無可倖免，直到結果終於揭曉：艾爾被圓形鋸子奪去了大拇指，另一名工人的手指被劃傷，還有一塊大木板飛出，砸到一個站在旁邊的人。

這部影片後來自行發展出一個生命，跟原來刻意警告木匠

的目的非常不一樣。加州大學柏克萊分校的心理學家理查・拉札勒斯（Richard Lazarus）在十多年前的知名研究[1]中，把這些驚悚的意外災害當做一個屢試不爽的情緒壓力源，他很慷慨地給丹一份影片拷貝，供他在哈佛做研究之用。

　　丹放映這部影片給 60 個人看。半數是自願者（選修心理學課的哈佛學生），沒有靜觀經驗，另外半數是靜觀老師，至少都有兩年的修行經驗。每一組半數的人觀賞影片之前先靜觀，靜觀新手則先在實驗室裡接受過丹的教導，同時，控制組的人只依指示坐著或放鬆。

　　當他們隨著木工場的意外，很快開始心跳和排汗反應，然後平息，丹坐在隔壁的控制室裡。有經驗的靜觀者看到可怕事件所產生的壓力，看來比沒有靜觀經驗的人恢復得快[2]。

　　這個研究夠周全可靠，所以丹從哈佛拿到了博士學位，並且發表在專業領域的頂尖期刊上。即使如此，若我們仔細回顧，還是看到了許多問題。審核獎助金和期刊文章的專家對科學研究如何設計才算最好都持有嚴格的標準，方能得到最可靠的結果，依這樣的觀點來看待丹和今天絕大部分的靜觀研究，都有缺陷。

　　舉例來說，丹是教受試者去靜觀或放鬆的人，可是他已經預期「禪坐會有幫助」的結論，這會影響他對這兩組講話的方式，也許不經意地暗示他們，靜觀會有好結果，只放鬆的控制組會較差。

　　另外有一個重點，在 313 篇引用丹研究結果的文章，沒有一

篇願意重做研究，看看是否仍會出現類似的結果。這些作者都假定這個研究結果夠可靠，於是用做依據來下結論。

　　這類問題並不只出在丹的研究上，以上的心態到今天仍然普遍。科學領域裡人人皆知，科學方法基於重複性。其他科學家應該都能複製一個特定的實驗，得出相同的結果，若無法複製，要公諸於世。可惜很少、很少人願意一試。

　　在科學裡，缺乏複製性是一個普遍的問題，尤其是人類行為的研究[③]。在心理學 100 個最常被引用的科學研究結果，如果一絲不苟地去複驗，原本的研究成果能夠被驗證的，只有39％。而且科學研究把目標放在複製上的極少，這個領域偏向鼓勵原創，不鼓勵複製，再加上心理學就像其他科學一樣，對發表研究成果有一個強大的內建偏見：要是科學家沒能得到重要的成果，他們就很少發表，殊不知零成果也自有其意義。

　　然後還有「軟式」和「硬式」測量方法的重要區別。請人報告自己的行為、感受等，叫軟式測量，心理因素，如個人當時的情緒、希望結果看起來漂亮，或想讓研究人員高興，都會大大影響他們的反應。另一方面，生理過程就較少（或根本不）受這樣的偏見影響，例如心跳和大腦活動等，此為硬式指標。

　　拿丹的研究為例，多少是靠人們自我評估的一些軟式指標。他用一個（心理學家）普遍使用的焦慮評估表，讓人們評估自己，像是「我覺得擔心」這一項，從「一點也不」到「非常」，從「幾乎從未」到「幾乎都是」[④]。這個方法大體上顯示了人們初嘗靜觀以後，不再容易感到壓力了，自有靜觀研究以來

的幾年，結果大多如此。但請受試者寫這樣的自陳式報告（self-reports），有獲得「期望需求」（expectation demand）的缺點，也就是發出了內隱暗示信號，讓人們報告正面的結果。

甚至初學靜觀者也報告，靜觀才剛開始，就感覺比較放鬆，壓力也輕了。在靜觀者數據中，壓力管理進步的自陳式報告，比大腦活動等硬式指標出現還早。這可能是硬式指標還沒有改變之前，靜觀者便感覺焦慮減少，要不然就是期待這樣的效果，使報告有了偏頗。

但是心臟不會說謊，丹的研究利用生理測量，像是心率和排汗反應，一般不能刻意控制，因此可描繪出更精確的真實反應狀貌，尤其比之於一些非常主觀、易被偏見影響的自陳式測量。

丹的博士論文中主要的生理測量是皮電反應（galvanic skin response，或稱 GSR），也就是少量汗滴會出現的電流活動。皮電反應會顯示身體的壓力被喚醒（arousal），有人推想，在人類早期進化中，流汗讓皮膚不那麼脆弱，徒手肉搏戰時可保護人類[5]。

大腦測量甚至比心率之類的「身體周邊」的生理測量還可信，但我們那時還太早，沒有這種偏差最少、又最值得採信的方法。1960 年代，腦造影系統如功能性磁振造影（fMRI）、腦部單光子電腦斷層掃描（SPECT），還有細粒化電腦分析腦電圖（EEG），都還沒有發明[6]。丹能夠用的最好方法，是對距離大腦較遠的身體反應進行測量，心率和呼吸率，還有排汗[7]。這些生理反應因為綜合了身體各種不同的作用力，分析起來其實難以

說得清楚[8]。

當時做研究還有一個不足，就是資料登錄的技術還沒有數位化。追蹤流汗率是不斷在紙捲軸上掃針，丹必須對這個潦草的墨跡凝視好幾個小時，然後把墨水標記一一轉變成數據分析的數字，這等同在受試者觀看影片中每個意外災害發生之前和之後，數一個一個噴出來的墨點。

關鍵的問題在於，觀看意外災害影片期間，在四種條件之下，專家相對於新手，靜觀相對於安靜坐著，他們從喚醒高點恢復的速率，有無顯著區別？丹記錄的結果顯示，靜觀會加快恢復速度，資深靜觀者則是恢復最快的[9]。

這一句「丹記錄的」點出另一個潛在的問題：是丹在計分，而且整個工作就是要支持他的假設，這種情況會傾向「實驗者偏誤」（experimenter bias），此人一手設計研究並分析數據，很可能會偏移到他所想要的結果。

丹在將近五十年後微弱（好吧，非常微弱）的記憶，如果靜觀者皮電反應模稜兩可，最高反應出現在意外災害發生時，或緊接之後有，他會記錄恢復曲線的最高點，而不是剛開始的時間點。這樣偏見的淨效應，讓靜觀者排汗反應看似像看到意外災害的反應，同時恢復得比較快（然而，我們下面會看到，這正是至今大多數研究資深靜觀者的模式）。

研究偏誤有兩個層次：一是有自覺的偏好，更難對付的是無自覺的偏好。到今天為止，丹也無法發誓他根據那些墨點計算分數時毫無偏見，由此類推，丹跟大部分研究靜觀的科學家都有

相同的困境：由於他們自己是靜觀者，不知不覺中可能加強了這種偏誤。

無偏見科學

這簡直可以成為影片《教父》印度寶萊塢版的一個場景。一輛加長型的黑色凱迪拉克在指定的時間，停在指定的地點，後車門打開了，丹走進去，坐在他旁邊的大老闆，不是馬龍·白蘭度飾演的唐·柯里昂，而是一個小個子的瑜伽士，蓄著鬍鬚、穿著白腰布。

Z 瑜伽師在 1960 年代從東方到美國來，跟社交名人混在一起，很快登上了頭條新聞。他吸引了許多追隨者，也招募了上百位美國年輕人來當老師，教他的方法。1971 年丹第一次去印度之前，參加了這個瑜伽師所主辦的教師訓練夏令營。

Z 瑜伽師不知怎麼聽說丹是哈佛研究生，將要用博士前獎助金去印度旅行，於是他有了個想法，他給丹一份他在印度的信眾名字和地址的清單，要他找到每一個人、進行訪問，然後用這個主題寫一篇博士論文，並得出結論這位瑜伽師很特殊，他所教的靜觀方法，是唯一可以在這個時代「開悟」的方法。

丹覺得這個想法實在令人不齒，簡直是劫持科學研究來推廣某一特定「心靈上師」的靜觀品牌（記得 X 上師吧），令人遺憾。如果有老師像商業品牌那樣自我推銷，不啻是用心靈修行為市場行銷服務。如果研究人員也鎖定某一個特定的靜觀品牌，報

告正面的研究結果，這樣的偏見同樣啟人疑竇，還有另外一個問題：負面結果是否隱匿不報了？

舉例來說，丹的研究裡，有些靜觀老師教超覺靜坐，超覺靜坐的研究出現過利益衝突的情況，部分原因是超覺靜坐由馬赫西管理大學（Maharishi University of Management，前身是馬赫西國際大學，Maharishi International University）推廣，而研究成員卻在這所大學任職，研究即使再可靠，也有利益衝突的疑慮。

有鑑於此，理奇的實驗室刻意雇用幾個對靜觀效果存疑的科學家，他們能針對靜觀「真誠信仰者」可能忽視或隱瞞的關鍵點，提出不少有建設性的質問。有一個成果就是：理奇的實驗室發表了幾個零成果的研究報告，也就是說，對於靜觀的效果，先設定某個特定假設，而實驗結果卻不能支持這個假設。這個實驗室也發表了一些複製失敗的結果，也就是說，他們對過去主張靜觀有益的論文，複驗其研究方法，卻沒有獲致相同的結果。這樣複驗以前研究的結果而失敗，自然對過去的結論帶來質疑。

把懷疑論者納入團隊，只是減低實驗偏誤的方法之一。另外一個方法是，對一組受試者，只告訴他們靜觀及其利益，卻不教他們方法。更好的方法則是成立「主動控制」組，要求受試者做一種他們深信有益、跟靜觀毫無瓜葛的活動。

哈佛的研究還有一個更深遠的困境，在今日心理學界非常普遍，就是在我們實驗室找得到的受試大學生，都不是整體人類社會的典型，他們都是 WEIRD，也就是西方人（Western）、高教育程度（educated）、工業化（industrialized）、富有（rich）、出身

於民主文化（from democratic cultures）[10]。甚至在 WEIRD 裡，哈佛學生也算是離群值高的異數，因此若用來找尋人類普世的特性，參考價值有限。

各類靜觀體驗

「我們可否找出注意力的神經特徵？」理奇（在博士論文中）是少數幾位首先提出這樣問題的神經科學家。在那個時代，基礎性的問題受到不少尊敬。

但理奇的博士研究其實是把大學時代對心的研究偷渡在一個看似無關的研究中，其隱藏的想法是：探究靜觀者和非靜觀者的注意力有無區別？靜觀者比較專心嗎？在那個時代裡，這可不是受人尊敬的問題。

理奇指示靜觀者一聽到聲音或看到 LED 燈，就專心注意聲音，不管燈，或者注意燈，不管聲音，同時從他們的頭皮來測量大腦放電的訊號。理奇分析「事件相關電位」（event-related potential，ERP）的放電信號，這是經由他們對燈或聲音訊號的反應來顯示。「事件相關電位」夾在一團噪音裡，訊號小到只能用迷你伏特（伏特的百萬分之一）來測量，這些很微小的訊號提供一個窗口，來看我們如何調配注意力。

理奇發現，當靜觀者集中注意燈時，聲音的微小訊號會變小，而集中注意聲音時，燈的微小訊號會變小。光是這個發現也許無足為奇，可是，靜觀者將某些刺激屏擋在外的專注力，比非

靜觀者的控制組強，這是靜觀者比非靜觀者更能集中注意力的第一個證據。

注意力重要的技巧之一，就是選擇一個專注目標來集中注意力，不理會其他令人分心的目標。理奇於是下結論，大腦放電紀錄（腦電圖）可以用來評估注意力（現在已成例行程序了，但在那時，是科學上很大的進展），但要證明靜觀者的專注能力比無靜觀經驗的控制組強，證據還是很薄弱。

回想起來，至少有一個原因，讓人質疑這項證據：理奇所招募的靜觀者，採用的靜觀方法不一。在 1975 年，我們對於技巧不同的方法影響有多大，可說是天真無知，今天我們已經知道注意力有很多的面向，而且不同的禪法訓練不同的內心習性，因此也以不同的方式影響內心技巧。

舉例來說，德國萊比錫「馬克斯‧普朗克人類認知和大腦科學學院」（Max Planck Institute for Human Cognitive and Brain Sciences）請新手連續幾個月每天做三種不同的靜觀方法，包括專注呼吸、產生慈心、觀照念頭卻不被牽走[11]。他們發現，專注呼吸的靜觀令人平靜，似可肯定「靜觀是很好的放鬆技巧」的普遍假設，但是跟一般刻板印象不同的是，慈心練習和觀照念頭都無法讓身體輕鬆，顯然是因為需要內心的努力：例如觀照念頭，你會不斷捲入念頭，一旦注意到這點，就需要有自覺地努力重新回到純粹觀察。再說慈心練習，你希望自己和他人都好，理所當然會創造一個正面的情緒，而其他兩個方法不會。

因此，不同的禪法會產生不同的結果，分清楚我們研究的

是哪些特定的禪法，應該是例行公事，但是，研究人員把不同靜觀方法混為一談，已司空見慣。舉例來說，有一個研究團隊蒐集了 50 位靜觀者大腦解剖結構最新數據，這是非常可貴的數據庫[12]。可惜從他們所研究的禪法名稱，可以看出他們把不同禪法混在一起，成了大雜燴。如果每一種禪法的特定內心訓練，都有系統地記錄下來，這個數據庫可能會呈現更多寶貴的結果（即使如此，還是要向披露這個不為人注意的資訊致敬）。

當我們展讀現今眾多的靜觀研究，見到科學家混淆或不懂各種不同特定的方法，有時不免掩卷嘆息。有的往往根本就是錯誤，像有一篇講日本禪和葛印卡觀禪的科學論文，說都是睜開眼睛的（錯誤的是：葛印卡教人閉上眼睛）。

少數研究用「反靜觀」的方法，作為主動控制，有一個所謂反靜觀的版本中，讓自願受試者盡可能注意正面的念頭，其實非常類似一些靜觀的方法，如我們第六章會討論的慈心禪，而這些實驗人員自以為這些事無關靜觀，可見他們多不清楚自己到底在研究什麼。

一般的法則是：有練習就有進步，凸顯了將靜觀的方法與結果適當配對多麼重要。研究靜觀的人和實際靜觀的人都是這樣：我們應當明確知道何種靜觀會產生何種結果，方法不盡相同，許多研究者，甚至靜觀者對此都有所誤解。

在心靈（和其他一切）的領域，耕耘什麼，就收穫什麼。總之，「靜觀」並不是個單一的活動，而是一個廣泛的修行方法，在心和大腦都會產生特定影響。

愛麗絲在仙境裡迷路了，就問柴郡貓：「我該走哪條路？」

柴郡貓回答：「那就看你想去哪裡了。」

柴郡貓對愛麗絲的建議，也適用於靜觀。

計算靜觀的時數

丹請來的每一位靜觀「專家」都是超覺靜坐的老師，至少有兩年經驗，但是丹無法知道他們在這些年總共投入多少小時的練習，也無法知道他們練習的品質到底如何。

甚至到今天也很少研究人員掌握這些重要數據，但是我們會在第十三章〈三層次心的質變〉中看到更多細節。我們的內心素質轉變模式，是追蹤靜觀者這一生所修行的時數，是日常生活裡？還是在靜觀營中？然後把總時數和生命素質轉變，以及使素質轉變的大腦潛在改變串接起來。

研究人員往往根據靜觀者的經驗粗分，如「初學者」和「專家」兩類，卻沒有更進一步的區別。有一個研究團隊報告，受試者每一天靜觀的時間，從一週數次，每次 10 分鐘，到每天 240 分鐘，但沒有說他們已經靜觀了幾個月？幾年？計算終身修行時數十分重要。

然而在絕大部分靜觀研究中，這樣的計算付之闕如，因此，1960 年代那經典的日本禪研究[13]，顯示靜觀者不會因對重複聲音「習慣化」而降低注意力（是當時的少數研究之一，也是首先激起我們興趣的），還真蒐集了一些日本禪出家人的靜觀經驗的零

星數據，但他們的靜觀時數到底是一天 1 小時？ 10 分鐘？或每天 6 個小時？參加了多少回密集安居（sesshins）？每一個安居的靜觀時數多少？我們毫不知情。

時值今日，具有這種不確定性的研究，清單還是長到說不完，但是靜觀者終身時數的細節資訊已經成為理奇實驗室的標準運作程序。每一位受試靜觀者都會報告他們是用什麼方法？一週練習多頻繁？多久？是否參加靜觀營？

如果有，他們會記下在靜觀營裡面一天修行多少小時？靜觀營為期多長？參加了多少回這樣的靜觀營，甚至更進一步，靜觀者很仔細審視每一個靜觀營，並估計花在不同禪法的時間，這個計算讓戴維森團隊用修行時數來分析數據，並區分花在不同禪法的時數，以及靜觀營和居家修行的時數。

我們將會看到，講到靜觀對大腦和行為的益處，有時候是一個劑量效應關係（dose-response relationship）：做得愈多，回報就愈大。這是說若實驗人員沒有報告靜觀者的終身靜觀時數，重要的資訊就不見了，同樣的，許多包括「專家」組的靜觀研究顯示，「專家」一詞的意涵差異極大，而且對那些「專家」的練習時數欠缺精確度量。

如果受試者是第一次靜觀，譬如說接受正念訓練，靜觀時數是直接了當的（就是上課時數，加上他們自己在家裡練習的時間）。但是有許多有趣的研究，卻不計算資深靜觀者每一個人的終身時數，其中區別可以很大。例如有一個研究，把靜觀者從擁有一年經驗到二十九年經驗的都混在一起。

　　然後還有靜觀老師的專精程度，我們看到在眾多研究中，有少數提到靜觀老師有多少年的經驗，卻沒有人計算他們的終身時數。在一個研究當中，最高的數字約為十五年，最低的是零。

超越霍桑效應

　　早在 1920 年，芝加哥附近的一所電氣設備工廠：霍桑工廠，實驗人員只改善了工廠照明，並且稍加調整工作時程。只不過區區一點改善，人們工作就更加努力了，至少短期之內。

　　想一想，任何正面的干預（可能不過就是讓人觀察你的行為）會讓人們感覺更好或改善。然而這樣的「霍桑效應」（Hawthorne effects），並不意味某個特定的干預有任何獨特的加值因素；只要人們認為是正面的改變，都會出現進步。

　　理奇實驗室了解霍桑效應的議題，對靜觀研究怎樣用恰當的對照條件，思考了很多，也做了很多。靜觀老師對某種方法的熱情會影響受教的學生，所以控制組採用的方法應該像靜觀一樣，用同樣正面積極的態度來教。

　　理奇和同事為了梳理外來效應，如靜觀的真實影響，發展了一種「增進健康計畫」（Health Enhancement Program，HEP），作為研究正念減壓的對照條件。這個計畫包括音樂療法加放鬆、營養教育、動作練習如姿勢改善、平衡、增強軀幹、伸展、行走和慢跑。

　　在這個實驗研究中，HEP 的教師相信這個計畫有其效果，

就像教靜觀的老師一樣，這樣的「主動控制」可中和教師的熱情因素，於是更可辨認出任何一項干預措施的獨特好處（這裡指靜觀），來看看霍桑效應之外還有什麼。

理奇團隊隨機指派義工採用 HEP 或正念減壓，然後在這個訓練之前或之後，請他們填下問卷，用過去研究中靜觀的益處來比對。但在這個研究裡，兩個小組在主觀測量方面，都報告在沮喪、焦慮、醫療病徵上一般有相當的改進，這個讓理奇的團隊斷定，初學者將壓力釋放歸諸靜觀，看來恐非靜觀專屬[14]。

此外，從一個特別為測量正念而設計的問卷顯示，在正念減壓和 HEP 中獲得的改善並沒有什麼不同[15]。

這讓理奇實驗室斷定，這種正念練習，而且其他靜觀可能也一樣，練習初期所報告的好處，可能是因為期待，或同組受試者的交情、老師的熱情或其他「需求特性」（demand characteristics）。受試者所報告的益處，可能只是人們懷著正面希望和期待的徵象，而不是因為靜觀本身。

對探詢靜觀的人而言，這樣的數據是一記警訊：別輕易誇大了靜觀的功效，而且對科學界而言，這也是一個警鐘，靜觀研究需要更嚴謹的設計。如果只是發現練習一種或多種的靜觀的人們，比之於什麼事也不做的控制組有改善，並不意味這好處是來自靜觀本身。但這向來是研究靜觀益處很常見的範式，卻遮掩了靜觀真正的好處。

我們不難預測，期待用皮拉提斯（pilates）、保齡球或舊石器時代飲食法（Paleo diet）來促進身心健康的人，將來也會發表

類似熱情支持該方法的研究報告。

到底什麼是「正念」？

「正念」的意義眾說紛紜，正念也許是研究人員最歡迎的主廚推薦，有些科學家用這個詞代表各種的靜觀。在一般流行的用法，正念泛指一般靜觀，雖然正念其實只是眾多靜觀中的一種。

再深入一點，Mindfulness（正念）已經成為巴利語 sati 最普遍的英文翻譯，然而學者把 sati 翻譯成了許多其他的詞，諸如「覺知」（awareness）、「專注」（attention）、「憶持」（retention），甚至「明辨」（discernment）[16]，總之，沒有一個詞彙是專家一致同意的[17]。

有些靜觀傳承把「正念」專用在觀照內心散亂，所以按這個意義，正念就成為一個較大程序的一部分，這個程序始於專注一個所緣，後來心不免跑到其他所緣，你一注意到內心渙散，於是正念時刻便出現了。

等你回到原來專注的所緣，這個程序便告終。這個靜觀者非常熟悉的程序，也可稱為「專注」。努力專注於一個所緣（心及其作用之對象）時，正念扮演一個配角，例如一心念誦一個咒語，有時候，老師會教你：「一旦注意到內心散亂，就溫柔地重新開始念咒。」在靜觀的機制裡，集中專注一個所緣，意味著同時注意到你是否分心散亂，才能把心帶回來，因此專注和正念是攜手並進的。

正念另一個普遍的意義，指流動的覺知，可以觀照我們體驗，卻不批判，也不反應，也許最常引用的定義是從喬・卡巴金來的：「由刻意專注而生的覺知，置身當下，對體驗的來去不加批判[18]。」

從認知科學的觀點，要是談到運用特定的方法，還有另外一番周折：科學家和修行者對所謂「正念」的理解，可以南轅北轍。舉例來說，正念在日本禪和南傳上座部的脈絡裡，跟一些西藏傳承對這個詞彙的理解完全不同。

每一種理解都指向不同的（有時候只是非常微妙的不同）專注方式，而且非常可能是大腦不同的區域，所以，研究人員了解他們在研究哪一種正念，就很重要了，何況，誰知道那一派別的靜觀才是真正的正念。

在科學研究裡，正念一詞的意義，出現一個很奇怪的轉向。一個最常為人使用的正念測量的方法，並不是根據真正的正念靜觀情況設計出來的，而是請了上百位大學生填寫問卷，問題是研究人員認為可能會捕捉到的一些正念面向[19]，例如問受試者適用下列哪一個陳述？「我觀察自己的感受，但不會隨波逐流。」「要我專注於當下發生的事，覺得非常困難。」

這個測驗包括了一些人格特質，包括不批判自己，例如你覺得不該有某種感覺，乍看起來也沒錯。這樣的正念測量應該也跟人們在正念減壓等訓練課程中的進展有關，而且測驗得分跟正念練習本身的數量和品質有關係[20]。從技術觀點來看，這樣很好，在心理測驗這一行稱為「建構效度」（construct validity）。

　　然而，當理奇團隊把這個測量放到另一個專業測驗裡，便發現有「區別效度」（discriminant validity）的問題，也就是說，測量不只要能夠跟「應該如何」相關，例如正念減壓，而且應與「不應該如何」不相關，這樣一來，這個測驗就不應該反映出HEP主動控制組的改變，這計畫是刻意設計不以任何方法增進正念。

　　但是HEP受試者的結果，非常像正念減壓，從自陳式測驗來評估，正念程度會上升。說得更正式一點，沒有任何證據顯示這個測量有區別效度。哎呀，不妙。

　　有一個研究，使用另一個被廣泛應用的正念自陳式測量法，顯示狂飲作樂和正念之間有正面關聯，喝得愈多，愈有正念，這可太離譜了[21]！還有一個很小的研究，只有12個資深靜觀者（平均修行時數為 5,800 小時）和更精深的靜觀專家（平均修行時數為 1.1 萬小時），使用兩個常用的正念測量問卷看起來，跟非靜觀者那一組並沒有什麼不同，也許因為他們比一般人更能覺知內心散亂[22]。

　　問卷若請人們自己報告，都可能會出現偏差。有一個研究人員更直截了當地說：「這是可以操縱的。」為此，戴維森團隊發展出一種自認更可靠的行為測量：你能否專注一個一個呼吸，確實地數。

　　這可不像聽起來那麼簡單。在測驗裡，你每呼一次氣，便在鍵盤上按向下箭頭，困難的是，每第九次呼氣，你就按一個不同的鍵：向右箭頭，然後再重新開始數呼吸，從一數到九[23]。

這個測驗的優點是：可客觀測量你數的數目和你確切呼吸數目之間的不同，不會被心理偏見所左右。只要心一散亂，你就會數錯了。就像我們原來想的，靜觀專家的表現比非靜觀者好很多。但隨著正念訓練增加，這個測驗分數也會改進[24]。

　　回顧過去那些警示，包括我們第一次嘗試靜觀研究找來的麻煩、主動控制組的優點、測量靜觀影響需要更嚴謹而精準等，對我們涉入這個漸受矚目的靜觀研究領域，是一個很適合的序曲。

　　歸納這些成果之後，我們努力應用最嚴格的實驗標準，以集中於最強有力的結果，這也意味著，對絕大部分的靜觀研究置之不理，包括科學家看來結果存疑的、難下定論的，或者根本是有瑕疵的。

　　如前所述，我們在哈佛研究所時所採的研究方法多少是有瑕疵的，反映了在靜觀研究的第一個十年（1970 和 1980 年代）研究的一般品質，或者說，缺乏品質。從今日看來，我們初期的嘗試根本達不到我們現在的標準。不僅於此，絕大部分的靜觀研究多少都搆不上「排名 A 級」（A-level）科學期刊的黃金標準。

　　可以肯定的是，這麼多年以來，當靜觀研究的數量爆增到每年千份以上，成果也愈來愈成熟。因為靜觀研究的海嘯成果混亂，全貌不免模糊，我們除了著力於完善的成果之外，也盡力在這混亂當中凸顯一些有意義的模式。

　　各種偉大心靈傳承的古典文獻裡，都提到內心素質的各種轉變。我們將有關內心素質轉變的研究結果加以分門別類，我們

視這樣的經典為：在古代就為今天的研究提出了有效的假設。

只要有數據，我們也試著把這些內心素質的轉變跟大腦系統聯繫起來。靜觀所轉化的四個主要神經迴路是：第一個是，對擾人事件的反應系統，受到壓力並從中恢復（丹曾嘗試記錄這個過程，卻沒成功）。後面我們將會讀到第二個大腦系統，慈悲和同理心，是最容易昇華的。第三個，專注力神經迴路，這是理奇早期的興趣，靜觀也可產生多方面改善，一點也不意外，靜觀的核心就是重新訓練我們的專注習慣。第四個神經系統是自我感，雖然在心靈傳統上是一個內心素質轉變的主要目標，在現代靜觀卻談得很少。

靜觀將這四種改變的途徑絞纏成一股，就會令人在兩方面獲益：擁有健康的身和健康的心。本書後面的章節對兩者都有深入的探討。

要梳理靜觀對內心素質轉變的主要影響，我們面臨著一個巨大的任務，就是我們簡化到只看最好的研究，這種更形嚴格的檢視與一般做法不同，一般人接受並吹捧某個研究成果，只是因為論文發表在「同儕評閱」的期刊。我們的一個理由是，「同儕評閱」論文本身在標準上就與學術期刊有所不同，我們傾向持最高標準的排名 A 級期刊。另一個理由是，我們仍仔細審視這些研究所採用的方法，不會不去看這些研究論文後自行誠實列出的許多缺點和局限。

一開始，理奇研究團隊從所有關於靜觀影響的期刊論文中，廣泛蒐集某一特定主題，譬如慈悲。然後他們精選達到實驗

設計最高標準的。因此,如果說原來有 231 篇培育慈心和悲心的報告,後來發現只有 37 篇達到排名 A 級的設計標準,然後理奇依設計優點和重要性來檢閱,除去重複或擷取重點。這樣細看之後,又縮成 8 篇左右。第六章〈培育同理心,愛的行動〉將提出他們的研究成果,以及其他令人信服的幾篇論文。

　　當初跟我們一起做研究的同事也許會期待,對過去種種相關的研究,都能做出更詳盡好吧,也許是更投入的介紹,但這並非我們撰寫本書的初衷。雖說如此,我們對無法納入此書、贊成或不贊成我們的結論、添加了新論點、傑出與否的種種研究心血,我們都點頭致謝。

　　我們還是保持簡單吧。

第五章

增強抗壓韌性，不受情緒劫擾

「你所做的每一件事，無論是大是小，不過是問題的八分之一。」一位 6 世紀的基督教修士勸誡他的苦行同修：「反倒是，即使無法完成任務，心境也不動搖，才是剩下的八分之七[①]。」

在各種心靈傳承中，靜觀道路的主要目標都是一顆不受擾動的心。特拉普派（Trappist）修士湯瑪斯‧莫頓（Thomas Merton）讚美這種特質而寫下詩句，引用了古代的道家作品，說一個木匠不用圓規，也可以畫出一個完美的圓，這些人類的心靈「自由而淡泊[②]」。

不受擾的心恰與痛苦生命的狀態相反，諸如金錢憂慮、工作過勞、家庭問題、健康難題。在自然界中，如撞見掠食者之類的壓力事件，僅僅是暫時的，身體有時間去恢復；現代生活的壓力源（stressors）大部分都是心理，而不是生理的，而且往往持續不斷（或許只在我們自己的念頭裡），像有一個惡上司或家庭失和，這樣的壓力源會觸發同樣的古老生理反應。如果這些壓力反應（stress reactions）持續過久，難免致病。

因壓力而惡化的疾病，諸如糖尿病或高血壓，使人類脆弱不堪，顯出我們大腦設計的扣分點，大腦的優點則反映了人類皮質的榮耀，建立起文明（和寫下此書的電腦）。但大腦的執行中心，在額頭後方的腦前額葉皮質，既給我們比所有的動物都強的優點，卻也有一個吊詭的缺點：能預想未來，卻會擔心；能回想過去，也會後悔。

希臘哲學家愛比克泰德（Epictetus）幾世紀以前說過，讓我們生氣的，並不是發生在我們身上的事，而是我們怎麼看這件事。更現代的觀點，是詩人查理‧布考斯基（Charles Bukowski）所寫的：大事沒讓我們抓狂，反而是「時間正緊迫，鞋帶卻無端斷了」之類的小事。

科學顯示，我們認為生命中的麻煩愈多，壓力荷爾蒙如皮質醇（cortisol）就分泌愈多，這有一點烏雲罩頂：皮質醇如果長期增高，會產生有害影響，如增加心臟病致死的危險[3]。靜觀，幫得上忙嗎？

正念減壓的由來

我們在哈佛的時候，認識了喬‧卡巴金，他剛取得麻省理工學院分子生物學博士學位，正在探索靜觀和瑜伽。他是韓國崇山（Seung Sahn）禪師的弟子，禪師有個靜觀中心就在劍橋，丹住處附近。理奇也住在不遠的哈佛廣場邊的公寓二樓，喬在理奇去印度旅行之前，給理奇上了第一堂靜觀和瑜伽課。

我們研究 X 上師的時候，喬這位趣味相投的靜觀科學家也參加我們的團隊。喬在伍斯特（Worcester）新成立的麻省大學醫學院拿到解剖學和細胞生物學的獎學金，校區只離劍橋 1 個小時車程，解剖學是他最感興趣的，他已經開始在劍橋教瑜伽課程。

在那些時日裡，喬經常會去觀禪學會（Insight Meditation Society）參加靜觀營，學會那時候剛在巴瑞（Barre）成立，也差不多離波士頓 1 小時，和伍斯特相距不遠。1974 年，學會成立的前幾年，喬在嚴寒的 4 月初，在柏克夏（Berkshires）一個沒有暖氣的女童軍營，花了 2 週參加了一次觀禪課程，老師是羅勃・侯佛（Robert Hover），他是緬甸老師烏巴慶請來的，或許你還記得烏巴慶也是葛印卡的老師，丹和理奇參加過葛印卡在印度的靜觀。

侯佛像葛印卡一樣，主要的方法是先專注於呼吸，以便在前三天建立起良好的專注力，接下來的七天，有系統地、緩慢地、從頭到腳、一遍又一遍掃描身體覺受。這是該靜觀傳承的標準形式。

侯佛所教導的，包括好幾節 2 小時靜觀，期間學生必須發誓絕不隨意亂動，而這個時間可是葛印卡課程的兩倍。喬說，這個完全不動的時間裡，產生了他此生從未體驗過的一種疼痛，但是經歷難以忍受的疼痛之後，再掃描身體，專注於感受，疼痛居然慢慢化解為各種純粹的感受。

在這個靜觀營裡，喬突然心生靈感，於是很快寫在一個信封背後，他想到可能有個方法可把靜觀的利益帶給病人，尤其是

一些人的慢性疼痛纏繞不去，即使換了姿勢或停了禪坐後，疼痛仍揮之不去。幾年以後，他在觀禪學會[④]另一次靜觀營裡，把兩個不同時期的自身靜觀體驗合成一種人人適用的方法，這也就是目前世界知名的正念減壓（Mindfulness-Based Stress Reduction，簡稱 MBSR），1979 年 9 月在麻省大學的醫學院正式誕生。

喬的想法是，疼痛診療科裡充滿了病人，除非服用讓人元氣大傷的麻醉劑，否則病人根本無法逃脫令人窒息的疼痛症狀。他看到身體掃描和其他正念練習可以幫助這些人，把他們疼痛經驗裡的認知和情緒，跟純粹的生理覺受脫鉤，光是這樣的改變，就已經很能減緩症狀了。

但是大部分病人只是伍斯特工人階級的一個隨機選樣，不能像侯佛所教導的這批虔誠靜觀者一樣久坐不動，於是喬就借用瑜伽訓練的方法，躺下來做身體掃描，這跟侯佛的方法很類似，幫助你一一覺知身體重要部位，有系統地從左腳趾開始，然後一路到頭頂，把各部位連結起來。重要的關鍵是：記錄於心、然後探索並轉化自己和身體某一部位覺受之間的關係，甚至是很不愉悅的感受，這是完全可能的。

喬借用他原有的日本禪的背景和觀禪，加上一種靜坐，教人專注於呼吸，放下生起的念頭或身體覺受，只覺知那「專注」本身，卻不覺知「專注的所緣」。一開始這樣先用呼吸為所緣，再用其他的所緣，如聲音、念頭、情緒，當然還有各種身體覺受。另一個得自日本禪和觀禪的提示就是：加上正念行禪、正念進食，還有對於日常活動的一般正念，包括人際關係在內。

　　我們非常高興喬把我們在哈佛的研究當成證據（那時候，靜觀的科學證據十分稀少），證明借用靜觀的方法，卻拋除其中心靈修行的意涵，放進新的形式，必將有益於現代世界[5]。現今，證據已經非常充分，正念減壓也許是全球的醫院、診所、學校，甚至企業中，最普及的正念練習形式。正念減壓宣稱的好處之一是：提高人們應付壓力的能力。

　　在一份正念減壓對於壓力反應之影響的研究中，菲利浦・高汀（Philippe Goldin，參加過夏季研究學院）和他在史丹佛大學的業師詹姆斯・格魯斯（James Gross）研究一組正參加標準 8 週正念減壓課程、有社交恐懼症的病人[6]。在靜觀訓練之前或之後，一邊進行磁振造影的量測，一邊讓他們體驗壓力源，都是他們自己陳述的社交出糗事件和當時心中的念頭，像是：「我夠無能了」或「我這麼害羞，真丟人」。

　　給病人呈現這些壓力的念頭時，請他們使用下列任一專注方法：一是正念覺知呼吸，或者做心算來干擾念頭。結果只有正念呼吸組，既降低了杏仁核的示警活動，主要是經由更快的恢復能力，又強化了大腦注意力網路的活動，病人報告的壓力反應也相對減少了。做過正念減壓的病人和做過有氧運動的人來比較，出現了同樣有益的模式[7]。

　　這不過是在數百種正念減壓的研究之一，正如本書通篇所述，研究均呈現了正念減壓巨大的益處。而正念減壓的近房表親：正念本身，也有同樣的利益。

正念專注

當我們開始參與「心智與生命學院」達賴喇嘛和科學家的對話，注意到達賴喇嘛的一位口譯者艾倫・華勒士（Alan Wallace），可以把科學名詞和藏文的意義精準嫁接起來，而藏文是一個缺乏科技名詞的語言。原來艾倫是史丹佛大學宗教研究博士，非常熟悉量子物理，並受過嚴格的哲學訓練，也曾在藏傳佛教出家多年。

艾倫因靜觀的專長，從藏傳佛教的脈絡中抽出一套人人適用的獨特靜觀課程，他稱為「正念專注訓練」（Mindful Attention Training），這個課程一開始先全力專注呼吸，然後逐漸精煉專注力，到觀察心流的自然流動，最後精微地覺知「覺知本身」[8]。

在埃默里大學，有人曾經做過一個研究，隨機挑選出三組從來沒有靜觀經驗的受試者，一組練習「正念專注訓練」，一組練習慈悲心，第三組則是控制組，只討論一系列的健康話題[9]。

這些參與者在 8 週訓練之前和之後都掃描了大腦。在掃描時，給他們看一系列的圖像，這是情緒研究的標準作業，包括一些讓人難過的圖像，譬如灼傷病人。正念專注組對不愉悅圖像的反應是杏仁核活動降低。在該研究中，杏仁核作用的改變是在一般基準線狀況時發生，顯示出內心素質效應的跡象。

順便提一下杏仁核，這是大腦偵測威脅的雷達，角色特殊：它直接從感官接收輸入訊息，然後掃描是安全還是危險，如認定有安全疑慮，就會激發大腦或戰、或逃、或凍結的反應。分

泌一連串荷爾蒙，如皮質醇或腎上腺素，好採取進一步行動。杏仁核也注意任何大事，無論我們喜愛或厭惡那件事。

　　丹過去在研究中測量少量汗珠，當做杏仁核驅動反應極為間接的指標。丹的本意就是想了解杏仁核的功能，杏仁核被刺激喚醒之後，恢復的速度很快，但受到儀器限制，丹只好量測汗珠反應，其無奈可想而知。不過這都是從前，如今大腦掃描儀已可直接追蹤大腦各區域的活動了。

　　杏仁核跟專注和強烈情緒反應的大腦神經迴路強力串接在一起。從這雙重角色可以看出，為什麼我們焦慮時，注意力同時也非常分散，尤其是被那些焦慮的事分了心。杏仁核擔任大腦雷達，一旦監測到了威脅，我們便加強注意哪裡出了狀況。所以當我們憂慮或生氣，心會一再跑到那件事上，甚至到了執迷的程度，就像觀眾看木工場意外災害的影片，眼見艾爾的大拇指接近那個險惡巨刃的時候。

　　艾倫的研究發現，正念可以使杏仁核平靜下來，同時其他研究人員也請從未靜觀過的自願受試者練習正念數週，一天20分鐘，然後用功能性磁振造影來掃描[10]，在掃描時，給他們看一些圖像，從很可怕的灼傷病人到可愛的小兔子，他們在日常內心狀態下看圖像，然後在練習正念時，又再一次看這些圖像。

　　正念專注時，他們杏仁核對所有圖像的反應顯然（比非靜觀者）低了很多。這種比較不受擾動的徵象，在大腦右側的杏仁核最為顯著（大腦右半球和左半球都有杏仁核），一般對煩惱的反應比左邊的強烈。

　　第二個研究發現，只有在正念專注時，但不是在一般日常的覺知當中，杏仁核的反應才會減少。這是一時「狀態」的效應，而不是「素質」的轉變。要記得，內心素質的轉變是「靜觀前」而不是「靜觀後」。

正念可以減緩疼痛

　　如果你重重掐一下手背，就會啟動幾個不同的大腦系統，有些是對疼痛的純粹覺知，另一些是不喜歡那痛的感覺，大腦把這兩個統合成一個本能反應，馬上就：哎喲！

　　但只要我們練習身體的正念，多花時間細密注意我們的身體，這個統合會分崩離析。只要繼續保持這份專注，我們的覺知就會發生變化。

　　原來的掐痛會轉化，分解為幾個成分：掐的強度、疼痛覺受和情緒感受，像是我們不要疼痛、我們急著要疼痛停下來。

　　但如果我們堅持用正念的探索，那個掐痛變成了可以用興趣，甚至平等心去拆解的體驗。我們於是看到，嫌惡之心消失了，「疼痛」分解成為更細微的滋味：跳動、熱度、強度。

　　想像一下，你聽到一個很輕的咕嚕聲，那是約 19 公升（5 加侖）的水箱開始沸騰，從薄橡皮水管送出液體，通過繫在你腰間的 5 公分見方的金屬板。板子加熱了，開始還很舒服，但水的溫度在幾秒鐘內跳了好幾度，那舒服感迅速變成疼痛，你終於受不了了，要是你碰到熱爐子，絕對會很快抽手，但此刻你無法拿

開金屬板，整整 10 秒鐘，你感到沸騰的熱，這下子絕對會燒傷了。

但是你沒有燒傷，皮膚仍然完好，你只是達到了最高的痛閾（pain threshold），這正是神經纖維刺激器（Medoc thermal stimulator）的設計，神經科學家用它來評估中樞神經系統變壞的神經病變，這個刺激器有內建的安全裝置，因此，即使它精確校準最大痛閾也不會燒傷皮膚，因為人的痛閾離燒傷的高範圍還遠，因此神經纖維刺激器就用來證實靜觀如何轉變我們對於疼痛的認知。

疼痛主要組成因素，有純粹的生理覺受，如燙傷，以及心理對這些身體覺受的反應[11]。理論上，靜觀會關掉對疼痛的情緒反應，所以較能忍受熱的生理覺受。

例如日本禪，修禪者不起心理反應，也不分別內心或周遭生起的現象，這樣的心態逐漸延伸到日常生活中[12]。露絲‧佐佐木（Ruth Sasaki）老師這樣說：「有經驗的坐禪者並不只是安靜坐著。」又說：「意識狀態起初只在禪堂之內，逐漸延續到任一活動，以及一切活動[13]。」

進行大腦掃描的資深靜觀者（受到指示「不要進入靜觀」）能夠承受這個神經纖維刺激器[14]。雖然我們注意到主動控制組的重要性，這個研究卻付之闕如，但並不是問題，因為我們有腦造影，如果結果測量是根據自陳式報告（最容易被期望所影響）或者由另一人來觀察行為（比較不容易有偏見），那麼主動控制組就很重要了。但談到大腦活動，人們對腦內發生的現象一無所

知，所以主動控制組較不重要。

有經驗的日本禪學生不但比主動控制組更能忍受痛苦，也顯示了疼痛時並沒有啟動執行、評估、情緒區域，這些大腦區域在強大壓力下會點亮。顯然，他們的大腦好像跟產生評估的執行中心神經迴路（好痛！）和感知生理痛苦的神經迴路（好燙！）脫鉤了。

總之，靜觀者對痛苦的反應，比較像對待不苦不樂的中性覺受，專業性術語是：他們記憶疼痛高階或低階的大腦區域顯示出「功能耦合」（functional decoupling），當他們的感官覺知迴路感覺到疼痛，念頭和情緒卻並不對其反應，這成為認知治療的一種新策略：重新評估重大的壓力，不把它看成那麼具威脅性，可以減少主觀上的嚴重性和大腦反應。然而日本靜觀行人的神經策略好似一直是不加批判，也就是保持坐禪的一貫心態。

把這篇論文仔細讀一下，靜觀者和對照組之間的區別，看出了一個明顯的內心效應。在開始的基準讀數，溫度增加是一系列階梯式的細微漸升來瞄準每個人的最高痛閾。日本靜觀行人的痛閾比非靜觀者高了攝氏兩度（華氏 5.6 度）。

這聽來好像不多，但人類對熱的疼痛感受是：溫度即使升高一點點，都對主觀上和大腦反應上影響甚鉅。雖然攝氏兩度的差別看起來不過區區，在疼痛的感受世界裡卻巨大無比。

研究人員自然懷疑，這種類似於內心素質的發現，是因為自我選擇，包括誰選擇繼續靜觀，誰在中途退出，也會造成這樣的數據；也許，選擇經年累月靜觀的人，已經跟別人不同，應

該是一種內心素質效應了。有一句俗語：「相關並不代表因果關係」，這裡可適用。

但如果內心素質不是出於自我選擇，而是一個修行的持續效應，就有一個另類的解釋了。只要不同的研究團隊都對內心素質產出類似的結果，我們就必須更加認真看待這個結果。

日本靜觀行人對壓力反應可以很快恢復，對比之下，那些精疲力竭、經年累月壓力不斷，處於損耗和無助狀態下的人，像是工作壓力極大的人就很難恢復。譬如護士和醫生等醫療照護人員，以及居家照顧阿茲海默症親人的人，大都精疲力竭。當然，任何人面對一個大叫大嚷的粗魯顧客，或連續不停的無情截止期限，還有新創公司的忙亂步調，都會精疲力竭。

這樣持續不斷的壓力，看來把大腦形塑得更糟[15]。若掃描經年累月每週工作 70 小時的人的大腦，可見到杏仁核增大，大腦前額葉皮質區域間連結也變弱，這些區域原可在騷動的情況下讓杏仁核安靜下來。當這些壓力很大的職場工作者看到令人不安的照片，若請他們減低情緒反應，他們是無能為力的，用專業術語來說，就是無法「向下調節」（down-regulation）。精疲力竭的人，如同患有創傷後壓力症候群的人，再也不能叫大腦壓力反應剎車，因此他們從來就沒有療癒藥劑可助恢復。

有一個引人的研究，間接證明了靜觀可培養韌性：理奇實驗室和卡蘿·芮芙主導的團隊合作，檢視一些大型、多地點、全國性的美國中年人的研究，他們發現一個人的生命目標感愈強，就愈容易從實驗室提供的壓力源中恢復過來[16]。

　　一個人若擁有生活的目標和意義，便能面對生活的困境，重新整頓自己，迅速恢復。而且我們在第三章看到，在芮芙的測量中，靜觀可增加幸福感，其中自然包括個人的目標感。那麼，靜觀若有助冷靜面對煩亂和困難，直接證據是什麼？

相關性之外

　　丹於 1975 年在哈佛開意識心理學一課，理奇在他研究所的最後一年，如前所述為該課擔任助教。每週都會見到一些學生，其中克利夫・沙隆（Cliff Saron）那時是哈佛大四學生，他是做研究的技術高手，包括電子裝置（也許是從他父親鮑伯・沙隆遺傳來的，他曾在國家廣播公司擔任音響器材管理），這位能手很快就成為理奇論文的合著者。

　　理奇在紐約州立大學帕切斯分校得到第一份教職的時候，他帶克利夫去管理實驗室。克利夫同時間和理奇合撰了大量科學論文，這樣工作了一陣子後，他在艾伯特・愛因斯坦醫學院取得神經科學博士，現在主持加州大學戴維斯分校「心腦中心實驗室」，也時常擔任「心智與生命夏季研究學院」老師。

　　克利夫對方法學議題非常機敏，無疑有助他設計並管理靜觀縱向研究，這樣的研究至今也寥寥無幾[17]。在艾倫・華勒士帶領的一個靜觀營中，克利夫對歷經三個月一連串正統靜觀訓練的學生，如出入息念[18]以增進專注，以及培育如慈心和平等心等正向心態，進行嚴格的評估。靜觀者按照嚴格的時間表，一天靜觀

6小時以上，共90天，克利夫在一開始、中間、結束和五個月後都做了測試[19]。

對照組是已報名參加三個月的靜觀營，但要等第一組完成了以後才開始，這樣的「候補名單」控制組，排除了「期待需求」的憂慮和相似的心理混亂（但是不像HEP加上一個主動控制組。對這種研究，主動控制組是個後勤和財務的負擔）。克利夫為使研究精確，讓候補的人飛往靜觀的地方，跟另一組人在一模一樣的環境中進行評估。

有一個測試，是很快連續呈現許多長短不同的線條，給出的指示是：看到一根比其他都短的線條時，就按下一個按鈕。線條裡只有十分之一是短的，困難之處在於，在短促的時間裡，避免看到短線出現時，膝射式的本能傾向卻按了一根長線。隨著靜觀與時俱進，靜觀者控制衝動的能力也進步了，反映出一個情緒管理能力的重要技巧，也就是制止自己因為心血來潮或衝動而行動。

統計分析顯示，這個簡單的技巧，在自陳式報告中可見到一連串的改進，從焦慮減少到幸福感增加，包括情緒調節在內。如報告中顯示，靜觀者從憤怒中恢復得比較快，而且衝動較少。更有啟發性的發現是，「候補名單」控制組在這些測量中，並沒有顯現任何變化，而一旦經過靜觀，就可見同樣的改進。

克利夫的研究直接把這些利益和靜觀連在一起，強烈支持內心素質轉變的立論。畫龍點睛的是：靜觀營結束五個月之後繼續追蹤，發現改善之處仍在。

　　這個研究也排除了一個疑問：認為所有長期靜觀者的正面內心素質只是因為自我選擇，也就是說，人們已有這些內心素質，才決定去修行或長期持續修行。從這一類的實驗證據看來，靜觀裡的狀態會逐漸擴散到日常生活，來形塑我們的內心素質，至少在處理壓力時。

頂級的考驗

　　想像一下，你向兩個面談委員形容你對某個工作多能勝任，這兩人盯著你，板著臉，看不出絲毫同理心，連點個頭表示鼓勵都沒有，這是特里爾社會壓力測試（Trier Social Stress Test，TSST），這是科學界認為是觸發腦部壓力神經迴路和分泌多種壓力荷爾蒙的最可靠方法。

　　再想像，令人士氣低落的工作面談之後，又要進行一些壓力很大的心算：你必須從 1,232 這樣的數字開始，很快地連續減掉 13，這是測試的第二部分，前述面無表情的面談人把你推去算術，還要愈來愈快，只要你犯錯，他們就叫你從 1,232 重新開始。這個非常費勁的測試給人極大的社交壓力，也就是我們面對別人評估、拒絕或排除，十分難受的感覺。

　　艾倫‧華勒士和保羅‧艾克曼（Paul Ekman），創立了一個學校老師的進修計畫，用靜觀來進行心理訓練[20]。從前丹運用木工場意外災害的影片，把壓力帶進實驗室，這裡壓力源則是不好受的求職面談，然後是一個可怕的算術挑戰。

在這測試裡，這些老師如果練習靜觀愈久，血壓就恢復愈快，靜觀結束後的五個月還是一樣。這說明了至少有溫和的內心素質效應（如果五年以後還是一樣，內心素質證據就更有力了）。

理奇實驗室把特里爾社會壓力測試用在資深觀靜觀行者（終身平均靜觀時數 9,000 小時）身上，他們前一天靜觀 8 小時之後，次日接受這個測試[21]。靜觀者和同年齡、同性別的對照組都同樣接受特里爾社會壓力測試（以及一個炎症測試），在第九章〈調節基因，降低發炎反應〉將更詳盡報告研究結果。

結果是這樣的：靜觀者在壓力之下，皮質醇只有微量增加，同樣重要的是，靜觀者不像非靜觀者把這令人生畏的特里爾測試看得那麼壓力當頭。

靜觀者能冷靜平衡地看待壓力源，這並不是在靜觀練習當中，而是在休息當中，我們指的「靜觀前」。在壓力面談和可怕的心算挑戰中，他們顯得淡定自在，是真正的內心素質效應。

另一份對同一批高深靜觀者的研究，提供了進一步的證據[22]。掃描靜觀者大腦時，給他們看人們受苦、叫人難受的圖像，譬如灼傷病人，資深修行者的大腦顯示杏仁核只有低度反應，表示他們的情緒不易受到劫持。

理由如下：他們的大腦的前額葉皮質（管理反應度）和杏仁核（觸發這樣反應）之間運作連結比較強。神經科學家已經知道，大腦裡這種特定的連結愈強大，這個人愈不易被各種上下起伏的情緒所劫持。

這樣的連動可以調節一個人對於情緒反應度的高低，連結

愈強大，反應就愈少。的確，兩者關係強到：一個人的反應度可以從連動來預測。因此當終身靜觀時數很高的靜觀者看到一個很可怕的灼傷病人圖像時，他們的杏仁核幾乎沒什麼反應度，而同年齡的自願受試者看了這些令人難受的圖像，既沒有顯示兩者連結增強，也沒有顯示平等心。

　　但是當理奇團隊用參加正念減壓訓練的人複製同樣的研究，這一批人除了課程，還外加一點點家居日常練習（總時數在30小時以下），看令人難過的圖像時，並未發現前額葉區域和杏仁核的連結增強。他們在休息時也沒有增強。

　　正念減壓訓練的確減低了杏仁核的反應度，長期靜觀者組除顯示同樣的減低之外，還加上前額葉皮質和杏仁核之間的連結增強，這種模式暗示了遇見困難時處理痛苦的能力（靠前額葉皮質和杏仁核的連動），即如何回應生命中的挑戰，如失業。長期靜觀者的處理能力比只接受正念減壓訓練的人高強。

　　好消息是，這種韌性是學得來的，我們不知道這種效應能維持多久？我們推測，除非參與者持續練習，不然效應就是短期的，持續練習是把一時「狀態」轉化成「素質」的關鍵。

　　杏仁核反應期最短的人，情緒來了就去了，善於適應，也恰到好處。理奇實驗室掃描31位非常資深的靜觀者（終身平均靜觀時數8,800小時，從1,200小時到3萬小時不等）的大腦，來測試這個想法。

　　他們觀看了受試者一般會看的圖像，從極為痛苦的景象（像灼傷病人）到可愛的小兔子。我們第一次分析靜觀專家的杏仁核

時，他們的反應跟從未靜觀的對等受試者並無不同。但當理奇團隊把資深靜觀者中最少時數的（終身平均靜觀時數 1,849 小時）和最多的（終身平均靜觀時數 7,118 小時）分開，結果顯示修行時數愈多，杏仁核從痛苦中恢復得愈快[23]。

「迅速恢復」是韌性的標誌。簡而言之，修行愈久，愈能強烈浮現平等心。在長期靜觀的諸多利益中，這正是沙漠教父（Desert Fathers）[24] 所追求的：一顆不受擾的心。

・心腦效益・

杏仁核是大腦壓力迴路很重要的節點，8 週 30 小時左右的正念減壓訓練就可以縮減其活動，其他正念訓練也顯示了相同的效果，這研究暗示：轉變的是內心素質，因為它不僅僅在指示受試者用正念認識壓力源時，甚至在「基準線」狀態，杏仁核活化也會減少約 50%。大腦對壓力反應減少，不僅僅發生在實驗室裡觀看血淋淋圖片之時，也在真實生活的挑戰之中，像是在壓力強大的特里爾面談中，受試者必須面對一個活生生的觀眾。

日常練習愈多，壓力反應愈少。有經驗的日本靜觀行者可以忍受高度的疼痛，對壓力源的反應較少。

參加過三個月靜觀營，就可以有比較好的情緒調節的指標。長期靜觀在（大腦管理情緒的）前額葉區域和（對壓力反應的）杏仁核區域之間，功能連動比較好，可減少反應度。調

節專注的能力若有改進，壓力反應度也會改善。

　　最後，長期靜觀者能快速從壓力反應中恢復，這表示持續練習之後，「素質」效應就浮現了。

第六章

培育同理心，愛的行動

在古代乾旱的環境中，葡萄十分稀有，那些窮鄉僻壤只生長多肉植物。但一份西元前 2 世紀的紀錄告訴我們，有一天，有朋自遠方來，帶了葡萄到基督教隱士瑪伽略（Macarius）所住的沙漠中[①]。

但瑪加略並沒有吃掉那些葡萄，反而送給了鄰近的修士，他很虛弱，非常需要這個小禮物。

這位修士雖然很感謝瑪加略的善心，卻想到另外一個人才該吃葡萄，於是就把葡萄送給那位修士。所以這個葡萄傳遍了整個隱士社群，最後又回到瑪加略的手上。

早期的基督教隱士，稱做沙漠教父（Desert Fathers），頌揚純淨的生命狀態，和今天喜馬拉雅的瑜伽士一樣，都遵循相近的戒律、習俗和修行。他們一樣有無私和慷慨的美德，而且獨居，更甚者是，都沉浸在靜觀中。

這串多汁葡萄在沙漠社群中的巡迴旅程，是什麼力量推動的呢？就是悲心和慈心，這樣的心態是把其他人的需要放在自

己之前。用專業的語言來講，「慈心」（loving-kindness）指希望他人快樂，它的近親「悲心」（compassion）指希望他人能夠減少痛苦。這兩者（我們統稱為慈悲，compassion），可以經由內心訓練來強化，如果訓練成功，結果會是起而行去幫助他人，沙漠教父和那一串葡萄的故事就是驗證。

　　設想一個現代的新版。有人告訴神學院的學生，要評估他們的見習布道。半數學生可在聖經中任選一個主題，另一半學生就指定〈好撒瑪利亞人的比喻〉（Parable of the Good Samaritan）為布道內容，也就是好撒瑪利亞人曾經停下來幫一個路邊躺著、需要救助的陌生人，儘管路人經過都冷漠不理。

　　學生經過一段時間整理思緒，一個接一個走到另一幢建築物接受演說評估。他們每個人在路上都會經過一個庭院，有一個人彎著腰，疼痛呻吟。

　　問題是，他們停下來幫了這位陌生人嗎？

　　結果，神學院的學生是否幫助此人，要看他們覺得有多晚，時間壓力愈大，他們愈不可能停下來[2]。我們若在忙碌的一天匆匆趕著出門，擔心抵達下一個地方是否準時，多不會去注意周遭的人，更不要說注意到他們的需要了。

　　有一個光譜，從這一頭的自我中心執著（我遲到了！），到那一頭注意周遭的人，與之同頻，與之同情，最後，如果他們有需要，就起而行去幫助他們。

　　我們若懷著慈悲的心態，就意味只不過是深信這個美德；而體現慈悲心，則意味著採取行動。學生思考好撒瑪利亞人的行

為，也許只欣賞他的慈悲，卻不見得也用慈悲心來行動。

　　有好幾種靜觀方法的目的都在培育慈悲，科學（和倫理）的問題是，這管用嗎？真能引導人們採取慈悲的行動嗎？

願一切眾生不再受苦

　　1970 年 12 月，丹第一次到達印度，受邀在新德里所舉辦的瑜伽和科學會議上演講，許多西方的旅者前來聆聽，雪倫‧薩爾斯堡（Sharon Salzberg）也在其中，當年她十八歲，在紐約州立大學水牛城分校做一年獨立研究。雪倫跟數以千計的西方年輕人一樣，在 1970 年代橫越歐陸，到了近東，再到印度。這樣的旅程，就今天的戰爭和政治情勢來看，絕無可能。

　　丹提到他剛從葛印卡在菩提迦耶的觀禪課程出來，而這一系列的 10 天靜觀營還在繼續舉行。雪倫是直接從德里到菩提迦耶的緬甸寺院去參加的少數西方人之一，她熱誠學習這個方法，而且繼續跟印度和緬甸的老師研究靜觀，返美後，她自己變成了老師，與她在寺院遇見的約瑟夫‧葛斯登共同創立麻薩諸塞州的觀禪學會（Insight Meditation Society）。

　　雪倫早先從葛印卡處學來了一個方法，後來她就成為這個方法的大力提倡者。這個方法在巴利文稱為慈心（metta），譯成英文大致是「慈愛」（loving-kindness），這是一種無條件的博愛和善意，接近希臘文「神聖的愛」（agape）的一種愛的特質[3]。

　　雪倫帶到西方的慈心形式是，你安靜複述這樣的句子：願

我安全，願我健康，願我的生命自在！首先祝願自己，接著是所愛的人，然後是中性的人，最後是一切眾生，甚至祝願跟你有過節或曾經傷害你的人。慈心禪雖有不同的版本，但這已成為最常用的形式。

這樣的慈心版本，有時候也包括悲心的祝願，希望人們不再受苦。雖然慈心和悲心有先後因果的區別，科學界卻鮮少注意。

雪倫從印度回國幾年後，在 1989 年與達賴喇嘛對話中，她是與談人之一，丹是主持人[④]。談話當中，雪倫告訴達賴喇嘛，許多西方人厭惡自己，達賴喇嘛非常驚訝，因為他從來沒有聽過這回事。達賴喇嘛回答，他一直都假設人們自然而然地就會愛自己。

達賴喇嘛指出，在英文裡，慈悲這個字指希望他人好，但不包括自己。他解釋，在他的母語西藏語、同時在古典的巴利文和梵文中，慈悲這個字意思就是對自己、對他人都懷著慈悲。他又說，英文需要一個新字，自我慈悲（self-compassion，或譯為自我關懷、自我疼惜）。

這個名詞在十多年後才出現在心理學界。德州大學奧斯汀分校心理學家的克利斯汀，奈芙（Kristin Neff）發表了測量自我慈悲的研究。她的定義包括對自己仁慈，不自我批評；把自己的失敗和錯誤看成人類境況的一部分，而不是個人的失敗；只是觀察自己的不完美，並不對它思前想後。

自我慈悲的反面是經常自我批評，例如生出灰暗的思想，

如果反過來多用慈心對待自己，便是直接的解藥。一個以色列的團隊便做過一個研究。如果對那些容易自我批評的人教導慈心，既可減少過度的嚴以待己，又能增進自我慈悲[5]。

同理心指感同身受

大腦研究指出，同理心有三種[6]：一是認知同理心，讓我們了解其他人在想什麼，看到他們的觀點；二是情緒同理心，我們感到其他人的感受；三是關懷同理心，這是慈悲的核心。

同理心（empathy）一詞在 20 世紀初期進入英語，從德文 Einfühlung 翻譯過來，意為「感同身受」。純粹的認知同理心，沒有同情的感受。必須在身體上感到受苦之人的感受，才叫做情緒同理心。

但如果感受使我們煩亂，我們的反應往往就是退出，雖感覺舒服一些，卻阻隔了慈悲的行動。在實驗室裡便可以觀察到這種人性退縮的本能，人們對於極端苦痛的相片，例如重度灼傷以致皮膚脫落，目光往往無法直視。同樣的，無家可歸的遊民抱怨自己遭到漠視，街上的行人無視於他們，這是另外一種看到痛苦卻避開目光的形式。

既然慈悲始於接受眼前發生的事，而不轉移目光，這是助人行動很重要的第一步，培育慈悲的禪法會不會牽動這個平衡？

德國萊比錫「馬克斯・普朗克學院」的研究人員，教導自願

受試者一種慈心禪的版本[7]，在指導下用 6 小時練習散發慈心，再回家自行練習。

在他們學習慈心的方法之前，這些受試者先看了栩栩如生的受苦錄影帶，他們只啟動了情緒同理心的負面神經迴路，大腦反映出這些受害者的痛苦好像發生在他們自己身上，這個讓他們感覺很難過，因為受害者的痛苦轉移到了他們身上，他們情緒上產生呼應。

接下來指導他們跟影片產生同理心，也就是分擔受害者的情緒。功能性磁振造影顯示，這樣的同理心啟動了圍繞腦島（insula）的部分神經迴路，就是當我們自己受苦時所點亮的神經迴路。同理心意味能苦人之所苦。

但是，等另外一組受試者接受了慈悲的指導，對那些受苦的人散發愛，他們的大腦居然啟動一套完全不一樣的神經迴路，這些是父母對孩子的愛[8]，他們的大腦訊號跟那些接受同理心指導的人完全不同！

一切只不過在 8 小時之後！

這樣對受苦的受害者產生正面關懷，意味我們可以面對並且處理他們的困難，這讓我們在這個光譜上，從「注意」向著「付出」前進，也就是從同情到實際伸出援手。在許多東亞國家，觀音是菩提心的崇高象徵，觀音，譯成白話就是「聞聲救苦」[9]。

從心態到行動

　　持懷疑態度的科學家就要問了，若有人顯示出這個神經模式，就當真會去幫助他人嗎？（特別是，幫助人常需要做一些令人不愉快的事，甚至說不定還得犧牲）。讓受試者躺在大腦掃描儀下一動也不動，量測他們的腦波，有時候真能量測到牽動慈悲和行動的神經訊號在加強，這種實驗結果引人興味，卻不具科學說服力，畢竟，那些神學院學生雖能認真反思好撒瑪利亞人，卻不比一般人更樂意實際助人。

　　然而有證據提供了更樂觀的結果。在理奇實驗室，自願受試者接受2週慈悲訓練（念及他人）或「認知重新評估」（cognitive reappraisal，這是自我關注，教他們用不同的方式來看待負面事件的原因）之前和2週之後都接受大腦掃描。然後給他們看人類痛苦的圖像，同時掃描他們的大腦。掃描完畢，他們就玩再分配遊戲（Redistribution Game）。遊戲裡有一個獨裁者及一個可憐人，可憐人本來該拿到十塊錢，獨裁者卻欺騙他，只給了他一塊錢。按遊戲的規則，如果受試者願意從自己口袋中掏出五元，獨裁者便需要加倍補償給可憐人。

　　結果顯示：受過慈悲訓練的人比受過重新評估感受訓練的人，給了受害者幾乎兩倍的錢，而且他們的大腦大量啟動了專注、觀點接納、正面感受的神經迴路。這些迴路愈是活化，就愈有利他精神。

　　馬丁路德‧金恩曾談起好撒瑪利亞人的故事，說那些沒有

施以援手的人是這樣問自己的：如果我停下去幫他，我會怎麼樣？

而好撒瑪利亞人則問：如果我不幫他，他會怎麼樣？

準備去愛

任何人祇要有半顆心，看見幼小的孩子瀕臨飢荒的照片，都會非常痛苦。那悲哀的大眼低垂，心情頹喪，肚皮鼓脹，骨頭從他那枯瘦的身體突出來。

這張圖片，跟灼燒病人的圖像一樣，在好幾個研究慈悲心的計畫裡都用來作為面對痛苦能力的標準測試。如果能激起慈心，那麼，從對他人痛苦或需要視若無睹，到開始注意，到產生同理心，到實際助人，每一步都有推動的能量。

在靜觀新手學習慈心的研究中，新手在觀看痛苦的圖像時，其杏仁核的反應出現了資深靜觀者的早期跡象[10]。這個反應自然沒有長期靜觀者那麼明顯，只是輕微的徵兆，預知反應快要發生了。

多快呢？也許只需要幾分鐘，至少對情緒反應而言。有一個研究發現，只需要練習慈心 7 分鐘，就可以提高一個人良好的感受和社會連接感，即使只提高一時半刻[11]。同時戴維森團隊發現，在 8 小時左右的慈心訓練之後，自願受試者腦部模式和經驗較多的靜觀者高度相同[12]。這些初學者心中漾起短暫溫柔浪潮，也許是修了慈心幾週、幾個月或幾年的人們能夠產生更強烈的大

腦改變的先兆。

再來看另一個研究，有一組隨機挑選的自願者，接受網路上的靜觀教學指導，共 2.5 小時（也就是每次 10 分鐘，共十五次）。這個簡短的慈心訓練，比起另一個做伸展之類簡易運動的對照組，不但讓受試者心理更為輕鬆，他們也捐了更多款項給慈善機構[13]。

把理奇實驗室和其他的科學研究結果放在一起，我們就可以拼湊出對於痛苦的標準神經反應特徵：掌管痛苦的神經迴路連接到腦島，包括杏仁核，用一個特定的力量來反應，如一般人見到受苦之人，同理心會油然而生的典型反應。腦島監測體內的信號，同時啟動了自主反應，如心率和呼吸，當我們產生同理心時，痛苦神經中樞會呼應另外一個人的痛苦，同時杏仁核會感知到環境中有大事發生的訊號，例如另一個人的痛苦。受試者如果在慈心禪中浸淫愈深，同理心的反應也隨著他人受苦的程度而愈強。慈悲心會增進一個人對痛苦的同理心，這正是靜觀的目的。

理奇實驗室的另外一個研究當中，久修的禪者在散發慈心時，其杏仁核對於痛苦的聲音（如女人的尖叫）的反應會增加，而由靜觀新手組成的對照組裡，無論在慈悲心練習或在中性控制條件下，並沒有顯現這種差別[14]。在一個相似的研究裡，受試者聽到痛苦的聲音時，則集中注意一個小光，然後接受大腦掃描[15]。靜觀新手聽到聲音，杏仁核會爆發反應，但靜觀者的杏仁核反應是安靜的，他們仍相當專注。甚至研究人員保證這些自願受試者，不管他們聽到什麼痛苦的聲音，如果仍努力去專注於這個小

光，就會得到獎品。

　　把這些研究放在一起，就可看出心靈訓練如何運作的線索。一方面，靜觀是指一組修行，並不是單一的修行，修觀禪者（我們長期的研究對象）在一個典型的靜觀營裡面，也會加修出入息念和慈心禪。正念減壓和相似的課程，也提供了好幾種心靈訓練。

　　這些不同的心靈訓練方法，用不同方式驅動大腦。修慈悲心時，杏仁核的音量被調大，但在專注呼吸時，杏仁核的音量便被調小。靜觀者因此可利用不同的修行方法，來改變自己跟情緒的關係。

　　當我們面對一個充滿負面情緒的人，諸如恐懼、憤怒等，杏仁核迴路會點亮。這個杏仁核的訊號會警告大腦，有大事發生！杏仁核扮演神經雷達，偵測我們感知中顯著的現象。如果事情看來緊急，像是女人害怕的尖叫，杏仁核就送出廣泛的連接，招募其他迴路一起去反應。

　　同時，腦島也用本身跟體腔器官（如心臟）的連接，把身體準備好去主動參與（例如，血液向肌肉的流量變多），一旦大腦叫身體去反應，修過慈悲心的人，較可能起而行去助人。

　　這就要問了，慈悲心的訓練，效應會維持多久？只是一個暫時的「狀態」嗎？會變成一個持久的「素質」嗎？在克利夫・沙隆的三個月靜觀營實驗結束七年後，追蹤受試者[16]，也就是那些在靜觀當中或緊接著靜觀營之後，可以對痛苦圖像維持專注力，這是一個人接納程度的心理生理量測指標，與一般人的典型

反應：眼光轉向他處、浮現厭惡的表情非常不同，反而有個意外發現。

那些沒有把他們的眼睛轉開，而全然接納痛苦的人，七年以後，比較能夠記得那些特定的圖片。在認知科學裡面，這樣的記憶力是象徵大腦能抗拒情緒劫持，因此能夠完整接納悲劇性的影像，而且記得更牢，想必也比較容易採取行動。

靜觀其他的好處是慢慢浮現的，譬如說，從壓力中較快恢復，只有慈悲心不同，很快就可以增進。我們懷疑培育慈悲可能利用了「生理（發展）準備度」（biological preparedness），這是已經就位去學習一種特定的技術，跟幼兒學習語言之快一樣。大腦就像牙牙學語一樣，已經準備好學著去愛。

這多虧我們大腦具有照護他人的神經迴路。跟其他哺乳動物一樣，當我們對子女、朋友充滿愛意時，這個迴路就被點亮。即使只接受過短暫的慈心訓練，這個神經網路和其他相關的訊號也都會加強。

綜合以上的研究，我們了解到培育慈悲心不只是一種觀點，它能讓人對需要幫助的人實際施以援手，即使付出一些代價也在所不惜。有一群特別的人會強烈呼應他人的痛苦：就是強烈利他的人，也就是願意捐一枚腎臟給急迫需要腎臟移植的陌生人。大腦掃描發現，這些慈悲的人右側的杏仁核，比起其他同年齡、同性別的人大[17]。

對於受苦之人懷著同理心時，會啟動這個區域。因此，較大的杏仁核可能賦予人們感同他人痛苦的不尋常能力，因而推動

人們利他，極度利他乃至於捐出一枚腎臟來救人一命。這個從慈心練習而來的神經改變（甚至初學者也浮現這樣的特徵），跟捐贈腎臟的超級撒瑪利亞人的大腦反應相同[18]。

對他人的幸福，培育出愛的關懷，有一個非常驚人而且獨特的利益：掌管快樂的大腦神經迴路會和慈悲心迴路一起振奮起來[19]，慈心也可以提升大腦主管喜悅和快樂的神經迴路和前額葉皮質之間的連接[20]，此為指導行為的重要區域。若這些區域的連結愈多，此人在慈悲禪訓練之後就愈具利他傾向。

滋養慈悲

塔尼亞・辛格（Tania Singer）年輕的時候，以為自己會在舞臺上發展，也許是劇場或歌劇導演。但是自大學起，她就參加不同類型的靜觀營，多年追隨不同的老師學習，方法從觀禪到大衛・斯坦德拉神父（Father David Stendl-Rast）的感謝修行都有。那些老師身上的特質體現了無條件之愛，深深吸引著她。

人心的神秘吸引了塔尼亞去研讀心理學，她取得了博士學位。她的博士研究主題是高齡老年期[21]的學習，因此她對神經可塑性產生了興趣。她的博士後研究是同理心。這份研究顯示，當我們目睹受苦的人，會啟動與那人同樣感覺的網路，這個發現引起廣大的注意，打下了神經科學中同理心研究的基礎[22]。

她發現，我們呼應受苦之人的同理心，啟動一種不停與他人的痛苦調到同頻的神經警鈴，暗中警告我們有危險存在，但是

慈悲心，也就是關心他人的痛苦，好似是由另外一套大腦神經迴路掌管，即主管溫暖、愛和關懷感受的迴路。

　　這個發現源自塔尼亞做馬修‧李卡德（Matthieu Ricard）的大腦實驗。馬修在藏傳佛教出家，擁有科學博士學位，也有數十年靜觀經驗。塔尼亞請他在大腦掃描儀中，進入不同的靜觀狀態，她想看看一個靜觀專家的大腦會產生什麼狀態，然後去設計適於大眾的靜觀。

　　當馬修生起同理心，感同別人的痛苦，塔尼亞看到他掌管痛苦的神經網路採取行動，但是一旦他開始散發慈悲心，對受苦之人散發愛的感覺，他啟動了掌管正向感受、獎勵和合作的大腦神經迴路。

　　然後塔尼亞的團隊反向研究他們在馬修大腦裡發現的現象，他們訓練一組首次靜觀的人對他人的痛苦產生同理心，或對他們受苦散發慈悲心。

　　她發現，同理心的痛苦會損耗情緒，並讓人精疲力竭（如有時發生在護士之類的照護專業上），而慈悲心不僅僅感同他人的痛苦，還啟動了完全不同的大腦神經迴路：那些愛的關懷迴路，還有正向感受和韌性的迴路[23]。

　　塔尼亞目前出掌德國萊比錫「馬克斯‧普朗克學院人類認知和大腦科學學院」的社會神經科學系。她結合了自己對靜觀和科學兩者的興趣，加上在同理心和慈悲心對神經可塑性的研究上得到的卓越成果，她的研究已經為靜觀確立一家之言：靜觀確是培育善心的一種有效方法，能增進注意力、正念、觀點接納、同

理心，還有慈悲心。

　　塔尼亞的團隊做了一個完善的研究計畫，稱為「再資源專案計畫」（ReSource Project），招募了 300 位左右的自願受試者，他們答應用十一個月做不同的靜觀練習，分三批練習，每一種花上好幾個月來練習，加上另一組對照組，不接受訓練，但是每三個月參加一次同樣的測試。

　　第一個心靈訓練「安住當下」，有身體掃描和專注呼吸。另一個是「觀點接納」，從新穎的人際對話練習「配對靜觀」，來觀察自己的念頭，每對搭檔經由一個手機程式或面對面，彼此每天分享 10 分鐘的念頭串流[24]。第三個是「愛」，包括慈心的練習。

　　結果顯示：身體掃描，可增加身體的覺知，減少散亂。觀察念頭，可增加「超知覺」（meta-awareness）[25]，這是正念的副產品。另一方面，慈心會提高對別人溫暖的念頭和感覺。總而言之，如果你希望最有效地增加慈愛的感覺，就練習慈心，別無他途。

有哪些活性成分？

　　你讀到：「珊曼莎感染了愛滋病病毒（HIV），她在海外醫生的診所注射了不淨的針頭而感染。她每月參加一次和平遊行。在高中成績很好。」在這些籠統的描述之外，你還看到珊曼莎的照片，她是一名二十來歲的女子，披著及肩長髮。

你會不會捐錢幫助她？

為了解內心因素如何運作，科羅拉多州大學組織了兩組志願者，一組教導他們修習慈悲心，另一控制組每天給一劑「催產素安慰劑」，這是一種假的讓你感覺良好的大腦藥物，有人告訴他們，這會增強人際連繫和慈悲的感受，這個假藥會產生跟修慈悲心一樣的正面期待[26]。

參加靜觀或服用假藥之後，受試者會取得一個手機程式，顯示一個需要幫助的人的照片和概括描述，如珊曼莎，然後給他們一個選擇，他們可以捐出一些受試的酬勞。

很顯然，僅僅是修習慈悲，並不最能預測誰會捐款。其實，在這個研究裡，修習慈悲的人並不比服用假催產素的人或兩者都不做的那一組，捐款更多。我們不想表現得太科學怪胎，但是這指出了一個靜觀研究方法的關鍵點，雖然這個研究在很多方面都有第一流的設計（如很聰明的利用假催產素的控制組），研究中至少有一個方法是很模糊的：慈悲禪的本質並沒有精確定義，在研究過程中似有更動，而且其中還包括培育平等心的靜觀。

平等心的靜觀練習是為幫助照護瀕臨死亡者（像是宗教輔導師和安寧療護的工作人員）而設計，既對苦難保持關懷，同時對瀕死的人懷著平等心，畢竟在這個時間點，我們能夠幫助的甚為有限，或者最多只能心懷慈悲而已。修習慈悲的人即使不會捐更多的金錢，但他們對需要幫助的人確實展現更多的溫柔。我們很好奇，在捐款一事上，修習平等心的人是否跟修習慈悲心的

人一樣，也許雖跟受苦者心生共鳴，卻不會產生像捐錢這類的行動。

這就引發了下一個相關問題：是否需要專注於慈心來增強慈悲的行動？例如在東北大學，請自願受試者或做正念練習或做慈心禪[27]。2 週課程之後，每一個人都會在候診室碰到一位拄拐杖的女士，顯然很痛苦，坐在椅子上的另外兩人置若罔聞，而那裡只有三把椅子。正如在好撒瑪利亞人研究中，每一位靜觀者都有選擇是否讓座給拄拐杖的人。

學習正念和練習慈心的人，對比兩者都不學的對照組，比較傾向採取仁慈的行動，讓出座位（在非靜觀者的控制組，15％會讓位，靜觀者則多至 50％），但光從這研究看來，我們不知道正念是否如慈心練習，可增進同理心，還是出自其他的內心力量，譬如對情況更加專注，而推動了慈悲的行動。

首批徵象顯示，不同的靜觀有它獨特的神經特徵。舉洛桑丹增・納吉格西所領軍的研究為例，他有達賴喇嘛同一法脈的哲學和修行的學位（格西相當於我們的博士學位），同時也有埃默里大學的博士學位，目前在那裡擔任教職。格西從他學者和出家人的背景出發，創立「認知慈悲訓練」（Cognitively-Based Compassion Training，CBCT），這一套方法可以了解人的心態是助長還是障礙慈悲心的反應，訓練方法中包括了慈心訓練，願助人離苦得樂，並決心起而行等[28]。

在埃默里大學的研究中，一組人採用認知慈悲訓練，另一組採用艾倫・華勒士的修訂方法（見第五章〈增強抗壓韌性，不

受情緒劫擾〉）。主要的結果是：慈悲那一組看受苦的圖像時，右側的杏仁核活動增加，練習愈久，反應愈大。他們在分擔那人的憂苦。

但做憂鬱思想的測試時，慈悲那一組的報告顯示，一般比較快樂，他們分擔另一人的憂苦，卻不必灰心喪志，設計測試的艾倫・貝克博士說，專注他人痛苦時，你會忘卻自己的煩惱。

還有性別的區別，舉例而言，埃默里大學研究人員發現，女性對一切情緒性的圖像，無論是快樂還是悲傷，包括那些受苦的圖像，右側杏仁核反應比男性高[29]。這樣的研究結果在心理學界並非新聞，大腦研究長久以來就顯示女性比男性更能與他人的情緒同頻，科學驗證了人人皆知的事實，這不過是又一個例證：女性對他人的情緒一般確比男性更有反應[30]。

很吊詭的，碰到有機會助人的時候，女性實際上並不比男性採取更多的行動，或許因為她們有時覺得比較容易受到傷害[31]？在慈悲行動中有更多的原因在其中運作，而不僅僅是一個大腦的徵象，研究人員還得繼續努力找尋其因素，包括：是否感受時間的壓力、是否認為對方真的需要幫助、處眾還是獨處，每一項因素都可能重要。還有一個開放性問題：當你面對一個需要幫助的人，你所培育的慈悲觀點，足以使你克服以上因素嗎？

擴大關懷圈

理奇實驗室研究過一位非常有成就的西藏靜觀大師，他有

一次說，用 1 小時對一個麻煩的人散發慈心，等於對朋友或摯愛的人練習 100 個小時。

慈心禪通常讓我們一步步擴大自己願意溫柔以待的圈子，最大的一步是把我們的愛，向我們所認識、摯愛的人，到不認識的人，甚至不喜歡的人推廣。然後，懷著很大的願力，去愛每一處的每一個人。

我們如何把慈悲從最親近的、摯愛的人，推廣到整個人類，包括我們不喜歡的人？如果這不僅止於一個願望，必可彌合世界上許多痛苦和衝突的區隔。

達賴喇嘛提出一個策略：認識人類的「同一性」（oneness），甚至包括我們不喜歡的族群在內，進而認識到「所有人就像我們自己一樣，不要痛苦，想要快樂[32]。」

「同一性」的感受有幫助嗎？從研究的角度來看，我們還不知道，因為說易行難。要知道自己是否心向普世的愛？可從嚴謹測量不自覺的偏見而看出來，即你不自覺對某一族群懷有偏見，雖然你相信自己並無惡意。

這些隱藏的偏見可以被機巧的測試偵測出來。例如，一個人也許會說他沒有種族偏見，但給他一個反應時間的測試，裡面的字有愉悅、也有不愉悅的意涵，跟黑字和白字並列在一起，愉悅的字眼跟白字連在一起比黑字快，反之亦然[33]。

耶魯大學的研究人員，在 6 週的慈心禪之前和之後，用了這樣的內隱偏見的測試[34]。這個研究用一個非常強大的控制組，教導受試者慈心禪的價值，卻不教如何實際練習，有點像神學院的

學生思考好撒瑪利亞人。這個不實際練習的控制組，在內心偏見的測試中並沒有顯示獲得任何利益。只有慈心組能減少不自覺的偏見。

達賴喇嘛告訴我們他跡近半個世紀培育慈悲心的努力。他說，開始的時候，非常羨慕一些人很快就可以培育出對眾生真正的慈悲心，但是他毫無信心自己做得到。

他在理性上知道，這樣無條件的愛確有其事，但需要投入大量的內心精進努力。結果，與時推移，他發現自己修習愈多，愈熟悉慈悲的感受，勇氣也愈強，深知自己也可以到達最高的境地。

達賴喇嘛又說，各種不同的慈悲心，都讓我們抱持著一致的關懷，向每一個人，每一處散發，甚至對有敵意的人。猶有甚之，這種感受不是隨機突發，而是一種自發、持續的力量，成為建構我們生命的核心原則。

無論我們能否達到那個崇高的愛，在過程中也會獲得很多利益，例如主管快樂的大腦神經迴路和主管慈悲心的迴路會充滿活力。我們也常常聽到達賴喇嘛說：「第一個從慈悲獲益的人，是感覺到慈悲的人。」

達賴喇嘛記得自己曾在巴塞隆納附近的蒙塞拉特（Montserrat）修道院遇見巴希利神父（Padre Basili），他已經獨自在附近山上的修道院避靜五年了，他在做些什麼呢？

愛的修行。

達賴喇嘛又說：「我注意到他眼中閃著光芒。」又說，這顯

示出他心靈的平靜有多深刻，做善良的人有多美妙。達賴喇嘛說，他遇見過擁有一切的人，日子卻仍過得十分痛苦。平靜最根本的源頭在於心，其遠遠大於我們的現況，可以決定我們快樂與否[35]。

·心腦效益·

　　僅僅學習慈悲心，並不必然會增加慈悲的行為。對受苦之人懷有同理心，到實際伸出援手之間，慈心禪和悲心禪可除去助人的阻礙。

　　同理心有三種形式：認知同理心、情緒同理心，和關懷同理心。人們往往在情緒上對受苦之人懷有同理心，結果又跑開，反去舔舐自己不舒服的感受，但是修行慈悲心會增進關懷同理心，啟動善和愛的神經迴路，以及把他人痛苦記錄於心的神經迴路，並且讓人預備面對痛苦。

　　面對痛苦時，悲心和慈心可增進杏仁核活化，而集中注意於中性的所緣，如呼吸，則會減少杏仁核的活動。慈心在僅僅8小時的練習之後就可很快奏效。一般頑固的不自覺偏見，僅僅16個小時之後就減少了。修行愈多，大腦和行為的慈悲傾向就愈強。在靜觀初期，這些效應表現的強度可能也許標誌了我們「生理（發展）準備度」，預備迎接善心的生起。

第七章

提升注意力

有一天，弟子向禪師請一幅字，一幅「充滿大智慧」的書法。

這位禪師，毫不遲疑，拿起毛筆就寫：專注。

弟子有一點失望，問：「就這樣了嗎？」

禪師一句話也沒說，拿起毛筆又寫：專注。專注。

弟子感覺這好像不夠深度，有一點不開心，對禪師抱怨說：「這裡面看不出什麼智慧嘛。」

這個禪師再度以沉默回應，又寫了：專注。專注。專注。

弟子有些喪氣，就要求知道專注這個字是什麼意思？禪師回答：「專注就是專注。」[①]

威廉・詹姆斯（William James）解釋，禪師也許在暗示：「能把分散的專注力一再帶回來，是判斷、性格和意志的根源。」他在 1890 年所出版的《心理學原則》（*Principles of Psychology*）一書中這樣說。詹姆斯又說，「能夠增進這種能力的教育，就是優質的教育。」

發表這個大膽的言論之後，他又退一步說：「說之匪艱，行之維難啊。」

理奇去印度之前讀到這一段，經過他在葛印卡靜觀營的轉化時刻之後，這些字眼彷彿帶著電，經常閃過心頭。

這是一個很重要的時刻，也是理奇的思想支點，他直覺已經找到了詹姆斯所尋求的最優質的教育：靜觀。任何形式的靜觀，都需要保持專注力。

但在 1970 年我們念研究所的時候，研究界對於專注力所知甚少。只有一個日本研究人員做的研究，把靜觀和改善專注力聯繫在一起[②]。他們把腦電圖帶進禪堂（zendo），在靜觀當中測量出家人的大腦活動。他們會聽到一系列單調的聲音，大部分出家人都沒有顯示特別的反應，只有 3 位最「高深」的出家人有：他們的大腦對第二十個聲音反應和第一個一樣強，這是一則大新聞：因為大腦通常在第十個嗶聲就關掉，不再反應，遑論第二十個了。

把自己跟一個重複的聲音隔絕，是所謂「習慣化」（habituation）的神經過程。單調事物會減低專注力，可以成為雷達操作員的麻煩。就算掃描最空曠天空的信號，他都必須非常警覺。就因為雷達操作的專注力會疲憊，第二次世界大戰期間，心理學家才大量投入保持專注力的研究，只有在那個時候，專注力才進入科學研究。

一般來說，我們注意某件不尋常的事，只要知道不是威脅，然後就不再注意了，或僅僅去分個類。只要我們知道那個事

物是安全或熟悉的,「習慣化」就讓我們不再注意,以節約大腦的精力。這種大腦的作用有一個缺點:我們對任何熟悉的事物都會習慣,例如牆上掛的圖片,每天晚上用的老盤子,甚至我們所愛的人。「習慣化」使生活容易處理,但有一點沉悶。

大腦習慣使用我們和爬蟲類一樣的神經迴路:腦幹的網路活化系統(reticular activating system,RAS),這是當時所知很少數的關於專注的神經迴路。一旦習慣化,皮質神經迴路會抑制網路活化系統,當我們一再看到老舊的事物,這個區域就安靜下來。

相反的,「敏感化」(sensitization),則是我們遇到新的或令人意外的事物,皮質神經迴路會啟動網路活化系統,然後聯合其他大腦神經迴路一起涉入,來處理新的目標,譬如一幅新的藝術作品掛在一個我們已經很熟悉的地方。

艾蓮娜,安托諾瓦(Elena Antonova)是英國神經科學家,參加過夏季研究學院,發現藏傳佛教靜觀者,經過三年靜觀之後,若突然聽到高聲的噪音,眨眼動作並沒有習慣化[3],換句話說,他們的眨眼仍未減退,這個實驗複製了(至少在概念上)上述的日本研究:高深的靜觀者並不對於重複的聲音習慣化。

原始的那份日本禪研究對我們非常重要,看來其他的大腦關掉時,日本禪的大腦可以保持注意力,這跟我們自己在正念靜觀營裡的經驗是有共鳴的,我們投入許多時間集中專注力,去注意每一個體驗的細節,而不把它關掉。

我們本來習慣的景象、聲音、味道和觸覺,正念將細節拉近,結果熟悉而習慣的事物會變成新鮮而奇妙。我們看到,這種

專注力的訓練會豐富我們的生命，讓我們有機會扭轉習慣化，而去專注於此時此地深刻的質感，結果「古意」得以「翻新」。

我們早期對習慣化的觀點，是把正念看做：用意志來關掉反射，切換到正念，但那是我們在當時思考的，已經逼進了科學思考可以接受的極限。在 1970 年代，科學看專注力大部分是外界刺激推動的、自動、不自覺的，「由下而上」的，這是一種腦幹的作用，腦幹是位於脊椎的上方的原始結構，而不是「由上而下」的皮質區域。

這種觀點指出，專注力是非意志控制的。一旦周遭發生了什麼事，比如電話鈴響，我們的注意力自動被拉到聲音的來源，如果聲音持續，變得很單調，我們就習慣了。

在當年，科學認知裡沒人認為注意力可以用意志控制，然而心理學家忽略了，自己筆下能有這樣的主張，正是用意志控制的注意力來寫下的！依當時科學準則，科學家個人的實際經驗不算數，只有客觀觀察到的現象才被認可。

以如此斷章取義的觀點來認知注意力，只是事實的一部分。習慣化只描述了一種不受知覺控制的注意力。在更上層的神經迴路，腦部最底層的機能之上，還有不同的機制存在。

就拿腦中央的邊緣系統的情緒中樞為例，當情緒牽動了注意力，許多行動就展開了。當丹寫作《破壞性情緒管理》的時候，大量引用了理奇和其他神經科學家當時的最新發現，也就是對杏仁核和前額葉迴路兩者雙人舞的研究。杏仁核是大腦偵測威脅的雷達（在中腦的情緒神經迴路），前額葉神經迴路（在額頭

後方）是大腦的執行中樞，可以學習、反思、決定、追求長程的
目標。

　　當我們觸發了憤怒或者焦慮，杏仁核就推動前額葉神經迴路；
因此擾動的情緒達到了高峰，杏仁核劫持（amygdala hijack）[4] 會
癱瘓執行的功能，但如果我們主動控制自己的注意力，如靜觀當
中就啟動了前額葉的神經迴路，杏仁核就安靜下來了。理奇和他
的團隊發現，長期觀靜觀行者的杏仁核很安靜，接受正念減壓訓
練的人[5]，也顯現同樣的模式，只是不那麼強。

　　威廉・詹姆斯筆下的注意力好像是一個單獨的個體，但科
學現在告訴我們，注意力的觀念不是指一種能力，而是許多能
力，其中有：

◆ 選擇性的注意力：專注於一個元素，而忽視其他元素的能
　力。
◆ 警覺：與時推移，維持經常一致的注意力。
◆ 分配注意力：這樣，我們就可以在體驗中注意到小而快的
　轉化。
◆ 目標集中：或者說「認知控制」（cognitive control），無論
　有什麼分心的事，都保持一個特定的目標或任務在心。
◆ 超覺知：可以追蹤我們自己的覺知的品質，比方注意到心
　散亂了，或犯了錯誤。

注意力的選擇

阿米什‧基赫（Amishi Jha）從嬰兒期開始，就記得父母每天早晨都用念珠來念誦咒語，這是他們在母國印度學到的，但阿米什對靜觀沒有興趣，她成了認知神經科學家，在注意力的研究方面，受過嚴格的訓練。

阿米什在賓州大學教書時，理奇去演講，他沒有提靜觀，但放映了功能性磁振造影的兩個大腦，一個是深度憂鬱症，另外一個是快樂的。阿米什問他：「你如何讓大腦從這個變成那個？」

「靜觀。」理奇回答。

阿米什在私人和專業上都產生興趣了，於是她開始靜觀，也開始研究靜觀如何影響注意力。但是被同事澆了冷水，警告她這太冒險，在心理學領域裡恐怕還沒有廣泛的興趣。

次年，她參加了「心智與生命夏季研究學院」的第二次會議，事情有了轉機，因為她遇見的教授、研究生和博士後研究員們是一個互相打氣的社群，他們給阿米什很多鼓勵。

阿米什在會議上發表一個非常動情的證言，令理奇至今歷歷在目，她說靜觀是她的文化之根，從前她在這領域做研究處處受限，現在居然跟一群志同道合的科學家齊聚一堂，有如回家一般。如今阿米什成為新一代科學家的領導者，矢志要促進靜觀的神經科學研究，並推廣其對於社會的貢獻。

她和研究團隊進行靜觀如何影響注意力的嚴謹研究[6]，她在

邁阿密大學的實驗室發現，受過正念減壓訓練的新手大幅改善了對注意力的引導，這是一個選擇性注意力，可以引導內心在無限的感官輸入訊息當中，瞄準一個標的。

設想你在一個派對上聽著音樂，身邊人們的對話就「關掉」了，如果有人問你，他們剛才說些什麼呢？你一無所知。但如果他們其中一個人提到你的名字，你會馬上豎起耳朵專心聽那悅耳的聲音，好像你一直都在聽他們說話。

這在認知科學裡，稱為「雞尾酒會效應」（cocktail party effect），這個突然的覺察，顯示出大腦注意力系統的精心設計，我們所接收的資訊流多於我們自覺地知道的，這讓我們關掉不相關的聲音，但是還是會在心底某處檢查它們的相關性。我們自己的名字，自然永遠是非常相關的訊息。

於是注意力就有了不同的管道，我們自覺的選擇是一個，我們關掉是另一個。理奇的博士論文研究檢視了靜觀如何加強我們的專注能力，我們請自願受試者注意他們看到什麼（一道閃光），別管他們所感覺到的（手腕上的震動），或者反過來。然後用腦電圖讀他們的視覺和觸覺皮質來測量注意力的強度（順便一提，他用腦電圖來檢查人類，可謂前無古人，在此之前，只用於老鼠和貓）。

受試者中的靜觀組顯現出「皮質特異性」（cortical specificity）稍強，也就是在皮質的感官區域較為活躍。例如，當他們專注於眼睛所見，視覺皮質就比觸覺敏銳。

當我們選擇注意視覺的感官，無視於觸覺，燈光就成為「訊

號」，觸覺就成為「噪音」。我們分心的時候，噪音淹沒了訊號。集中注意的時候，就表示訊號比噪音多。理奇發現，我們也可以不增加訊號，但減低噪音，也就是改變比例。噪音少，就表示訊號多。

理奇的博士論文研究，就如同丹的一樣，只是稍微證實了他企圖發現的效應。時間快轉幾十年，現在有了較成熟的測量方式，更能瞄準理奇努力去證明的感官覺知。一個麻省理工學院的研究團隊用了腦磁圖（magnetic EEG，即 MEG），一種磁性腦電圖測量，更精確瞄準腦部區域，比理奇老式的腦電圖更好用。自願受試者被隨機指派或去進行 8 週的正念減壓課程，或等到實驗結束以後再參加課程[7]。

正念減壓，包括呼吸的正念、練習系統掃描全身生理覺受、專注瑜伽，還有每時每刻覺知自身的念頭和感受，加上請學生每天練習這些訓練專注的方法。8 週訓練之後，受過正念減壓課程訓練的人專注於生理覺受的能力增強了許多，像是刻意注意拍打手或腳的覺受，比他們開始正念減壓訓練之前強，也比那些等著上正念減壓課程的人強。

研究結論：正念（至少這種形式的正念）可以加強大腦「集中於一個目標，並忽略其他分心的目標」的能力。結論是，選擇性注意力的神經迴路可以透過後天訓練，而非傳統上認為注意力屬於天生，無可訓練。

在觀禪學會當中修觀禪的人出現類似的選擇性注意力增強，他們在三個月靜觀營之前和之後都做了測試[8]，這個靜觀營

要求全面專注，不只在每天 8 小時正式的禪坐，而是整天。

在靜觀前，靜觀者被囑咐留心傾聽特意安排的嗶聲或咘聲，每個音有不同的音階，他們必須認出某些特定音階，測驗的結果跟一般人沒有不同。但是三個月靜觀之後，靜觀者的選擇性注意力顯然更精確了，提高 20％以上。

注意力的維持

禪宗學者鈴木大拙（D. T. Suzuki）在一個室外討論會裡擔任與談人，他和其他與談人坐在一個桌子後方，鈴木大拙紋風不動，他的眼睛固定在他前面的一點，好像進入了自己的世界。突然，一陣風把一些紙吹到桌子另一端，只有鈴木大拙一個人，閃電般很快抓住了紙，他的心沒有跑出去，只是用禪的方式保持敏銳的專注力。

還記得前述日本禪的訓練能夠維持注意力，卻不習慣化嗎？那是我們開始追求這個科學使命時一個芝麻點大的科學發現。那一份日本禪的研究，雖然有它的局限，卻鼓舞我們向前。

注意力的流動，從心的窄小瓶頸流出，我們小心翼翼地支配這個窄小的通道，大部分給了我們當下選定去注意的目標，但是我們保持注意了一陣子，專注力又不免減退，心會逛到別的念頭上去，但靜觀可不為這個慣性所動。

各類禪法都有同一個所緣：用一種選定的方式或一個特定的目標來維持注意力，例如呼吸。許多非嚴謹的事例型報告

（anecdotal report）[9] 和嚴謹的科學型報告都一致支持這個想法，認為靜觀可維持較集中的注意力，如果用專業的術語來說，就是警覺（vigilance）。

懷疑論者會問，是靜觀增進了注意力？還是有其他原因？當然，這就是需要控制組的理由，然而我們還需要縱向的研究，才能證明靜觀和維持注意力之間並不僅僅是關聯，而是因果關係。

克利夫・沙隆和艾倫・華勒士的研究便達到了這個較高的標準。自願受試者參加華勒士帶領的三個月的靜觀營[10]，練習專注呼吸，每天 5 個小時。沙隆在靜觀一開始、一個月、結束時和五個月之後分別做了測試。

這些靜觀者的警覺性顯著增強了，在靜觀營的第一個月進步最大。靜觀營結束後五個月，每一位靜觀者都接受警覺性的追蹤測試，赫然發現，在靜觀營中獲得的成長，仍然後勁十足。

可以肯定的是，警覺性的成長是因靜觀者每天練習的時數而維持的，因此靜觀可引發注意力素質的轉變，這是我們至今得到最好的直接驗證。當然，如果這些靜觀者在五年之後還顯示同樣的成長，這個證據就更讓人心服口服了！

注意力瞬盲時

看一個四歲小孩聚精會神地看繪本《威利在哪裡》（Where's Waldo?）裡的群眾，她終於在群眾裡面找出穿著獨特紅白條紋

毛衣的威利時，那喜悅激動的時刻是一個注意力運作的關鍵時刻，大腦會用一劑令人愉悅的神經化學物質來獎勵這樣的勝利。

科學研究告訴我們，在少數的時刻中，神經系統讓我們的注意力下線並且放鬆，等同於一個短暫的神經慶祝派對，如果在派對中，另一個威利突然跑出來，對不起，我們注意力已別有所鍾，便對他視若無睹了。

這個短暫的盲目就好像注意力眨了眼，心一時失去了掃描周遭環境的能力（專業術語是「不反應期」，refractory period）。在盲目期間，心的注意能力變得盲目，注意力變得不敏感。一個本來會注意到的小改變，這時候就看不見了。這種暫失的測量顯示了「大腦效率」，即大腦不會太過沉迷於一件目標，可讓我們有限的注意力資源為下一個目標服務。

說得實際一點，若注意力不會瞬盲，就更能注意小改變，不可言傳的情緒變化，像是一個人的情緒轉變，會在眼睛周圍的小肌肉有一個迅速短暫的改變。若對次要的小訊號不敏感，可能會錯失重大的訊息。

有一個注意力暫失的測試，給你看一串字母，中間偶爾夾雜一個數字，每一個字母或數字，展示時間都極為短暫，短到50毫秒，並且以每秒十個字令人喘不過氣的速度出現。你被預先警告，每一串字母都會包括一到兩個數字，間隔不定。

看完一串十五個左右的字母，就問你是否看到任何數字？那數字是什麼？如果兩個數字連珠炮似地在一串字母中出現，大部分人都不會看到第二個數字，這就是「注意力瞬盲」（attentional blink）[11]。

研究注意力的科學家早就認為：找了很久的目標，一旦發現之後，就會有個注意力的空檔，這是與生俱來的，是中樞神經系統的一個無可避免、無可改變的特質，但是，出人意表的事來了。

理奇的團隊鎖定參加觀禪學會年度三個月的觀禪課程的靜觀者，這批人在選擇性注意力測試表現甚佳。觀禪在表面上看來，也許會減少注意力瞬盲，因為觀禪是培育我們對體驗中的任何現象，都維持綿密不斷的覺知，不加以反應。這是接受所有內心現象的「開放監控」（open-monitoring）。一個密集的觀禪課程，創造一種吃了大力丸的正念狀態：對所有在心中生起的現象都能保持非反應的高度警覺（nonreactive hyperalertness）。

修觀者三個月靜觀營的之前和之後，接受注意力瞬盲測試，發現靜觀結束後，注意力瞬盲現象大幅減少了約有 20%[12]。

最重要的神經改變是，看到第一個數字時反應程度降低（只是觀察到，卻不大作反應），因此夠平心靜氣注意到第二個數字，即使跟第一個數字接得很近，也能看到。

認知科學家對這個結果非常震驚，他們一向相信，注意力瞬盲是與生俱來，不能藉任何訓練來降低。這個新聞在科學界一經傳出，一組德國的研究人員便想問了：靜觀的訓練會不會重新補償一般因年齡老化而愈來愈差的記憶力暫失？因為年齡愈大，注意力瞬盲愈頻繁，在覺知中產生更多間隙[13]。結論是肯定的！靜觀者定期練習某種形式的「開放監控」（也就是對心中所

生起的念頭有一種廣闊的覺知），可以反轉一般注意力瞬盲與年齡俱增，甚至比另一組全是較年輕的受試族群還要好。

德國的研究人員斷定，也許非反應的開放覺知（nonreactive open awareness），也就是對內心生起的念頭僅僅注意並任它「就這樣」，而不跟隨它而展開一串相關的念頭，成為一種認知的技巧，可以轉化成為：記住目標，如測試中的字母或數字，卻並未陷於其中。如此，注意力可準備好去注意一連串字中的下一個目標，更有效率地目擊這個瞬間即逝的世界。

一旦有人發現注意力瞬盲可以反轉，一組荷蘭科學家就生起了好奇心，減少注意力瞬盲最起碼的訓練是什麼？他們採用了一套正念方法[14]，教從未靜觀的人如何監測他們的心，訓練時間只持續 17 分鐘，之後就測試這些受試者的注意力瞬盲，結果發現瞬盲現象比對照組為少，這組對照組只接受了專注靜觀的教導，卻沒有實際練習專注。

多工任務的迷思

我們都苦於數位時代版的生命「大災難」，電子郵件、緊迫的簡訊、電話留言等，一時湧至，如暴風雨來襲，更別提臉書貼文、Instagram，以及我們在社交媒體個人天地的各種短訊。智慧型手機和類似的裝置既然無所不在，今天人們接受的資訊，遠遠超出數位時代之前。

幾十年前，在我們被淹沒在令人分心的資訊大海裡之前，

認知科學家赫伯・賽門（Herbert Simon）就有個先見之明的觀察：「資訊所消耗的是注意力。資訊富裕，就是注意力窮困。」

也因為如此，我們的社交生活大受其害。誰不曾有過這樣的衝動，想要提醒一個小孩放下手機，正眼看著面前的人，專心說話？當數位帶來的分心散漫造成了另一種受害者：基本人際關係技巧（像是同理心或一般社交互動），我們更普遍需要這樣的提醒。

目光接觸、放下手邊正想上網的動作跟對方應對，其象徵性意義就是尊重、關懷，甚至愛。如果我們對周遭缺乏注意力，送出的信息就是冷漠。我們的社交禮儀，對他人賦予適當注意力，已經靜悄悄地、無情地改變了。

但是我們對這些變化大致都無動於衷。舉例來說，有許多數位世界的居民，都對自己能夠進行多工任務（multitasking）感到自豪。在進行重要工作的當下，還可以把眼光掠過其他管道進來的最新動態。但是史丹佛大學一個十分具說服力的研究顯示，多工任務的想法是一個迷思，因為大腦是不會多工任務的，只會很快的從一個任務（我的工作）切換到另外一個任務（那些好笑的影片、朋友的新消息、逼人的簡訊）[15]。

注意力的任務不會真的像「多工任務」一詞說得那樣平行進行，他們反而需要快速地從一件事情轉換到另外一件事情。每一次轉換，當我們的注意力再度回去原有的工作，它的強度就大大減低了，有時候要花幾分鐘，才能夠重回原本專注的深入程度。

這類的禍害會四溢到生活其他方面，其中一點是，不能夠

從訊號（你想要專注的）過濾掉噪音（一切分心的事物），使你不能分辨哪個重要，把注意力維持在重要事物的能力就降低了。史丹佛大學研究團隊發現，重度進行多工任務的人，一般來說更容易分心。多工任務的人努力集中注意一件事情時，其大腦所激活區域比僅做這一件工作的人多，這正是分心散漫的神經指標。

甚至，多工任務的能力也打了很大折扣了。就像一位故去的研究人員克利佛‧納斯（Clifford Nass）說的，進行多工任務的人是「忙無關之事的笨蛋」。他們不但阻礙了專注，還阻礙分析性的了解和同理心[16]。

認知控制

相反的，認知控制讓我們專注於一個特定的目標或任務，一邊抗拒分心，一邊時時不忘，這正是進行多工任務會傷害的能力。這種鋼鐵般的專注既對我們的工作十分重要，特別像是飛航交通管制，螢幕上滿布令人分心的資訊，引誘人從該專注的那一架飛機上分神。專注也對逐項完成一天中待辦事宜同樣重要。

這裡給進行多工任務的人一個好消息：認知控制是可以加強的。自願受試的大學生嘗試 10 分鐘的專注或數呼吸，或者是比較容易的任務：像翻閱赫芬頓郵報（Huffington Post）、Snapchat 或 BuzzFeed[17]。

只需三次 10 分鐘的數呼吸課程，就足以讓他們在一連串的

測試中顯示出注意力技巧有所增進,重度的進行多工任務的人受益最大,他們在測試一開始的時候表現較差。

如果同時進行多工任務使注意力耗弱,那麼只消一個專注的鍛鍊,如數呼吸,就可以提高注意力,至少在短期之內。鍛鍊以後雖然馬上就會有所改善,但沒有跡象顯示,注意力的提高會繼續下去,因此在我們雷達上記錄的是一個「狀態」效應,而不是持續的「素質」,大腦注意力神經迴路需要更多持續的努力,以便創造穩定的「素質」,我們下面將會讀到。

即使是靜觀初學者也可以強化注意力技巧,獲得一些令人意外的利益。舉例來說,加州大學聖塔芭芭拉分校的研究人員給自願受試者 8 分鐘的正念呼吸指導,發現這個短短的注意力課程(相較於讀報紙或只是放鬆)之後,可以減少他們心四處遊蕩[18]。

這個研究固然引人興味,後續的研究更有說服力。同樣的研究人員給自願受試者 2 週的正念呼吸課程,加以其他日常活動,如正念進食,共 6 個小時,再加上每天在家 10 分鐘的加強課。主動控制組則用同樣的時間研究營養。結果又一次顯示,正念改善了專注力,不再妄念紛飛[19]。

令人驚奇的是:正念同時也改善了工作記憶(working memory),把資訊記存於心,以轉換成長期記憶的能力。注意力對工作記憶很重要,如果我們沒有注意,一開始就記不住那些資訊。

參與這個正念研究的學生,當時還在上學。經過正念練習

後，他們不但注意力和工作記憶大幅提高，還帶來了一個更大的驚喜：正念可以提高研究所入學考試 GRE 分數超過 30%。同學們，注意囉！

認知控制還有另一項功用，就是有助於管理我們的衝動，專業術語叫做「反應抑制」（response inhibition），我們在第五章〈增強抗壓韌性，不受情緒劫擾〉克利夫，沙隆的研究中知道，在三個月的訓練期中，靜觀者抑制衝動的能力大幅提高，猶有甚之，在後續五個月的追蹤期裡，這種能力仍然居高不下[20]。而且根據受試者的回報，當衝動抑制力愈強，他們的情緒也愈為健康快樂。

超知覺

當年我們在印度首次參加觀禪的課程，我們連續觀照，念頭來了，又去了，我們僅僅注意，卻不跟隨那些拉扯著我們的種種念頭、衝動、欲望或感受，出去遊蕩。透過這樣的訓練，我們得以培育心的穩定。我們之所以能夠如此密集注意心的活動，說起來都靠「超知覺」（meta-awareness）。

在超知覺裡，我們將注意力放在哪兒並不重要，重要的是我們留意到知覺本身的作用。通常，我們感知到一個形象，知覺在形象的背景之後。但在超知覺中，形象和背景對調了位置，知覺成為了主角。

這種知覺之上的知覺，讓我們可以掌握我們的心，而不會

被我們正在觀察的念頭和感受席捲而去。哲學家山姆・哈利斯（Sam Harris）觀察到：「覺知到悲哀，就不悲哀；覺知到恐懼，就不害怕。只要我迷失在念頭裡，就跟別人的困惑沒兩樣[21]。」

科學家把思維我們「自覺的心」及其「心理造作」的大腦活動稱為「由上而下」。另外還有「由下而上」，指的是在覺知之外的種種心的活動，專業術語稱為「無意識認知」（Cognitive unconscious）。許多我們原以為屬於「由上而下」的心的活動，其實是「由下而上」。我們往往認為知覺是「由上而下」的，然而只要有一丁點的無意識認知，我們都會產生錯覺，以為那就代表了心的全貌[22]。

對於龐大紛雜、「由下而上」的心靈運作機制，我們大半一無所知，至少對日常生活中使用到傳統的知覺而言。但是超知覺卻讓我們可以觀察到厚厚一層「由下而上」心的運作。

超知覺讓我們可以追蹤注意力，例如注意到心從某一個我們正在注意的目標跑掉了。這個監測心而不被心席捲的能力，在心跑開時，提供了一個重要的選擇：把注意力重新帶回到手邊的任務。這個心理技能看似簡單，卻對我們在世上眾多的任務非常管用，從學習、發現自己創意十足、到有始有終完成專案計畫，都多虧了它。

體驗有兩種：一種是對一件事情「純粹的知覺」，這是我們一般的意識，還有一種是你知覺那件事，認識那知覺本身，不加批判，不起情緒反應。舉例而言，我們通常全神貫注看一場電影，不自禁被吸到劇情裡，不再知覺戲院周圍環境。我們也可

以專注看一場電影，但保持對背景的知覺，知道我們在戲院裡看一場電影，這個背景的知覺，並不減少我們對電影的欣賞和投入，只是不同的知覺模式。

看電影的時候，坐在你旁邊的人拿著一袋爆米花，也許會發出脆響，雖然聲音在大腦過了一下，你卻沒聽進心裡。這樣不自覺的心理過程，重要的皮質區域，也就是背外側前額葉皮質（dorsolateral prefrontal cortex，或者簡稱DLPFC）的活動便較呆緩。相反地，當你變得更能知覺「正在知覺」，背外側前額葉皮質就更活化。

再談所謂不自覺的偏見，也就是我們明明有、卻自以為沒有的偏見（在第六章〈培育同理心，愛的行動〉中曾經提過），靜觀可增加背外側前額葉皮質的作用，不知覺的偏見也隨之減少[23]。

認知心理學家為了解超知覺，給受試者一些困難的心理任務，困難到不可能不犯錯誤，然後追蹤犯錯的數量，同時看看這個人是否注意到可能有錯誤（這就是超知覺的角度），這些任務刻意設計得刁鑽古怪，不但保證每個人都會犯錯，而且對自己答案的信心也毫無把握。

設想一下這個測驗。在螢幕上連續顯現 160 個英文單字，每個字停留 1.5 秒。之後再給你看 320 個單字，其中一半剛才短暫出現過。你手中有兩個按鈕，讓你告知剛才是否見過這個字，給出答案後，你還得給自己答對的信心打分數。這樣的超知覺量度，便是量測你能夠正確回答，而且感受到信心的程度。

加州大學聖塔芭芭拉分校的心理學家把這樣的心理挑戰用在首次學習正念的人，同時有一組對照組只上營養課。研究顯示，靜觀組的超知覺獲得了明顯的改善，上營養課的人卻紋風不動[24]。

效果能持續嗎？

阿米什・基赫的實驗室又進行了一個實驗，測試密集正念靜觀營的效果，這靜觀營一天靜觀 8 個小時，為期一個月[25]，結果發現這個靜觀營的確提高了參與者的「警覺」（alerting），也就是一種遇事立即反應的機動狀態。雖然在前一個實驗中，初學者在接受簡短的正念課程後，對於心導向（orienting）的控制有相當的改善，可是出人意外地，在這些密集靜觀營的參加者上並不見效果。

縱使這個研究一無所獲，也提供了重要的線索，讓我們對靜觀有用與否，得窺全貌。對於各種不同的禪法，不同的專精程度，注意力之改變或不變所造成的方方面面，我們都因而能得出完整的圖像。

有些改變立刻發生，有些則需時較久：訓練開始時，心導向很快可以啟動，不久卻隨之停頓，而警覺心似乎可以隨休息持續進步。我們因而推測，靜觀必須長久保持，才能維持這種注意力的轉變，以免消退。

就在理奇在哈佛從事靜觀者訊號與噪音角色互換的研究之

際，認知科學家如安‧特利斯曼（Anne Treisman）和麥可‧波斯納（Michael Posner）指出，「注意力」是個很粗糙的概念，他們的主張是，我們應該看不同注意力的次類型，以及每一次類型牽涉到的神經迴路。雖然我們還沒有一個全貌，但研究結果顯示，靜觀似會增強許多次類型。阿米什的研究結果提醒我們，這個全貌會很精緻細微。

此處提供一個警告：雖然注意力的某些面向在練習幾小時（感受上也許只有幾分鐘！）就有進步，這並不代表進步可以維續。快餐式、一次性的介入，縱能暫時改善注意力，隨後卻也消失無蹤，我們更懷疑其意義何在。舉例而言，17 分鐘的正念練習雖然可以暫除注意力瞬盲，但沒有證據顯示在幾個小時之後仍能看到差異。10 分鐘的正念課程亦復如此，雖然它能逆轉多工任務對專注力的侵蝕，但是我們懷疑，除非你天天持續靜觀，多工任務仍會削弱你的注意力。

我們的直覺是，想要改善一個諸如注意力這樣的神經系統，並產生長久的功效，不僅要靠短暫的訓練和每天不斷練習，還需要密集的加強課程，就像在克利夫‧沙隆研究裡的奢摩他（shamatha）[26] 靜觀營，五個月後再來個測試。要不然大腦串聯會退回到原來的狀態：一個內心散漫的生命流，一段一段的專注間雜其間。

即便如此，這麼短的靜觀劑量就會改善注意力，還是令人振奮。快速改善的事實肯定了威廉‧詹姆斯的推測：注意力可以強化。今日的劍橋，有些靜觀中心離威廉‧詹姆斯的故居不過

15 分鐘的步行距離。如果那些中心在他生前就存在，他又曾在其中一處修行，毫無疑問，他會覺得自己錯過的優質教育。

・心腦效益・

靜觀的根本，就是磨礪（retrain）我們的注意力。不同的禪法，提高注意力的不同面向。

正念減壓可增進選擇性注意力，而長期觀禪訓練可增進更多，甚至在為期三個月的奢摩他靜觀營之後的五個月，靜觀者的警覺性仍然不減，也就是說還能保持他們的專注能力。而且在觀靜觀行營的三個月之後，注意力瞬盲大量減少，但初學者的 17 分鐘的正念課程也顯示注意力瞬盲開始減少，這無疑是初學者的短暫「狀態」，卻是長期靜觀者持久的「素質」。

熟能生巧的成語，也可用在幾個速成的靜觀。10 分鐘的正念可以克服進行多工任務對注意力的蝕害，至少短期；僅 8 分鐘的正念可以減少分心一陣子；2 週 10 小時的正念，可加強注意力和工作記憶，而且大幅提高研究所入學考試的分數。雖然靜觀可以迅速提高注意力的很多面向，卻多是短期的利益，至於更長期的利益，則有賴持續練習。

第八章

讓大腦的自我系統安靜下來

　　時光倒流，再回到理奇在達爾豪斯的葛印卡靜觀營。第七天，理奇在「靜止時刻」（Hour of Stillness）有了一個啟示，發誓不管身體多麼難受不適，都一動也不動。

　　理奇的右膝蓋幾乎從一開始就痛，如今又被不能動的誓願弄得痛上加痛，從陣陣抽痛，到了受盡折磨的程度。但就在痛到忍無可忍的那一點，變化出現了：他的覺知。

　　突然，原來的疼痛消失了，變成一種整體的生理覺受，諸如麻、燒、壓力，他的膝蓋不再痛了，「疼痛」融化成陣陣顫動，而沒有一絲情緒的反應。

　　我們若集中注意生理覺受，等於對疼痛的本質全盤重新評價：不再執著疼痛，疼痛的觀念便解構成為原始的生理覺受。同樣重要的是，對於生理覺受的心理抗拒和負面感受，也隨之消失。

　　疼痛並沒有消失，但是理奇已經改變了他跟疼痛的關係，疼痛不過是最原始的生理覺受，不是我的疼痛（加上疼痛會惹起

的一連串苦惱）。

雖然我們坐著時，通常不會注意到細微的姿勢變換，但這些小移動確實減輕了體內累積的壓力。要是肌肉一動也不動，壓力就變成了難以忍受的疼痛，如果像理奇那樣，掃描這些生理覺受，你跟自身體驗的關係就改變了，「疼痛」的感覺融成各種生理覺受的混合體。

那時，理奇以他的科學背景，在最個人化的現實中，領悟到我們一向標記為「疼痛」的，不過是由無數生理覺受所組成。這樣轉變了認知，「疼痛」就只不過是一個概念，一個心理標籤，讓我們把生理覺受、認知、抗拒的念頭等種種形形色色的巧合，披起概念的外皮。

這是理奇一個栩栩如生的感受，有多少心理活動在我們的內心，像暗藏在葫蘆裡，我們毫不知情它賣的是什麼藥。他理解到，我們的體驗並不是根據對於實際現象的直接領悟，而多半是根據期待和投射、慣性念頭和學來的反應，以及無法測知的無數神經過程，我們住在一個自心所建造的世界，卻不能確切地認知內心現象的無數細節。

理奇於是建立了一個科學上的見解：意識運作像一個整合器，把很多初級的心理過程粘在一起，大部分我們是無法覺察的，只知道它最後的產品，也就是「我的疼痛」，但我們一般無法認識組成這份感知的無數元素。

這個理解已成為今日認知科學的常識，但當時在達爾豪斯靜觀營，他並沒有這樣的認識。理奇除了自己的覺知有所轉

化，並沒有其他端倪。

理奇在靜觀營的第一天，不時改變坐姿來減輕膝蓋和背部的不適，但是身體不動所造成的感知突破之後，他可以像石頭一樣靜止，坐上超過 3 個小時的馬拉松靜觀。經過這徹底的內在轉變，理奇感到他可以在任何狀況下靜觀。

理奇看到，如果我們用正確的方法去專注我們體驗的本質，那本質就會有很大的改變。「靜止時刻」向我們顯示，每一個生命裡醒著的時刻，我們都圍繞著「我們自己就是巨星」的敘事，來建構我們的經驗，我們大可以學著用正確的覺知，來解構這自我中心。

大腦如何建構「自我」

聖路易的華盛頓大學的神經科學家馬庫斯・賴希勒（Marcus Raichle）非常驚訝且困惑，他很早便開始研究在不同的心理活動當中，辨認出哪些神經區域會活化。要在 2001 年做這樣的研究，賴希勒得用當時通行的策略：把大腦活化的工作，跟受試者「什麼事也不做」的基準線來比較。他困惑的是，高要求的認知工作，像從 1475 倒數，每次減 13，為什麼有一組大腦的區域是去活化（deactivated）的。

一般的假設是，這樣費力的內心工作，大腦一些區域總會增加活化，但是賴希勒發現，去活化是一個系統性的模式，也就是一路從「什麼事也不做」的基準線，一直到從事任何心理任務

之間的改變。

　　換句話說，我們「什麼事也不做」的時候，有些大腦區域是非常活化的，甚至比做困難的認知工作還要活化。而我們面對很難的減法之類的心理挑戰，這些大腦區域反而安靜下來。

　　他的觀察，肯定了一個困擾大腦科學界好一陣子的事實：雖然大腦占了身體質量的 2％，卻消耗 20％的身體新陳代謝能量，這是用耗氧量來評估，氧氣消耗的速率多少是一定的，不管我們在做什麼，包括根本「什麼事也不做」。看來無論我們放鬆，還是面對心理挑戰，大腦都一樣忙碌。

　　那麼，什麼特別的事也不做時，那些嘰嘰喳喳交談不停的神經元都在哪裡呢？賴希勒辯識出一片區域，主要是中線前額葉皮質和後扣帶皮質區，這是連接邊緣系統的節點，他把這些神經迴路命名為大腦的「預設模式網路」（default mode network）[1]。

　　當大腦在積極進行某一件任務時，無論是算術還是靜觀，預設區域會安靜下來，而處理這件任務的大腦區域卻開始活躍。反過來，任務結束時，預設區又開始活躍。這就回答了一個問題：為什麼無所事事的時候，大腦仍然維持相同的活動量。

　　當科學家問人們：「什麼事也不做」的時候，他們心裡在想什麼。一點不意外，並不是「什麼也沒有」！他們一般都會報告，心在東想西想，這種遊蕩的心最常在自我上流連不去，諸如我在這個實驗裡表現如何？我好奇他們想從我身上學到什麼？我必須回喬的電話留言，一切都反映出心思活動集中在主體「我」（I）和受體「我」（me）[2]。

　　簡而言之，我們的心老是東晃晃西逛逛，大部分都是有關我們自己的，我的念頭、我的情緒、我的人際關係、誰喜歡我最新的臉書貼文？一切我們生命裡的瑣事。預設模式要組織每一個事件如何影響我們，讓我們每一個人變成我們所知宇宙的中心，這些妄想從圍繞「我」、「我的」的片段記憶、希望、夢想、計畫等編織起來，變成我們的「自我」感。我們的預設模式不斷重寫電影腳本，把我們每一個人都塑造成巨星，一遍又一遍重演特別喜歡或特別傷心的場景。

　　當我們冷靜下來，不需要特別專注和努力時，預設模式會打開；就是說，我們停機時，它就綻放了。因此，當我們專注於某一個挑戰時，如跟無線寬頻網路訊號打交道時，預設模式就安靜下來。

　　一旦沒別的事可以抓住我們的注意力的時候，我們就內心渙散，往往逛到那些困擾我們的事上去，這是每天苦惱的根源。因為如此，哈佛研究人員請數千個人來報告他們每一天中隨機時間點的心理焦點和情緒，他們的結論是「散亂的心是不快樂的心」。

　　這個自我系統攪和在我們整個生命中，尤其是我們要面對的問題、困難的人際關係、擔心和焦慮，因為「自我」會左思右想那些苦惱的事，一旦關掉了，我們會覺得鬆了一口氣。攀岩之類的高風險運動為什麼受到歡迎？像就是因為危險，你必須要全力專注手腳下一步要放在哪裡？世俗的憂慮就跑到內心的後台去了。

　　「心流狀態」（flow）也是一樣，這是人們表現最好的狀態。心流狀態的研究告訴我們，全心專注手邊的事，有助我們進入或維持喜悅的狀態。由於「自我」是內心散亂的狀態，想要專注時，會分我們的心，此時便暫時受到抑制。

　　我們在第七章已經讀到，每一個禪法都把管理注意力視為要務。在靜觀中，我們若迷失在種種念頭裡，便陷入預設模式和它的散亂心。

　　幾乎在所有的禪法當中，都有一個基本的指導，敦促我們去注意內心是否散亂，然後再將專注力拉回到我們原來選定的所緣，比方咒語或呼吸。在靜觀之道上，這個經驗人人皆有。

　　這個簡單的心理動作有一個神經的關聯性：可以啟動背外側前額葉皮質和預設模式之間的連接，長期靜觀者的這個連結比初學者強大[3]。這個連接愈強大，前額葉皮質的調節神經迴路愈抑制預設區域，把「心猿」安靜下來。在沒有什麼特別緊迫事情時，我們的心中經常充滿自我中心喋喋不休。

　　有一首蘇非（Sufi）詩提示了這個轉化，講到從「一千個念頭」到只剩一個念頭：「萬物非主（god），唯有真主（God）[4]。」

解構自我

　　5 世紀的印度聖者世親（Vasubhandu）菩薩說：「只要執著自我，就必定受苦。」

　　大部分紓解自我重擔的方法都是暫時的。靜觀之道，目標

在使「紓解」成為生命中的進行式，一個持久的質變。我們每一天的心理狀態，念頭的串流、滿載的苦惱、還有永遠也做不完的事。對比之下，傳統的靜觀道路是毫無重擔的輕盈狀態。每一條道路雖然都有本身特有的用語，一律視減輕自我感為內心解脫的關鍵。

當理奇的膝蓋疼痛，從飽受煎熬到突然可以忍受，那是因為他看待疼痛的觀點出現平行轉移：那不再是「他的」痛；「我的」感消失無蹤。

從理奇全然靜止時刻，我們看出，一般的「自我」可以簡約成心的幻視。只要這敏銳的觀察蓄積了足夠的力量，我們堅堅實實的自我感就土崩瓦解了。這種自我體驗的改變，也就是我們的疼痛以及我們執著的一切，指向一切修行的主要目標：使建構自我（I, me, and mine）感的系統雲淡風輕。

佛陀傳達這個智慧時，把自我比喻成車乘，只要把輪子、平台、軛等拼裝在一起，「我」的概念就生起了，但是除了這些零件合併在一起之外，所謂「車子」並不存在。我們不妨譬喻得更有時代感：在輪胎、儀表板，或車身板金裡，都找不到「車子」，但只要把這些和其他大量的零件組裝在一起，我們概念裡的車子就顯現出來了。

同樣的，認知科學告訴我們，我們的自我感是許多神經次系統編織在一起而浮現出來，種種串流中包括我們的記憶、感受、情緒和念頭。任何單獨的一個都不足以構成自我感，但是只要組合得恰好，我們就安穩地感覺到我們是一種獨特的生命

狀態。

　　靜觀各種傳承都有一個共同的目標：放下不間歇的執取，即對我們念頭、情緒和衝動的「沾黏」（stickiness），這樣的目標引導我們每一天的生活和生命，專業術語稱為「去物化」（dereification）。這關鍵的智慧讓靜觀者領會到，念頭、感覺和衝動是稍縱即逝、沒有實在性的心理事件。有了這樣的智慧，我們不必相信自己的念頭，不隨之起舞，便放下了。

　　曹洞宗的創始人道元禪師教我們：「如果一個念頭生起，標記它，然後放掉，當你堅定忘掉所有的執著，便自然呈現坐禪（zazen）。」

　　其他許多傳承也視減輕自我感為通向內心解脫的路徑。我們常常聽到達賴喇嘛談「空性」，他的意思是，我們的「自我」感，以及我們的世界裡看起來存在的一切事物，其實是從各種因緣條件的組合而出現的。

　　有些基督教神學家用虛己說（kenosis）這個名詞，來說明空掉自我，這是說，我們自己的「想要」和「需要」縮小了，當我們對他人的需要打開心門，變成了慈悲心，正如蘇非的老師說的：「若完全沉迷於自我，你和真主是分離的。走向真主的路，不過只有一步，就是走出你自己⑤。」

　　這樣走出自我，就技術而言，就是降低預設神經迴路的活化程度，而預設神經的功能正是將各種記憶、念頭、衝動及其他種種半自主的心路歷程，羅織成「我」或「我的」概念。

　　一旦我們比較不執著生命中種種事物，就比較不受「沾

黏」。在更深入的修行中，內心訓練減輕了我們的「自我」活動，「我」或「我的」失去了自我催眠的力量，我們的各種顧慮就比較不沉重。雖然帳單還是要付，但「造我運動」（selfing）愈來愈輕微，帳單的痛苦也愈來愈少，也感覺更自由了，我們還是會想法子來付帳單，但是在情緒上沒有額外的負擔。

　　幾乎每一條靜觀之道，都把「生命之輕」當做一個主要的目標。吊詭的是，很少科學研究討論這個目標。在我們目前所讀過的少數研究中，似乎都認為在靜觀通往無私之路上，可能有三個階段。每一個階段都會運用到不同的神經策略，讓大腦預設模式稍微安靜，放鬆我們對自我的緊握不放。

數據透露的訊息

　　卡內基美隆大學的大衛・克斯威爾（David Creswell）是另一名年輕的科學家，他之所以對靜觀感興趣，是參加了「心智與生命夏季研究學院」。克斯威爾的團隊要評估靜觀初學者的早期階段，於是量測受試者參加三天密集正念課程的大腦活動[6]。這些人從來沒有靜觀過，但是在正念課程裡學到，如果你陷在個人的連續劇中（這是預設模式最喜歡的主題），你可以自動放掉它，也就是標記它、轉移注意力、去看著呼吸，或對當下僅懷著純然的覺知，這些都是主動的干預，可把我們的心猿安靜下來。

　　這樣的努力，提高了背外側前額葉區域的活動。這是一個管理預設模式很重要的神經迴路，如我們所知，當我們刻意要把

焦躁的心安靜下來時，例如當我們努力去想比較愉快的事，而不去想一再浮現的傷心事，這個區域會挺身而出。

三天練習正念的方法，增強了這個控制神經迴路和預設區域的扣帶皮質區的連結，扣帶皮質區是一個自我中心念頭的主要區域，這表示靜觀新手啟動了使預設區域安靜下來的神經串聯，妄想不再紛飛。

但是對於更有經驗的靜觀者，減少自我的下一步，是在預設模式的重要區域減少活動，也就是鬆掉自我的機制，同時繼續提高與控制區域的連結。這裡有一個很好的例子：賈德森・布魯爾（Judson Brewer，他也擔任過夏季研究學院的教師）過去在耶魯大學時，研究正念練習如何與大腦相關，他對照非常有經驗的靜觀者（平均終身靜觀時數 1.05 萬小時）和另一組新手[⑦]。

在靜觀的時候，他們鼓勵所有受試者都去區別下列兩件事：一是僅僅標記一個體驗（譬如癢了），一是認同這個現象（我癢），然後就放下了。這個區別可啟動「超知覺」，是鬆開自我很重要的一步，「最小化的自我」，亦即可以注意到癢，卻不把它變成「我癢」的故事情節。

我們已經提過，看電影的時候，我們起先迷失在情節裡面，然後注意到我們正在電影院裡看一場電影，那麼我們就踏出了電影的世界，而進入一個更大的框架，包括電影，卻超過電影。我們要是有這樣的超知覺，便可掌控我們的念頭、感覺和行動；按我們的意思來管理它們；並探究它們的動態關係。

自我感，編織在持續進行的個人敘事中，把我們生命中各

個不同部分編織成貫穿的故事情節。這個敘事者主要住在預設模式裡，但把廣大的大腦區域各種輸入資訊組合起來，資訊本身跟自我感一點關係也沒有。

　　布魯爾所研究的資深靜觀者跟初學者一樣，控制神經迴路和預設模式之間有強大的連結，但預設模式區域較不活化，他們練習慈心禪時，尤其如此，又證明了「我們愈關注他人的幸福，就愈不會只想到自己」[8]的俗話。

　　有趣的是，長期的靜觀者在測試之前休息時跟練習正念時，預設模式神經迴路的連動同樣低，看似內心素質效應，而且是好兆頭：這些靜觀者刻意訓練自己在生活當中和靜觀期間同樣保持正念。以色列的大腦研究人員也發現，有 9,000 小時靜觀時數的長期正念靜觀者的連動比非靜觀者低[9]。

　　埃默里大學做了一個研究，對長期靜觀者的這種改變，提供了一個間接證據。這些資深靜觀者（都有三年以上的靜觀，但終身靜觀時數不明）在大腦掃描時專注於呼吸，結果發現他們預設區域的活動遠較對照組為低。這種效應愈大，他們在掃描儀之外的測試中便可維持愈好的專注力，表示散漫的心長期降低了[10]。最後，蒙特婁大學對日本靜觀行者做了一個小研究，發現他們（平均 1,700 小時的修行）休息時，預設區域連動比坐禪 1 週的自願受試者低[11]。

　　還有一個理論，凡是能吸引我們注意力的，背後就有一種執著，我們愈是執著，就愈容易受誘惑。有一個實驗測試這個假定，一組自願受試者和一組資深靜觀者（4,200 小時）被告知他

們如果排得出某種幾何形狀，就可拿錢[12]，這等於創造出一個小執著。在後來的階段，他們又被告知只要專注呼吸，別管那個形狀，結果發現靜觀者比控制組少受幾何形狀的干擾。

在這個過程當中，理奇團隊發現有 7,500 小時終身靜觀時數的靜觀者，在重要的區域伏隔核（nucleus accumbens）[13]的大腦灰質體積比同齡的人少。在大腦結構中，這是唯一與同齡的控制組不同的區域。較小的伏隔核可減少會產生自我感的大腦區域和其他共同營造自我感的神經模組之間的連動。

這有一點讓人訝異：大腦裡有個專門提供「獎勵」的神經迴路，是愉悅感受的來源，伏隔核在其中扮演重要的角色，但這個區域同時也造成沾黏、執著和上癮，總之，就是造成我們的牽絆。若伏隔核的大腦灰質區域體積減少，代表靜觀者的執著減少了，特別是不再執著一個編造出來的自我。

那麼，這個改變會使靜觀者變得冷漠嗎？我們憶起，前來理奇實驗室的達賴喇嘛和大部分崇高的資深修行者，都非常喜悅且溫暖。

靜觀的經論形容長期的修行者達到了一種持續的慈悲和喜悅，但由於證得「空性」，不會有執著。例如在印度教中教導靜觀的道路時，修行者在後期達到了「離欲」（vairagya），也就是「出離」（renunciation），這完全出於自發，而非受迫於外力。這樣的轉變一旦發生，就成為生命中愉悅的另一種來源[14]。

這是否代表有一種神經迴路存在，即使伏隔核造成的執著已經減弱，還會帶來平靜的喜悅？我們會在第十二章〈科學驚

奇，大腦的持久改變〉讀到，從高深瑜伽士的大腦研究看來，確有這種可能性。

亞瑟・札烱克（Arthur Zajonc）是「心智與生命學院」第二任主席，也是量子物理學家和哲學家。有一次他說：如果我們放下了執著，「會對自身的經驗和他人打開更大的心門，這種開放也是一種愛，讓我們更容易貼近他人的痛苦。」

他又說：「偉大的心靈能夠踏入痛苦並加以處理，卻不崩潰。放下執著，可創造一種行動和慈悲的道德軸心，令人解脫[15]。」

闖進空屋的賊

古代的靜觀手冊說，放下這些念頭，起初像蛇展開自己蜷曲的身軀，需要一些努力，接著無論什麼念頭在心底生起，就像賊闖進了空屋：無事可做，只得離去。

這種從一開始精進努力，到後來毫不費力的延續過程，是一個鮮為人知卻非常普遍的靜觀之路的主題。我們從常識知道，學習任何新的技能，起初都需要努力，然後練習愈多，就愈輕鬆容易。認知神經科學告訴我們，從努力到不費力的轉換過程，是一個習慣養成的神經轉移：前額葉區域不再努力工作。而由大腦底層的基底核（basal ganglia）接管，這是毫不費力的神經模式。

靜觀早期的用功，啟動了前額葉的調節神經迴路，後來的修習不再費力，也許是跟另外一組力量有關：也就是在預設神經

迴路不同的節點減少連結，也減少扣帶皮質的活動，因為不再需要努力控制了，這個階段的心真正開始安頓下來，自我的故事編造也愈來愈不沾黏。

賈德森‧布魯爾還有另外一個研究，資深靜觀者一邊報告心中的體驗，一邊讓科學家觀察相關大腦相對應區域的活動。當靜觀者顯現扣帶皮質活動減少的時候，他們報告感受到「不分心的覺知」和「自然不費力」[⑯]。

在任何練習技能的科學研究當中，從牙醫到下棋，要區別笨蛋和專業，終身練習時數是個黃金指標。從游泳選手到小提琴家的各種專家都顯示，萬事起頭難，精通之後，便漸入佳境。我們看到，擁有最多靜觀時數的人的大腦更能專注一心，甚至不理會吸引人的分心事物，終身靜觀時數較少的，就必須更努力。初學者剛開始在心理上用力，都顯現在各種生理指標上[⑰]。

一般來說，新手的大腦努力用功，而專家就比較不費勁，當我們嫻熟了一種活動，大腦就把那個行動放入「自動」的項目，來節約能源，把那個活動從大腦上方神經迴路重新排序，移到新皮質下面的基底核。我們學走路的時候，開始很難，過渡到不費吹灰之力，後來養成每一個習慣，也都是如此。一開始需要專注和努力的，終於變成自動而且毫不費力。

第三個，也是最後一個階段，捨棄「自我中心」，我們推測，因為主要活動轉變成預設模式，也就是產生自我感的基地較為鬆散的連動，此時控制神經迴路的角色就下降了。布魯爾的團隊發現到有這樣的減低情況。

到達了行雲流水毫不費力的程度時，我們跟自我的關係就發生了改變：自我不再那麼「沾黏」了。同類的念頭仍會在心中生起，但是雲淡風輕，不會那麼逼人，也少了許多情緒激揚，很容易隨波而去。總之，這不但跟我們從戴維森實驗室聽到的高深瑜伽士相同，也跟古典靜觀手冊的記載一致。

但這仍然是一個有待探討的研究主題，我們現在還沒有數據。未來的研究成果也許會出人意表。舉例來說，與自我關係的轉變，關鍵可能並不在目前已知的神經「自我系統」，而是另有其他尚未發現的神經迴路。

減少自我執著，永遠是修行人的主要目標。奇怪的是，靜觀研究者卻經常忽略，他們理所當然反而集中於更普遍的利益，像是放鬆或健康，因此，靜觀的重要目標，也就是無我，只有薄弱的數據，而改善健康之類其他益處的研究卻非常多，在下一章裡，我們會再進行討論。

立即脫離當下情緒的情感彈性

理奇有一次看到達賴喇嘛的臉上流下兩行熱淚，因為他聽到最近在西藏發生的悲劇，西藏人為了中共占領，以自焚抗議。

不一會兒，達賴喇嘛注意到房間裡有人在搞笑，他居然笑了起來。他並不是不尊敬使他流淚的悲劇，而是可以從一個情緒輕快而無縫地過渡到另一個。

保羅・艾克曼（Paul Ekman）是世界知名的情緒和表達的專

家，他說從第一次見面，達賴喇嘛特殊的情感彈性，就令他目瞪口呆。達賴喇嘛的舉止，反映出他可以馬上放下對某人的情緒，下一刻就進入另一個情緒世界[18]。

達賴喇嘛情緒的強度和色調，具有不可思議的動態頻寬，從深度的悲哀到強烈的喜悅。他從一個情緒過渡到另一個情緒、快速而無縫轉接的能力，極為罕見，這快速的轉變顯示出他毫無「沾黏」。

「沾黏」反映大腦情緒神經迴路的動態，其中包括杏仁核和伏隔核。這些區域很可能導致傳統經論所謂苦的根源，也就是貪心和瞋心，內心執迷著想要獎勵，要不，就想趕走不愉快的東西。

「沾黏」的光譜，從這一端的完全卡住，無法從苦惱的情緒或上癮的欲望中解脫，到那一端，達賴喇嘛可以立即脫離當下的情緒。生命如果沒有卡住，便會生起一種持久的正向「素質」，甚至是喜悅。

有一次，有人問達賴喇嘛他生命中最快樂的時刻，他回答：「我想就是現在。」

·心腦效益·

當我們不費大腦，無所事事，或內心散漫遊蕩時，大腦的預設模式會被啟動，思路和種種（多半是不愉快的）感受總是聚焦在自我，建構出所謂「自我」的敘事。正念靜觀或慈心禪的時候，這個預設模式的神經迴路會安靜下來。在靜觀早期，當自我系統安靜下來後，大腦迴路便會抑制預設區域；但到了靜觀後期，這些區域彼此之間的連結和活動都會減退。

剛開始，自我神經迴路安靜下來是一個「狀態」效應，常見於靜觀中或緊接靜觀之後。但在長期修行者身上，會變成一種持久的「素質」，大腦預設模式的活力隨之大幅減低。接著，執著減少，心中生起那些自我中心的念頭和感受，就不太能把我們「緊抓不放」，也不太能劫持我們的注意力了。

第九章

調節基因，降低發炎反應

當喬・卡巴金在伍斯特的麻薩諸塞大學醫學中心發展「正念減壓」（Mindfulness-based stress reduction，MBSR）的時候，進展十分緩慢，他跟內科醫生個別談話，請他們引薦有慢性病情的人，如藥石罔效的疼痛，也就是連麻醉劑也幫不上忙，被視為治療「失敗」的，或者必須與病情終身為伍的人，如糖尿病或心臟病患者。喬從未聲稱他可以治癒這些疾病，他的使命是改善病人的生命品質。

也許有點出人意表，喬會見的醫生都沒有抗拒，從一開始，關鍵的診所主任們（家庭醫學科、疼痛科、骨科）都願意把病人送去喬當時的「減壓和放鬆計畫」（Stress Reduction and Relaxation Program），上課地點就在跟復健部門借來的地下室。

喬一週只教幾天課，但是病人口耳相傳，讚美這個方法讓無法治癒的病況較能忍受，於是這個課程就風行起來了。1995年，此計畫擴展成了「醫藥、醫療照護和社會的正念中心」（Center for Mindfulness in Medicine, Health Care, and Society），主辦研

究、臨床和專業教育計畫。今天，全世界有許多醫院和診所都提供正念減壓，這是一個最快速成長的靜觀課程，現在這個方法的益處有了最強的臨床證據。在醫療照護未及之處，正念減壓已經無所不在，在心理治療界、教育界，甚至企業界，領導推動這通俗普及的正念運動。

　　如今北美和歐洲各地的學術醫療機構裡都在教正念減壓。正念減壓有一套標準的課程，因此常被科學研究看上。截至今日為止，有關這個方法的研究計有六百多份，顯示了它有各種的長處，也有一些教學上的警訊。

　　舉例來說，慢性疼痛的治療，有時候藥石罔效。阿斯匹靈和其他無須處方的止痛劑，如果經年每天服用，副作用甚多。類固醇雖提供了暫時的緩解，副作用卻也不小。鴉片類藥物（opioids）證明常用容易上癮。然而正念減壓沒有這些缺點，因為練習正念減壓通常沒有副作用，如果 8 週課程後仍堅持練習，可繼續有助於慢性病患者和因壓力引起的各種失調症狀的人，他們若靠自己，或用傳統的醫學治療，通常不見得會好轉。但要獲得正念減壓長期的好處，關鍵在於持續練習。參加正念減壓課程之後，還有多少人繼續參加正式課程？雖然正念減壓的歷史不算短，可惜我們尚未能掌握確切的資訊。

　　拿減輕老人的疼痛為例，老年人最害怕的，就是因為髖關節炎、膝關節炎，或脊椎炎的疼痛，行動出問題而失去了獨立能力。一個設計完善的老人疼痛研究，證明正念減壓可有效減輕人們主觀感覺多少疼痛和失去多少能力[1]。六個月後的追蹤顯示，

他們的疼痛程度仍有減輕。

　　所有的正念減壓課程都鼓勵參與者繼續每天在家練習。因為病人一旦掌握方法來減輕疼痛，會有一種「自我效能」（self-efficacy）感[②]，也就是感覺到多少可以控制自己命運。這樣，病人會覺得疼痛雖消失不了，日子還能過。

　　一組荷蘭的研究人員分析數十個以正念做為疼痛治療的研究之後斷定，正念是純粹醫藥治療之外的另類好方法[③]。即使如此，至今還沒有一個研究證明靜觀能根除造成疼痛的生理原因，而在長期疼痛上展現臨床效果。緩解的真正原因，其實是人們換了視角看待疼痛。

　　纖維肌痛症是個很好的例證，這個疾病是醫療的疑團：纖維肌痛這個令人虛弱的疾病有慢性疼痛、疲勞、僵硬、失眠等典型症狀，卻找不到生理原因，只有一個說法是無法調節心臟功能（雖然也有爭論）。有一個黃金標準的研究，將正念減壓用於纖維肌痛症的女性，並沒能找到心臟活動有什麼改善[④]。

　　即使如此，另一個設計完善的研究發現，正念減壓使心理症狀顯著改善，就像減少纖維肌痛症病人感覺上的壓力，也減輕了許多其他主觀上的症狀[⑤]。他們愈經常自行練習正念減壓，就愈有改善。但是病人的生理功能始終未能改善，重要的壓力荷爾蒙皮質醇分泌仍高。練習正念減壓的病人，是因為「能夠處理疼痛」，而非「改善了疼痛的生理原因」。

　　有慢性疼痛或纖維肌痛症等疾病的人，應該嘗試正念減壓或其他任何靜觀嗎？就看你問的是誰了。

　　醫療研究人員，無止盡追求明確結果，已有一套認定標準，病人則另有一套。醫生也許希望看到確鑿的數據，顯示醫療上確有改善，病人卻只求感覺舒服一點，尤其是無法緩解的臨床症狀。從病人的角度來看，正念的確提供了一個緩解的途徑，雖然醫療研究都說正念能反轉疼痛的生理原因，但證據並不明確。

　　雖然病人上完 8 週的正念減壓課程之後，也許會發現疼痛有所緩解，但是他們可能會停止練習一段時日，難怪好幾個研究發現，剛上完正念減壓，效果都不錯，不過六個月後追蹤，並沒有這麼好，因此喬會告訴你，要終身解脫生理和情緒上痛苦經驗，關鍵就是繼續練習正念，日復一日，堅持幾個月、幾年，甚至幾十年。

皮膚和壓力的關係

　　我們的皮膚是一扇奇特的窗口，從中可窺見壓力如何影響健康。這是一個屏蔽的生理組織，直接接觸周遭世界的外來物（胃腸道與肺也是如此），皮膚是身體對入侵細菌第一道防線，發炎就表示生理防線正在圍堵感染原，令不致擴散到健康的組織。發紅、發炎的區塊表示皮膚對病原體發起攻擊。

　　阿茲海默症、氣喘、糖尿病等病症的嚴重程度，跟大腦和身體發炎的程度息息相關。壓力雖然往往是心理的，卻會使炎症惡化。這顯然是遠古以來流傳下來的生理反應，遇到危險警訊時，即時動員身體的資源加以對抗（這種反應的另一個訊號是，

得流行性感冒時，你一味只想休息）。史前時期，會觸發我們反應的，多半是生理上的威脅，像是遇到吃人的猛獸，而今日所觸發的反應可都是心理的，憤怒的配偶、挖苦的推文，但身體的反應是一樣的，包括情緒上的苦惱在內。

人類的皮膚有很多的神經末梢（每 2.54 平方公分，即每平方英寸，差不多有 500 條），每一條都是大腦傳送所謂的「神經性」或大腦引起的炎症的訊號。皮膚專科醫師很早就發現，生活壓力可以導致神經性發炎，像牛皮癬和濕疹。因此，要研究內心煩亂如何影響健康，皮膚成為很受歡迎的實驗室。

原來，大腦導致皮膚發炎的神經通道，會對辣椒素（capsaicin）敏感，這也就是讓辣椒之所以「辣」的化學物質。理奇實驗室利用這個特殊的現象，製造一個可以精密控制的皮膚發炎區域，來看看壓力是否會增加發炎的反應？或靜觀是否可降低這個反應？同時，實驗室中的科學家莫麗莎·羅森克朗茲（Melissa Rosenkranz）發明了一套很聰明的方法：在發炎的皮膚上裝置了一個人工（而且無痛）水泡，裡面充滿體液，來試驗哪一種化學物質會引發發炎。

莫麗莎設計了一個裝置，用真空抽吸方式，在 45 分鐘裡緩慢拉高第一層皮膚的一個小圓區域，產生了一個水泡。因為過程很慢，因此無痛，參與測試者幾乎沒有感覺。透過水泡中的體液，可測量發炎前驅細胞激素（pro-inflammatory cytokines）[6] 的濃度，這是直接引起發紅區塊的蛋白質。

理奇實驗室拿一個學習正念減壓的小組和一個參加 HEP 的

小組（做為主動控制治療）來對照，他們都經歷特里爾社會壓力測試，先來一個令人灰心喪志的工作面談，再來一個讓人絞盡腦汁的數學難題，保證讓受試者的壓力反應一發不可收拾[⑦]。更精確地說，這個時候，大腦偵測威脅的雷達，也就是杏仁核，發出了一個信號給 HPA 軸（如果你一定要知道，HPA 代表 hypothalamic-pituitary-adrenal，下視丘─腦垂腺─腎上腺軸），叫它釋放腎上腺素（epinephrine），以及壓力荷爾蒙皮質醇，前者是一種令人或戰、或逃、或凍結的大腦化學物質，後者可以動員身體的能量以對抗壓力。

　　再加上，為了讓身體擋住傷口的細菌，發炎前驅細胞激素會對這個區塊增加血液流量，供應免疫產物來吞噬外來物，而這炎症又叫大腦去啟動幾個神經迴路，包括腦島及其在整個大腦裡廣泛的連接。有一個區域被腦島送來的訊息所觸發了，就是前扣帶迴皮質（anterior cingulate cortex，ACC），它調節炎症，也連結我們的念頭和感受，並控制自主的生理活動，包括心率。理奇的團隊發現，當前扣帶迴皮質因對一個過敏原反應而啟動時，氣喘病患者容易在 24 小時之後有較多發作的次數[⑧]。

　　再說回到炎症的研究。這兩組受試者主觀報告的苦惱沒有不同，炎症所觸發的細胞激素濃度也沒有不同，皮質醇這種會被慢性壓力所惡化的疾病（糖尿病、動脈硬化和氣喘等）的荷爾蒙前驅物，都沒有什麼不一樣。

　　但正念減壓組受試者在壓力測試之後，發炎區塊比較小，而且他們的皮膚比較有韌性，癒合得比較快，甚至在四個月以

後，這個差別仍然存在。

　　雖然，正念減壓組所反應出的主觀心理利益，以及客觀的生理利益，並非獨有，但正念減壓對炎症的影響卻很獨特。一天在家練習正念減壓 35 分鐘以上的人，比參加 HEP 的人少了許多發炎前驅細胞激素，也就是引發紅腫的蛋白質。非常有趣的，這個發現支持了喬‧卡巴金早期與皮膚專科合作的研究：正念減壓使牛皮癬癒合快速，牛皮癬是一個會被發炎前驅細胞激素所惡化的症狀（但過了三十年，這個實驗還沒有被皮膚病學研究人員複製）[9]。

　　理奇的實驗室想要更了解靜觀如何能癒合這樣的炎症病況，因此用高深的觀靜觀行者（終身靜觀時數約 9,000 小時），重複了壓力實驗研究[10]。結果靜觀者不但在可怕的特里爾測試後比同一批新手較不感壓力（如第五章所述），而且後來他們的發炎區塊也比較小。最顯著的是，他們壓力荷爾蒙皮質醇的濃度比控制組低 13％，這個顯著的差異，可能具有重要的臨床意義。而且靜觀者所報告的心理狀態，比同年齡、同性別、不靜觀的受試者來得健康。

　　很重要的是：這些資深靜觀者在測量的時候，並沒有靜觀，所以這是一個「素質」效應。正念練習可以在日常減少炎症，並不只在靜觀當中。這個利益甚至只要有 4 週的正念（總計約 30 小時）和慈心禪的練習就可產生[11]。正念減壓新手有降低皮質醇的溫和趨勢，繼續練習後，可以在壓力之下大量降低皮質醇，這生理跡象看來肯定了靜觀者所說的：「逐漸知道如何處理

生活中的種種煩擾。」

持續的壓力和憂慮會損害我們的細胞，使它們老化。持續的散漫、或一顆渙散的心也是如此，因為左思右想具有毒性作用，心雖然老是被磁吸到人際關係的麻煩上，卻從來沒能真正解決問題。

大衛・克斯威爾（我們在第七章讀過他的研究）招募了一群目前待業、正在求職的人，顯然是高壓力群，提供他們三天的正念密集訓練課程，或一個同等的一般放鬆課程[12]，在課程之前和之後的血液樣本顯示，選擇靜觀的人能夠減低一種主要的發炎前驅細胞激素，選擇放鬆課程的人卻沒有差別。

而且功能性磁振造影掃描顯示，前額葉區域和產生內在喋喋不休的預設區域之間的連動愈多，細胞激素愈少。若能對大腦中毀滅性的自言自語踩下煞車，就能停止像洪水般淹沒我們的無助又絕望的念頭，可以想見那些失業人士的處境正是如此，也能降低細胞激素的分泌量。我們如何看待愁雲慘霧的自言自語，直接影響我們的健康。

高血壓嗎？放輕鬆

你今天早晨醒來的那一刻，呼吸是吸入，還是呼出？

圓寂的緬甸禪師班迪達（U Pandita）尊者問一位靜觀者這個難以回答的問題，顯示出他知名的正念教導，高度自覺而且精確。

　　班迪達禪師直接承自偉大的緬甸老師馬哈希禪師，同時也是翁山蘇姬成為緬甸政府領導人之前長期軟禁時的精神導師。馬哈希禪師偶而到西方來，教過許多在觀禪圈子裡知名的老師。

　　丹曾經在工作淡季去亞利桑那州沙漠一個租來的兒童夏令營，花了幾週，在班迪達禪師的指導下靜觀。丹後來在《紐約時報雜誌》寫著：「我每天的工作就是對呼吸建立一個精確的專注力，每一吸、每一呼的細微處，它的速度、輕盈、粗重、暖度。」[13]丹希望一旦內心清明，身體就會平靜下來。

　　自從丹在研究所時期去亞洲旅行返美之後，數十年來，他每年都儘量在年度行事曆裡放進靜觀營的行程，他希望不只是靜觀有所進展，還有，距離上次從印度歸來十五年以來，血壓愈飆愈高，丹希望靜觀營能幫他降低血壓，即使短期也好。因為醫生讀到他的血壓值居然已達 140/90，擔心地說已臨界高血壓了。等到丹從靜觀營回到家，他很欣慰，血壓值已經比邊緣值低很多了。

　　透過靜觀來降低血壓的觀念，大抵源自赫伯・班森（Herbert Benson）博士，他是哈佛醫學院的心臟病專家，我們在哈佛的時候，班森博士剛剛出版了他有關靜觀降低血壓的好幾篇研究中的第一篇。

　　我們稱他赫卜（Herb），他是丹的博士論文審閱委員，在哈佛屬於少數幾位同情靜觀研究的老師之一。從後來靜觀和血壓的研究看來，他當時走在正確的路上。

　　舉例而言，有一個設想周到的研究，受試者是非裔美國男

性，他們原本是高血壓、心臟和腎臟疾病的高危險群。他們參加一個由腎臟病患組成的小組，大家一起練習正念 14 分鐘，結果腎臟病導致的新陳代謝減緩現象便獲改善。通常，若新陳代謝經年如此緩慢，便會罹病[14]。

下一步，當然就是用類似的、但尚未形成疾病的小組，嘗試正念（或其他的禪法），把他們跟參加 HEP 的對照組比較，在幾年之後追蹤，看看靜觀能否（如我們所希望的）防止疾病發生（還是做做研究來確定吧）。

另一方面，我們去查看更多研究時，消息好壞皆有。在一個 11 篇臨床研究的統合分析中，心臟衰竭和缺血性心臟病病人隨機被指定去接受靜觀訓練或對照組，用研究人員的話來說，結果「非常令人振奮」，但不能下定論[15]。統合分析照例需要規模更大、而且更嚴謹的研究。

研究發表得愈來愈多，但我們要找設計完善的卻寥寥無幾。大部分都是隨機的候補控制組，當然也很好，但通常都未設主動控制組。有主動控制組是最理想的，這樣我們才會知道，益處是因為靜觀本身，而不是「非特定性」（nonspecific）的影響，譬如說，有一個善於鼓勵的指導老師和支援小組。

基因圖譜

一天的靜觀就能夠改變基因？「簡直太天真了！」一位研究經費審查委員很直白地這樣告訴理奇。無獨有偶，理奇剛從國家

衛生研究院收到類似的負面意見，他同一個研究計劃也被打了回票。

　　這裡交待一些背景：基因科學家畫出了整個人類基因圖譜，他們認識到，光知道有無特定基因是不夠的，真正的問題在於，這個基因是「表現」（expressed）的嗎？它製造了該製造的蛋白質嗎？製造了多少？這基因組（gene set）的「開關閥」（volume control）在哪裡？

　　這意味著還有另外重要的一步：找到什麼東西在開、關基因。如果我們遺傳了一個基因，具有得到某一種疾病的傾向，如糖尿病，但如我們終身維持固定運動和不吃糖的習慣，可能根本不會發病。

　　糖會開啟糖尿病的基因，運動會把它關掉，糖和運動都屬於表觀遺傳（epigenetic）的影響因子，跟其他眾多因素一樣，能決定某個基因是否「表現」出來[16]。表觀遺傳學已經成為基因圖譜研究的尖端領域，理奇認為靜觀可能對表觀遺傳有所影響，即「向下調節」控制炎症反應的基因。如前所述，靜觀似乎能造成這個效果，但是背後的基因機制卻還完全是個謎團。

　　雖然外界質疑重重，理奇的實驗室繼續研究資深的觀靜觀行者（終身平均靜觀時數 6,000 小時），在一天靜觀的前後，檢測重要的「基因表現」是否有所改變[17]。這些受測者一天固定修行 8 小時，還聆聽約瑟夫·葛斯登的錄音帶，有鼓舞人心的演講，也有修行的指導。

　　經過一天的修行之後，靜觀者的炎症基因有明顯「向下調

節」的跡象，在純粹的心理練習中，從未見過。如果終身都維持這樣的低度，也許能幫助對抗一些從慢性、低度的炎症開始發作的疾病。如前所述，這包括許多世界上主要的健康問題，從心血管疾病、關節炎、糖尿病到癌症。

別忘了，所謂表觀遺傳的作用，是一個「天真」的想法，跟當時基因科學的認知有所抵觸。雖然跟一般的假設相反，理奇的研究團隊已經證明，像靜觀這一類的心理訓練，可以在基因的層次帶來具體利益。關於心如何管理身，顯然基因科學必須改寫許多假說。

還有少數其他研究發現，靜觀確實具有可觀的表觀遺傳效應。舉例來說，孤獨會使促進發炎的基因呈現高水平，正念減壓不但可以降低這些水平，還可以減少孤獨感[18]。雖然這些都是先導研究，但在研究兩種禪法時，確實發現表觀遺傳獲得提升：一個是赫卜・班森的「放鬆反應」（relaxation response），這就是不斷無聲地複誦一個選出的字，譬如「平靜」，好像念咒語一樣[19]。另外一個是「瑜伽靜觀」（yogic meditation），靜觀者念誦梵文的咒語，起初大聲，然後變成悄悄的私語，最後是完全安靜，到結束的時候是一個簡短的深呼吸放鬆的技巧[20]。

關於靜觀能提升表觀遺傳的力量，還有其他樂觀的線索。端粒是 DNA 長鏈末端的套頭，反映細胞還能活多久。端粒愈長，細胞可以活得愈長。

端粒酶是一種酵素，可以減緩隨年齡漸長而造成的端粒短縮。端粒酶愈多，就愈健康、愈長壽。有一個統合分析，包括四

個隨機控制研究，190 個靜觀者，發現練習正念可促進端粒酶的活動[21]。

　　克利夫‧沙隆的專案計畫發現，在密集正念和慈悲心訓練之後三個月，也有同樣的效應[22]。他們在專注訓練期間，若愈能與當下的直接體驗同在，內心散漫就愈少，端粒酶就得到愈多好處。還有一個令人期待的先導研究發現，在一組平均固定修習慈心禪四年以上的女性裡，她們的端粒比較長[23]。

　　然後還有五種淨化行為（panchakarma），梵文的意思是「五種自然排毒法」，混合了草藥、按摩、食療，還有瑜伽和靜觀。源自阿育吠陀的醫藥，原是古代印度的療癒系統，現在變成在美國上流社會的健身度假中心所提供的療癒方式（如果你有興趣的話，印度也有許多低價的健身療癒中心）。

　　一組人做了六天的五種淨化行為的自然療法，比較另一組在同樣的度假中心只是度假，在一系列繁複的新陳代謝測定下，反映出無論表觀遺傳或蛋白質表達都有令人興奮的改善[24]，這表示基因被導向更好的方向。

　　但我們有個問題：雖然五種淨化行為的自然療法有一些正面的健康影響，但這混合療法讓我們難以判定，哪一種療法是最大的功臣，譬如說，是靜觀嗎？這份研究同時用了五種干預方法，這樣的大雜燴（專業一點說，是混淆），無法看出靜觀是不是活性的力量，也許是草藥？或是素食？或是其他混於其中的東西促成改善？好處確實看得到，只是不知道為什麼。

　　此外，在基因水平上的改善，和證明靜觀能產生醫療上的

生理效應之間，還有個鴻溝，過去的研究裡，還沒有一份能夠顯示兩者間進一步的關聯。

再加上一個問題。每一種禪法各有什麼生理影響？塔尼亞·辛格將專注呼吸跟慈心禪做比較，又將專注呼吸跟正念相比，看每一種靜觀如何影響心率，以及靜觀者報告這個方法需要多少精進功夫[25]。結果發現專注呼吸的靜觀是最放鬆的，慈心禪和正念都使心率加快一點點，顯示這樣的方法需要花一些功夫。理奇實驗室也發現，非常資深的靜觀者（終身平均靜觀時數3萬小時）做慈心禪時，心率增快[26]。

雖然這些有溫度的禪法有心率較快的副作用，屬於一種「狀態」效應，但講到呼吸，「素質」會在另一個方向顯示出優異之處。科學早已知道，有焦慮症和慢性疼痛問題的人，呼吸比一般人快，而且不規律。如果你呼吸已經快了，遭遇壓力時，就比較容易觸發或戰、或逃、或凍結的反應。

來想想理奇實驗室的發現：長期靜觀者（終身平均靜觀時數9,000小時）[27]平均呼吸1次，同年齡、同性別的非靜觀者要呼吸1.6次，而這還只是靜靜坐著等待認知測試開始的時候。

一天當中，兩者有這樣不同的呼吸速率，意思就是，非靜觀者一天多了2,000次呼吸，而一年就多了80萬次呼吸！這多出來的呼吸，在生理上必有所損耗，久而久之便有害健康。

練習愈久，呼吸就持續減慢，身體會隨著呼吸速率而調整生理設定點（physiological set point），這是一件好事，長期快速呼吸表示有持續的焦慮，而呼吸速率較慢，則意味減少自主的生理

活動，情緒較好，而且有益健康。

靜觀者的大腦

你也許聽過一則好消息，靜觀會增厚大腦的重要部位。首先發表這樣神經上好處的是 2005 年莎拉・拉薩爾（Sara Lazar）的科學報告，她是「心智與生命夏季學院」的早期畢業生，後來擔任哈佛醫學院的研究人員[28]。

她的團隊報告，靜觀者大腦中能夠感知自我身體和增進專注力的皮質區，比非靜觀者來得厚，尤其是前腦島（anterior insula）和前額葉皮質的區域。

繼莎拉之後，還有一連串的其他研究報告，有多份（雖不是所有）報告指出，許多靜觀者大腦裡重要部位會增大。不到十年以後（十年其實不長，想想看，一個研究從構想、分析到報告，十年其實很短），現在已經有充分的靜觀者腦造影研究，足以對其中二十一個研究進行統合分析，看看其中什麼假設成立？什麼不成立[29]？

結論是，靜觀者大腦的某些區域會增大。這些區域是：

◆ 腦島：這是增強對某種內在訊號的專注力，而把我們調頻到內在的狀態和能力。
◆ 體運動（somatomotor）區域：這是能感受到觸覺和痛覺的主要皮質樞紐，也許是增加身體覺知的另一項利益。

◆ 前額葉皮質的一部份：負責注意力和超知覺，幾乎各種禪法都需要培育的能力。

◆ 扣帶皮質區：在自我調控技能上至關重要，也是靜觀中練習的技巧之一。

◆ 眼窩額葉皮質（orbitofrontal cortex）：這也屬於自我調控神經迴路的一部分。

　　加州大學洛杉磯分校有一個研究，成了老年人靜觀的最大新聞，他們發現靜觀減慢一般隨年齡老化而大腦萎縮的情形：五十歲時，長期靜觀者的大腦比同齡的非靜觀者年輕 7.5 年[30]。還有一個紅利：超過五十歲的每一年，靜觀者的大腦比同齡人年輕一個月又二十二天。

　　研究人員於是下了一個結論：靜觀可減緩大腦萎縮，維持大腦功能。雖然我們對反轉大腦萎縮一事存疑，但是我們有理由同意，的確可以減緩。

　　但到目前為止所掌握的證據有一些問題。這個靜觀和老化大腦的科學研究，是重新分析該校一個更早的研究，那個實驗招募了 50 位靜觀者和 50 位同年齡、同性別，卻從未靜觀的人。這個研究團隊做了一個非常仔細的腦造影，發現靜觀者的皮質迴化（在新皮層的頂上皺褶部分）增進，代表大腦成長亦較多[31]。靜觀愈久，皺褶就愈多。

　　研究人員自己也注意到這個研究結果凸顯了非常多問題，在這 50 位所從事的禪法，從觀禪和日本禪，到克里亞（kriya）

和昆達里尼（kundalini）各種形式的瑜伽都有。每一個靜觀者所運用的特定心理技巧非常不同。例如，安住當下，任何事都可以到心中來，相較於緊密專注於一個所緣，或者是，控管呼吸還是自然呼吸。每一種靜觀若有數千個小時的修行，其影響可能非常不同，包括神經可塑性在內。從這個研究當中，哪個方法造成哪個改變，我們並不清楚在眾多禪法裡，是每一種靜觀方法都增進皮質迴化，然後引起更多的皺褶，還是只有少數幾種？

把各種禪法混為一談，好像它們都一樣（於是對大腦的影響也類似），使那份統合分析也有同樣的問題。既然所分析的研究中包括各種禪法，腦造影的取像區域都各不相同，絕大部分研究都缺乏全腦「橫斷面」的影像，即一次性的腦造影。

其他種種因素也可能造成大腦的改變，像是學習或運動，每一因素對大腦的影像又有不同的緩衝效應。除此之外，還有自我選擇效應：也許受試者先有了大腦改變，他們便選擇繼續靜觀下去，其他人就不會，也許是先有了一個比較大的腦島，就比較喜歡靜觀。這些另類的可能原因，都跟靜觀沒有關係。

持平地說，這些缺點，研究人員在論文中都曾提出，我們在這邊列出來，只是想凸顯這個複雜、難以理解的、暫時的研究結果，往往以一個過分簡化的訊息「靜觀可以建構大腦」散播給一般大眾。就像俗話說的，魔鬼藏在細節裡。

所以現在讓我們來看看三個有潛力的研究。它們量測靜觀之前和之後的大腦，發現僅需要一點點靜觀，就會增進大腦某些部位的容積[32]。在其他的心理訓練，如背誦，也會出現類似的大

腦區域增厚的結果，從神經可塑性來看，這表示靜觀也十分可能
增厚這些區域。

　　這些研究都有一個大問題：受試者的數目非常少，不足
以得出確定的結論，需要更多的受試者來參與。還有另外一個
問題：量測大腦體積的量度不很精準，只靠 30 萬個立體像素
（voxel）的統計分析。所謂立體像素，基本上就是三度空間的像
素（pixel），相當於在神經地理上一立方毫米的大小。

　　問題又來了，對這 30 萬個立體像素造像時，只有很小一部
分具有統計顯著性，其他都是隨機。而很有可能的是，隨著造像
的次數增加，隨機的問題逐漸減低。目前，我們沒有方法可以界
定，大腦體積是否真的增長，還是出於實驗方法造成的假象。另
外一個問題是，當研究一無所獲時，研究人員傾向出版正面的研
究成果，卻不會報告零發現[33]。

　　最後，繼當年許多研究之後，現代對大腦的測量已經更為
精準而成熟。我們無法知道，如果當時用比較新、比較嚴格的標
準去量測，會不會呈現同樣的結果？我們的揣度是，愈好的研究
愈能顯示靜觀對大腦結構有正面的改變。但是，這話說得還太
早，我們得走著瞧。

　　在靜觀和大腦關係的研究上，中途有了一個修正：理奇實
驗室嘗試重複莎拉‧拉札的長期靜觀者皮質增厚的實驗，這些長
期靜觀者是西方人，白天有工作，修行了至少五年，終身平均靜
觀時數 9,000 小時[34]，但是並沒有顯示出莎拉報告中大腦的增厚，
過去好些正念減壓能改變大腦結構的研究結果也沒能複製成功。

　　此時此刻，問題比答案還多。當我們正撰寫本書時，「馬克斯‧普朗克人類認知及大腦科學學院」的塔尼亞‧辛格實驗室正在分析數據，也許能提供某些答案。他們非常仔細而有系統地檢視三種不同的禪法使皮質增厚的改變（第六章〈培育同理心，愛的行動〉曾經討論），這是一個大規模的研究，有嚴謹的設計，受試者樣本群龐大，受試期內需要參加靜觀營達九個月以上。

　　此研究計畫已經有了一個早期發現：不同的訓練會造成大腦結構上不同的效果。舉例而言，有一種禪法重於認知同理心並了解一個人如何處理生命中的事件，結果發現會增加大腦後方某個特定皮質區的厚度，這區域位於顳葉和頂葉之間，稱為顳頂交界區（temporoparietal junction，TPJ）。塔尼亞的團隊以前有一個研究，發現我們接納另一個人的觀點時，顳頂交界區會特別活化[35]。

　　只有用這種方法，才能造成大腦某種改變，其他方法不能。這樣的研究結果凸顯了研究人員必須分清楚不同類型的禪法，尤其當你想精準認定大腦中相應的改變。

神經神話學

　　當我們把一些靜觀的神經神話學放在聚光燈下，檢視有關靜觀的部分，其中有一點可以追溯到理奇所作的研究[36]。截至寫作本書之時，理奇實驗室最為人知的研究有 2,813 處引用，這在學術論文裡是很驚人的。2000 年，丹、理奇等科學家跟達賴喇嘛聚會，討論破壞性情緒，會中理奇報告了正在進行中的研究，後

來丹在記載這次會議的書中首次引述了這篇研究[37]。

這個研究在學術圈之外爆紅，也在大媒體、社交媒體間產生巨大迴響，而那些把正念帶到企業裡去的人，一律都會提到這個研究，以「證明」正念確實能幫助員工。

但是在科學家眼中，尤其是理奇自己，這個研究還有一些大問號。在這段時間，理奇請喬·卡巴金教導一些自願受試者正念減壓的方法，這些人都是一家高壓力的生技新創公司的員工，他們幾乎過著一天二十四小時、每週七天的超壓生活。

首先，提供一些背景。理奇多年來都在探究人們在休息的時候，左側和右側前額葉皮質兩邊活躍性的比例。如右側活動多於左側，與負面情緒相關，像是沮喪和焦慮，如左側的活動多，則與輕快的情緒連結，像是活力和熱情。

那個比例可預測人們每天的情緒範圍。對一般人來說，這個比例成鐘形曲線，我們大部分人都在中間，日子有好有壞，很少人在這個曲線的兩端。如果向著左邊，他們會從沮喪彈回來，如果向著右邊，他們會顯示出臨床上的焦慮和憂鬱。

在生技初創公司做的研究，顯示靜觀訓練之後，大腦功能有顯著的改變，從向右傾斜變成向左，而且受試者報告，他們轉換到了一個比較輕鬆的狀態。而仍在等待受試的候補對照組同事，就沒有這樣的改變。

但是這裡有一個大障礙，這個研究從來沒有被複製過，而且只設計成一個先導研究，我們不知道，如果有一個類似 HEP 的主動控制組，會不會導致同樣的好處。

雖然這個研究從來沒有被複製過,其他研究好像都支持它對大腦比例和改變的結果。德國有一個對重複發作嚴重憂鬱症的研究,發現病人在比例上強烈的向右傾斜,也許是失調的神經標誌[38]。一批德國研究人員也發現,只有在練習正念的時候,向右傾斜會變回向左,而一般休息時不會[39]。

問題來了:理奇實驗室無法顯示靜觀的時間增加,向左傾斜的活性會繼續增強。當理奇開始把奧林匹克水準的靜觀者,也就是西藏瑜伽士(我們會在第十二章繼續討論)帶到實驗室,碰到了一個障礙。這些專家已經靜觀了數不清的時數,卻沒有顯示出我們期待中的極度向左傾斜,雖然他們已經是理奇所見過最樂觀、最快樂的人了。

以上的測量讓理奇的信心受到一點打擊,便不再繼續。他抓不準為什麼瑜伽士左右的比例差距不如原先所預期。有一個可能,向左傾斜,也許發生在靜觀開始的階段,但是只是一個很小範圍的改變,左右的比例並沒有改動太多。這個小範圍的改變,也許出於一時壓力,或是基本性格使然,卻跟能改善身心健康的長久改變無關,也不是深度靜觀經驗中大腦產生的複雜改變。

對這個問題我們現在所持的觀點是:在靜觀後期,另有大腦機制開始作用,重要的是你如何處理每一個和所有的情緒,而不是正面和負面情緒的比例。高階的靜觀中,情緒好像失去了把我們拉進通俗劇的威力。

另外一個可能性:不同的禪法流派有不同的效應,也許並

不存在這樣一條清楚的大腦發展路線：持續從正念初學者，到長期觀靜觀行者，一直到理奇實驗室中的藏傳靜觀大師。

然後還有誰來教正念的問題。喬告訴我們，正念減壓的老師在專業技巧上、投入靜觀營的時間、他們自己的生命品質，都良莠不齊。這個生技公司有幸請到喬親自來擔任老師，遠遠比教導正念減壓的技巧還重要，喬還有一個獨特的天賦，就是可以傳遞一種觀點，以改變學員的靜觀經驗，造成了大腦左右的傾斜。如果隨意替換另一位正念減壓老師上場，就不知道效果如何了。

底線所在

再回頭來談丹為了降血壓而參加靜觀營。雖然，靜觀營之後，他的血壓值馬上降低很多，但無法知道這是因為靜觀，還是一般性的「度假效應」，也就是說，當我們丟開每天的壓力，跑出去度一陣子假，都會感覺很輕鬆[40]。

過了幾週，他的血壓值又高起來了，而且一直居高不下，經驗豐富的醫生推測他也許有個很罕見的高血壓原因：遺傳而來的腎上腺失調。結果，調節新陳代謝不平衡的藥物讓他血壓恢復正常，靜觀卻不行。

講到靜觀是否讓我們更健康，我們的問題非常簡單：哪一個是真的？哪一個不是？還有，哪一個還不確定？我們用了很嚴格的標準，檢閱了數百份有關靜觀對健康的影響的研究。因為靜

觀的研究太多,許多研究所用的方法,都達不到最高的標準。我們原以為靜觀能增進健康而興奮(好吧,是「過度興奮」),現在很驚訝地發現誰也說不準。

我們發現,比較可靠的研究都集中於減少心理煩惱,而不是治療醫療症狀或找出一個潛藏的生理機制。因此,靜觀可以改善慢性病人的生活品質,醫療上卻常忽略這樣的緩和療護,其實對病人卻非常重要。

然而,靜觀可以提供生理上的緩解嗎?想想達賴喇嘛,他已經八十幾歲了,晚上七點就寢,睡上整夜,清晨三點半起床,進行 4 個小時的定量修行,包括靜觀,加上就寢前 1 個小時的修行,他一天有 5 個小時的靜觀。

但是他為膝關節炎的疼痛所苦,讓他上下樓梯都辛苦萬分,這件事對人生進入第九個十年的人,頗為常見。當人家問他,靜觀否有助病況?他說:「如果靜觀有助改善所有的健康問題,我的膝蓋就不疼了。」

至於靜觀是否比緩和療護更好?我們還不確定,如果是,用於哪一種病況呢?

理奇的「一日靜觀之後,測量基因的改變」計畫申請被拒之後,他受邀去國家衛生研究院甚具名望的史蒂夫・史特勞斯講座(Stephen E. Straus Lecture)進行一場演講,這是紀念這位「國家輔助和整合健康中心」(National Center for Complementary and Integrative Health)創立者的一年一度演講[41]。

理奇的題目「訓練心,改變腦」,非常具有爭議性,至少對

國家衛生研究院的許多懷疑論者如此。但是，到他演講的那一天，臨床中心的大廳是爆滿的，有許多科學家還在辦公室看直播，也許是個前兆：靜觀將要一躍而為嚴肅的研究主題了。

　　理奇的演講集中在這方面的科學研究，主要是從他實驗室產出的成果，大部分都包括在這本書裡。理奇講述了靜觀所帶來的神經、生理和行為的改變，以及靜觀如何幫助保持健康，例如較好的情緒調節和較敏銳的專注力，而且理奇盡力在嚴密的批判和真誠的信念之間走著一個非常小心的路線。真誠的信念是，空谷回音，其來有自。靜觀確實有好處，值得科學家認真探究。

　　演講主題走的雖是穩重的學術調性，結束後，理奇還是受到了全體起立的鼓掌。

・心腦效益・

　　本章所探討的各種方式，沒有一種原意是用來治療疾病的，至少不是西方所認定的治療方式。但是今天的科學文獻裡，充斥了許多研究，評估這些古老修行是否有治病的功效。正念減壓和類似的方法確實可以減低隨疾病而來的痛苦情緒，卻不能治癒疾病。然而正念訓練，即使短至三天都能降低發炎前驅細胞激素（也就是造成發炎現象的分子），而且修行時間愈多，降低愈多。長期靜觀會產生改變內心「素質」的效應，影像分析中顯現出靜觀者在休息時，不但降低發炎前驅細胞激素的分泌量，在調節神經迴路和大腦「自我」系統各部分的連

動都會加強，尤其是後扣帶皮質。

　　資深的靜觀者經過一天的密集正念訓練，就可以向下調節造成炎症的基因。端粒酶這種酵素可以放緩細胞老化，僅經過三個月密集正念和慈心修行後，端粒酶就會增加。最後，長期靜觀者會改善大腦結構，不過，到底這樣的效應是在比較短期的練習後就浮現出來，譬如從事正念減壓？還是只有長期靜觀才會明顯？目前的證據還沒有定論。總之，神經重新串聯可以改變內心「素質」，這些線索在科學上是成立的，不過有待更進一步研究來確定細節。

第十章

趕走憂鬱

認知療法的創立者艾倫·貝克（Aaron Beck）博士曾經問過：「正念是什麼？」

那是 1980 年代中期，貝克博士請丹的太太，塔拉·班奈特·高曼（Tara Bennett-Goleman）前往他位於賓州愛德摩爾（Ardmore, Pennsylvania）的家，因為他的太太茱迪斯·貝克（Judith Beck）法官正要進行一個小手術。貝克博士有種直覺，靜觀也許能幫她做好心理準備，甚至生理準備。

塔拉當場就教這對夫婦，跟著她的引導安靜坐著，觀察呼吸出入的生理覺受，然後在客廳裡行禪。

區區小事，後來發展成風行的「正念認知療法」（Mindfulness-Based Cognitive Therapy，MBCT）運動。塔拉的書《煉心術》（ *Emotional Alchemy: How the Mind can Heal the Heart* ）[1] 是第一本整合正念和認知療法的書[2]。

塔拉多年修行觀禪，當時剛跟隨緬甸禪師班迪達尊者進行了為期一個月的密集靜觀營，她潛入內心深處，得到許多洞

見，其中包括：從正念的角度來觀察，就不再執著念頭。這個洞見頗為類似認知療法中「去自我中心」（decentering）的原則：只要觀察念頭和感受，卻不認為念頭和感受就是我的，便可以重新評價痛苦。

貝克博士從一位很親近的學生傑佛瑞・楊格（Jeffrey Young）博士處聽說塔拉這個人。楊格正在紐約建立第一個認知療法中心，塔拉剛得到了心理諮商的碩士學位，在楊格博士的中心接受訓練。他倆一起治療一位有恐慌症的年輕女士。

楊格博士用認知療法，幫助這位女士跟自己大難臨頭的念頭，也就是我不能呼吸，我快要死了的想法保持距離，而且正面挑戰它們。療程中，塔拉再引進正念的修習，與楊格對心獨特的切入點，兩者相輔相成。病人學著平靜而清楚地以正念觀察呼吸，而不再恐慌，終於克服了恐慌症。

除此之外，當時牛津大學心理學家約翰・蒂斯岱（John Teasdale），和辛德・西格爾（Zindel Segal）、馬克・威廉斯（Mark Williams）正在合著《憂鬱症的正念認知療法》（*Mindfulness-Based Cognitive Therapy for Depression*）[3] 一書，也在談整合治療[4]，蒂斯岱的研究顯示，藥物或電擊療法都無效的嚴重憂鬱症病人，正念認知療法可以把發作的比例減低一半，比任何醫藥都有效。

這樣卓越的科學研究，推動了一股研究正念認知療法的浪潮。然而，大部分有關靜觀和心理治療的研究（包括蒂斯岱原始的那一份）都達不到臨床成果研究的黃金標準：組織隨機的控制組與對照組，除了一組用正念療法外，另一組採用其他療法，並

且由相信其療效的專業人員提供治療，然後比照結果。

幾年以後，約翰・霍普金斯大學有一個團隊審閱當時發表的 47 篇心理病患的靜觀研究（意即不包括認知療法），病人從憂鬱症和疼痛，到睡眠問題和整體生活品質，還有罹患疾病的，從糖尿病和動脈疾病，到耳鳴和腸躁症都有。

順帶一提，這個研究在計算靜觀時數方面做了一個良好的示範：正念減壓有 8 週 20 ～ 27 個小時的訓練，其他的正念課程大約只有一半，超覺靜坐試驗在三～十二個月期間有 16 ～ 39 小時，其他的咒語靜觀大概只有一半。

在《美國醫學會期刊》（JAMA，美國醫學會的官方出版物）一篇卓越的論文中，研究人員得出結論：正念（但不是超覺靜坐那樣的咒語靜觀，超覺靜坐太缺乏設計完善的研究，以致沒有結論）可以減少焦慮和憂鬱，同時也減少疼痛。改善的程度，大概等同醫藥，卻沒有令人困擾的副作用。因此對於這些病況，正念療法變成一個可行的藥物代用品。

但是在其他的健康指標，像是進食習慣、睡眠、藥物使用和體重問題上，靜觀並沒有幫助。至於其他的心理問題，這統合分析也沒有任何證據顯示，哪一種禪法有助於情緒低落、成癮和注意力不足，至少短期干預的靜觀如此。研究人員雖然認為長期靜觀也許會有這樣的好處，但數據還太少，不足以得到定論。

主要的問題在於：早期的靜觀研究中，靜觀可以改善的問題，跟另一個做運動之類的主動控制組相較，並沒有顯著差異。總而言之，對各式各樣的壓力引致的身心問題，至少在此時

此刻，「證據不足，效果不明」[5]。

　　從醫學的角度來看，這些研究等同「低劑量、短期」的藥物試驗。在這種情況下，一般的建議是：做更多的研究，動員更多的受試人數，使用更長的時間。這等同對藥品的藥效研究，本來是醫學研究的主流方式。但是這樣的研究非常昂貴，可能要花費幾百萬美元，通常由藥廠或國家衛生研究院來買單。但用來研究靜觀，大概就不必奢想了。

　　另外一個癥結就是，這有一點書呆子氣：這份統合分析開始蒐集 18,753 篇各種有關靜觀的引用文章（這是一個很大的數目，尤其在 1970 年代只能看到極少量，現在已經超過 6,000 篇，他們用來搜尋的關鍵字比我們的範圍更廣）。作者發現，約有半數沒有確實數據的報告。實證報告中約有 4,800 篇沒有控制組，或控制組並非隨機。經過仔細的篩選之後，只有 3％（這就是上述統合分析中的 47 篇）的研究可謂設計完善，可以包括在文獻回顧裡。霍普金斯團隊指出，這凸顯了靜觀研究有提升品質的必要。

　　在醫學講究用證據來說話的時代，這種文獻回顧對醫生舉足輕重。霍普金斯團隊這份統合分析，本來受「醫療照護研究和品質局」（Agency for Healthcare Research and Quality）之託而作，而該組織的指導原則是所有的醫生都奉為圭臬的。

　　這份文獻回顧得到了結論：靜觀（尤其是正念）在治療憂鬱症、焦慮症和疼痛，可以扮演一個角色，效果如同醫藥，卻沒有副作用。靜觀也可以減低少許心理壓力的損害。一般而言，目前

還不能證明靜觀對心理苦惱比醫藥治療有效，若要獲得強力的結論，證據還嫌不足。

不過這個結論只適用到 2013 年為止（這個研究在 2014 年 1 月發表）。隨著靜觀研究更快速的腳步，更多設計完善的研究也許多少會推翻這樣的判斷。

憂鬱症是一個獨特的例證。

用正念趕走憂鬱

約翰・蒂斯岱的牛津團隊所發現的結果很驚人：正念認知療法竟可將嚴重的憂鬱症復發減少 50％！導致接下來的後續研究絡繹不絕。畢竟，降低 50％的復發率，到目前為止是比任何治療嚴重憂鬱症的醫藥都有效。如果藥物也有這樣的益處，有些藥廠就要財源滾滾了。

我們需要更嚴謹的研究，這是非常清楚的。原始的蒂斯岱研究沒有控制組，更不要說有對照活動了。馬克・威廉斯是蒂斯岱在牛津原始研究的夥伴，感到迫切的需要，於是帶頭做這個研究。他的團隊招募了大約 300 位憂鬱症非常嚴重的人，嚴重到醫藥也不能防止復發那種杞人憂天的症狀，這批人跟原始研究的病人一樣藥石罔效。

但這一次，病人被隨機指派去接受正念認知療法，或者加入兩種主動控制組之一。一組控制組是學習認知療法的基礎知識，另一組是接受一般精神病治療⑥。這些病人被追蹤了六個

月,來看是否復發。結果正念認知療法證明對有童年創傷的病人
(這會讓憂鬱症惡化)比較有效,跟普通憂鬱症的標準治療效果
差不多。

很快的,歐洲有個團隊同樣發現,正念認知療法可以幫到
藥石罔效的嚴重憂鬱症[7],這也是有主動控制組的隨機研究。到
了 2016 年,有一個統合分析,分析了九個這樣的研究,共 1,258
位病人,正念認知療法對於嚴重憂鬱症,在一年以後仍可有效
地減低復發率。憂鬱症症狀愈嚴重,正念認知療法的好處就愈
大[8]。

約翰‧蒂斯岱的合作研究人員辛德‧西格爾,進一步探究
為什麼正念認知療法會有效[9],他用功能性磁振造影來比較已
經從重度憂鬱症痊癒的病人,他們其中有些人做了正念認知療
法,有些接受標準認知療法(也就是說,不加進正念),這些病
人在治療以後,顯示出腦島活動增加,減少了 35% 的復發率。

原因呢?在一個後來的分析當中,西格爾發現,最好的結
果出現在最能「去自我中心」的病人身上,也就是說,踏出了念
頭和感受,可以看到它們只是來來去去,而不會被「我的念頭和
感受」帶著跑。換句話說,這些病人比較有正念,他們投入正念
練習的時間愈多,憂鬱症復發率就愈低。

有了質量充分的研究數據支持,一向多疑的醫學界終於滿
意了:正念對於憂鬱症確實有效。

應用正念認知療法治療憂鬱症,有幾個方法看起來大有可
為。舉例而言,懷孕的女性,以前有憂鬱症病史,自然想確定懷

著寶寶時或寶寶出生之後，不會罹患憂鬱症，而且她們想必對懷孕時服用抗憂鬱症藥物有所戒心。好消息是，另一個「心智與生命夏季研究學院」的畢業生宋娜·迪米珍（Sona Dimidjian）所領導的團隊，發現正念認知療法可降低這些女性的憂鬱症風險，而提供了藥物之外的一種友善的另類療法[⑩]。

馬赫西國際大學的研究人員教導受刑人超覺靜坐，用標準的監獄活動計畫作為對照組。他們發現，四個月以後，做超覺靜坐的受刑人較少出現創傷、焦慮和憂鬱的症狀，也睡得比較好，而且感覺生活沒有這麼大的壓力了[⑪]。

另一個例子：在充滿苦悶的青少年期中，常見第一次憂鬱症的發作。2015 年，美國人口中十二歲到十七歲的人，至少有12.5％的人在前一年發作過重度憂鬱症狀，這等於是多達 300 萬的青少年。雖然有些人是明顯的憂鬱症狀，包括負面思考、嚴重的自我批評等，但有時，症狀發作是一種細微的形式，如睡不安穩，胡思亂想或呼吸短促。自參加了為青少年設計的正念課程後，他們典型的憂鬱症症狀、以及細微的徵象都可以減少，甚至持續到六個月之後[⑫]。

這些研究結果雖然很引人，還是需要複製，如要符合嚴格的醫學檢驗標準，研究方法也需要加強。但無論如何，對苦於憂鬱症發作，或焦慮症或疼痛的人，正念認知療法（或許超覺靜坐也？）可以提供紓解的可能。

這裡引出另一個問題：正念認知療法或另一種禪法可以紓解其他精神疾病的症狀嗎？如果可以，如何解釋其機制？

　　讓我們重新回顧史丹佛大學菲利浦・高汀和詹姆斯・格魯斯為社交恐懼症的人做正念減壓（在第五章審視過）。社交恐懼症，諸如上台前怯場或是處於人群中感覺不自在，其實是十分常見的情緒問題，影響美國人口的 6％，大約有 1,500 萬人[13]。

　　在 8 週的正念減壓課程之後，病人報告：感覺沒那麼焦慮了，這是一個好的現象。現在你可能想起來了，下一步應該如何讓這個研究更服人：病人做大腦掃描時，一邊覺知呼吸來管理情緒，一邊聽到令人沮喪的話語，如「人家總是對我評頭論足」這一類社交恐懼症最常見的內心自我敘事。病人回報說：聽到觸發情緒的話語時，感覺沒那麼焦慮了，同時，杏仁核的活動減少，注意力神經迴路增長。

　　瞥見大腦底層的活動，對未來的科學應該研究靜觀如何紓解心理問題，應該有些啟示。國家心理健康研究院（National Institute of Mental Health，簡稱 NIMH）是資助此一領域研究經費的主要機構，已經好幾年了，至少在寫作這本書時，他們一直輕視依據《精神疾病診斷與統計手冊》（*Diagnostic and Statistical Manual*，簡稱 DSM）老舊的精神病分類的研究申請。

　　雖然在 DSM 裡，像「憂鬱症」之類的心理疾病列有好幾類，但是該院特別偏愛集中在特定一組症狀及其大腦神經迴路的研究，不光靠 DSM 中的類別。這樣一來，我們就好奇了，如果牛津團隊發現正念認知療法對有創傷病史的憂鬱症病人非常有效，那是否代表杏仁核過分活化可能對治療無效的人比憂鬱偶爾發作的人更有關係？

　　雖然我們仍在思考未來的研究，現在還有幾個的問題：正念比之於認知療法，究竟有什麼更多的附加價值？靜觀（包括正念減壓和正念認知療法的應用）比之於目前標準精神病治療，可以緩解什麼疾病？這些方法是否應該跟標準的介入性治療一起運用？什麼特定禪法最能減緩什麼心理問題？說到這裡，就順便再問，什麼又是相應的神經迴路？

　　這些都是尚待回答的問題，等著我們去發現。

修復創傷的慈心禪

　　回想 2001 年 9 月 11 日，一架客機衝進了五角大廈，跟史蒂夫・Z 的座位靠得很近。當時他所在的開放式辦公室，立刻煙塵瀰漫，充斥著汽油燃燒的氣味。等這個辦公室重建起來，他重新坐回那天原來的辦公桌位置，卻是一個非常孤單的場景，因為大部分的辦公室好友，都在火球中喪生了。

　　史蒂夫還記得那時的感覺：「我們氣憤極了：我們要給那批混蛋好看！這真是一個黑暗的地方，一個痛苦的時刻。」

　　他嚴重的創傷後壓力症候群是日久累積的，史蒂夫以前曾經參與沙漠風暴和伊拉克戰爭，九一一的災難簡直在他的創傷上撒鹽。

　　往後的好幾年，他心裡都攪和著憤怒、沮喪，還有高度警戒的不信任。不過，如果有人問他：「還好嗎？」史蒂夫編出的故事情節都是：「沒問題！」他試著用酒精、奮力慢跑、探望家

人、閱讀、任何能控制情緒的手段，來安撫自己。

史蒂夫進入華特‧李德醫院（Walter Reed Hospital）求助的時候，已靠近自殺邊緣，結果他經由戒除酒癮，慢慢走向痊癒之路。他試圖了解了自己的病狀，同意去看心理治療師，持續至今，這位心理治療師把正念靜觀介紹給他。

在維持清醒兩、三個月之後，他試著加入一個在地的正念小組，每週聚會一次。開始的幾次，史蒂夫猶疑地走進去，四周張望，看到的都「不是我這種人」，就走出去了。何況，他覺得在封閉的空間，會有幽閉恐懼症。

後來，他終於參加了一個很短的正念靜觀營，結果發現很管用。他跟慈心禪特別契合，對自己慈悲，同時對他人慈悲，簡單易行。有了慈心，他感覺「回到了家，又自在了」，慈心能深刻地提醒他，如何像一個小男孩，跟朋友一起玩，他強烈感覺到自己會痊癒。

「正念練習幫我與那些感覺同在，而且知道『這些終將過去』。如果我生氣了，大可送給自己和對方一點悲心和慈心。」

我們最近聽到的是，史蒂夫已經回學校讀心理衛生諮詢，取得了心理治療師執照，而且正攻讀臨床博士學位，他的博士論文主題是：「道德傷口和心靈幸福」。

他跟退伍軍人署創傷後壓力症候群者的支援小組取得聯繫，他的小私人診所得到了許多引介。史蒂夫覺得他的特殊背景，可以幫助一些人。

史蒂夫的直覺果然是對的，就在西雅圖退伍軍人署醫院，

42 位有創傷後壓力症候群的退伍軍人進行 12 週的慈心禪練習課程，就是對史蒂夫很有幫助的那種課程[14]。12 週後，他們的創傷後壓力症候群就改善了，而且憂鬱症這種常見的副症狀，也減少了一些。

早期的結果充滿希望，但是我們不知道，譬如說，如果對 HEP 這樣的控制組作相同的研究，它是否一樣有效。無論如何，到今天為止，創傷後壓力症候群的研究可以得到的總結是：科學證明靜觀治療多數的精神疾病是有效的。

但是，從史蒂夫這樣非嚴謹的事例報告開始，練習慈悲心是不是創傷後壓力症候群的一個解藥，還有很多爭論[15]。許多爭議相當實際：很大一部分退伍軍人都有創傷後壓力症候群，在任何年分裡，有 11％～20％的退伍軍人苦於創傷後壓力症候群，而且在一位退伍軍人的一生當中，這個可能性會高到 30％。如果慈心禪管用，我們就找到了一個性價比良好的團體治療方式了。

另一個原因，在創傷後壓力症候群的症狀中，有情緒麻木、疏離和人際關係「槁木死灰」的感覺，而慈心可培育對他人正面的感受，正好可以反轉。還有一個原因，許多退伍軍人不喜歡藥物，他們拿到創傷後壓力症候群的藥，卻不喜歡藥物的副作用，所以根本就沒有服用反而自己去尋找非傳統的治療，慈心恰好對這兩個理由都用得上。

暗夜

「我感受到一股自我仇恨的浪潮，如此驚駭，如此強烈，它改變了我如何看待……自己的求法的路，和生命本身的意義的看法。」傑‧麥可森（Jay Michaelson）這樣回憶，那是他在一個長期、止語的觀禪靜觀營中，陷入他稱為「暗夜」的強烈困難的心理狀態[16]。

《清淨道論》認為這個心靈的危機，很可能發生在靜觀者串流的念頭開始有剎那生滅的輕盈。麥可森巡遊在靈修路上，正進入一個安靜而超脫的境界，也就是「生滅」階段[17]，一如預期，他撞上了「暗夜」。

不久，他便墮入了暗夜，那種懷疑、自我厭惡、憤怒、罪疚和焦慮的厚重病態混合體。在某一個時間點，這個有毒的混合體，如此強烈，他的修行崩潰了，痛哭起來。

但是，那時候他慢慢開始觀察內心，而不是被攪在心中的念頭和感受吸入，他開始看到這些感受只是瞬間即逝的心理狀態，就像其他的感受一樣，這一段插曲就此告終。

在靜觀的暗夜當中，其他類似的故事，並不都有這樣乾淨清爽的解決辦法。靜觀者可以在離開靜觀中心之後，還痛苦很久。由於靜觀的許多正面影響廣為人所知，有些人走過暗夜，卻發現人們不明白、甚至不相信他們很痛苦，心理治療師往往也束手無策。

布朗大學的心理學家威露比‧布里頓（Willoughby Britton）

也是「夏季研究學院」的畢業生，認識到了這個需要，就開始了一個暗夜專案計畫，幫助苦於靜觀中有心理困難的人。這個計畫正式的名稱是「靜觀經驗專案計畫」（Varieties of the Contemplative Experience project），在許多廣為人知的有益影響之外，加了一個警示：靜觀什麼時候會造成傷害？

截至目前為止，這個問題並沒有肯定的答案。布里頓曾經蒐集案例研究，幫助那些受困於暗夜的人，了解自己正經歷的過程，而且知道他們不是唯一有這樣經驗的人，而且有機會克服。她的研究對象大部分都是觀禪中心的指導老師所引介的，多年來，密集靜觀營裡偶爾有暗夜事故，雖然那些靜觀中心在註冊表上會先問參加者的精神病史，以過濾掉心靈脆弱的人。但可以確定的，暗夜可能跟這些病史並沒有什麼關係。

暗夜並不是只存在於觀禪，大部分靜觀傳承都給過警告。例如在猶太教卡巴拉經典（Kabbalistic texts）[18]便曾經預警，靜觀修行最好留待中年，以免沒有成形的自我會崩潰。

此刻沒有人知道，密集靜觀對某些人是否有風險，或者苦於暗夜的人也許不管在什麼情況下，都會崩潰。雖然布里頓的案例研究是非嚴謹的事例報告，其存在還是非常引人注目的。

在所有參加長期靜觀營的人中，經歷暗夜的比例非常少數，雖然沒有人可以精確說出一個數字。從研究的觀點來說，我們應該從事一項研究，建立在靜觀者和一般人口中，面臨這種心靈危機的基本比例。

國家心理健康研究院指出，每年美國人中，每五人中有一

人苦於心理疾病,也就是有 4,400 萬人。在大學新鮮人和新兵訓練營,甚至心理治療,都知道一個微小百分比的人會發生心理危機。由此衍生了一個研究課題:深度靜觀中,可有任何因素,會造成超出基本比例的風險?

對那些遭遇暗夜的人,威露比‧布里頓的課程提供了實用的指導和心安。雖然靜觀有(非常低的)暗夜的風險,尤其在長期靜觀營裡,但無疑已經成為心理治療師常用的方法。

靜觀是超治療

丹的第一篇靜觀論文提議靜觀也許可以用在心理治療[19]。這篇論文名為〈靜觀作為超治療〉(Meditation as Meta-Therapy),1971 年丹在印度旅行時發表,卻沒什麼心理治療師表示興趣。但是他返美之後,不知為什麼受邀至麻薩諸塞心理學會的會議上去講這個觀念。

演講結束以後,一個清瘦、目光炯亮、穿著不很合身的運動夾克的年輕男子走過來,說他是一個心理學的研究生,有相同的興趣,他花了好幾年在泰國學習靜觀,曾出家為比丘,靠泰國人的慷慨布施過日子。在泰國,每一個家庭都把供養比丘托缽當做榮譽,在美國新英格蘭區就沒這樣幸運了。

這位研究生認為心理學家可以採取靜觀這個工具,偽裝成心理治療,來減輕人們的痛苦。他聽到有人也在把靜觀及其心理治療應用連繫在一起,很是高興。

這位研究生是傑克‧康菲爾德（Jack Kornfield），理奇是他的博士論文審查委員。傑克首先是麻薩諸塞州巴瑞的觀禪學會的創始人之一，後來又創立了舊金山灣區的靜觀中心靈岩（Spirit Rock）。傑克也把佛法有關心的教理，化為流暢的文字，與現代的感性同一脈動[20]。

傑克和包括約瑟夫‧葛斯登的一群人設計並且經營一個師資訓練計畫，許多年以後，很多可以幫助史蒂夫‧Z 從創傷後壓力症候群復元的老師從中畢業了。傑克將自己對於佛教心理學理論的解釋寫成《智慧的心》（The Wise Heart）一書[21]，顯示靜觀對心的觀點和運作，可用於心理治療，或者你也可以自己直接拿來應用。這個綜合論述是他第一本整合傳統東方和現代方法的書，後來又陸續推出多本類似的著作。

在這個運動裡，另外一個主要的聲音就是精神病學家馬克‧艾普斯坦（Mark Epstein）。他是丹的意識心理學課的學生，他當時是哈佛大四生，請求丹當他的導師，做佛教心理學的榮譽研究計畫。在那個時候，丹是哈佛心理學系裡唯一對此有興趣、也有一點這方面知識的人，於是同意了。馬克和丹後來合寫一篇文章，刊登在一個很短命的期刊上[22]。

馬克有一系列著作，整合了心理分析和佛教對心的觀點，持續引導當時的風潮。他的第一本書，書名很引人深思：《思考，但沒有思考者》（Thoughts without a Thinker），這句話是從客體關係（object relations）理論家唐納‧溫尼考特（Donald Winnicott）來的，他也倡議靜觀的觀點[23]。塔拉、馬克和傑克的著作象徵了

一個更廣闊的運動，已有數不清的心理治療師如今把不同的禪法修行或觀點融入自己的心理治療方法當中。

雖然研究圈仍懷疑靜觀能否治療《精神疾病診斷與統計手冊》所列各種程度的疾病症狀，但是愈來愈多心理治療師熱心地把靜觀和心理治療融合在一起，數目仍在持續成長！雖然研究人員仍期盼著有主動控制的隨機研究出現，但心理治療師早已在治療病人時加進了靜觀。

舉例來說，我們寫作這本書的時候，已有 1,125 篇文章是關於正念認知療法的科學文獻。不出預期，80％以上的文獻是在過去五年內出版的。

當然靜觀也有其局限。丹原來在大學時代對靜觀感興趣，是因為他覺得焦慮，靜觀好像可以平復一些，但仍時好時壞。

許多人去看心理治療師，也是為了類似的問題，丹倒沒去，但是多年以後，醫生診斷他為腎上腺失調，這是他長期高血壓的原因。這些腎上腺病徵其中之一就是：高濃度的皮質醇，這是觸發焦慮的壓力荷爾蒙。在他經年靜觀之外，又加服調節腎上腺問題的藥品，看來也可以調節皮質醇和焦慮。

‧心腦效益‧

　　雖然靜觀原本並不是為治療心理問題，但在現代的心理治療上，已顯示出大有可為，尤其是治療憂鬱症和焦慮症的失調。有一個統合分析包含四十七個應用靜觀來治療心理健康問題的方法，結果顯示，靜觀可以減低憂鬱症（特別是嚴重的憂鬱症）、焦慮症和疼痛，跟醫藥的效果相當，卻沒有副作用，靜觀也可以減低心理壓力的損害。慈心禪尤其可以幫助有創傷的病人，尤其是創傷後壓力症候群。

　　正念和認知療法的融合，或稱正念認知療法，這種以靜觀為基礎的心理治療，已被驗證確有實效。這種整合治療正持續而廣泛地影響臨床界，目前，如何實際應用於更廣泛的心理疾病，還有許多的測試正在進行中。研究結果中雖然偶有負面影響的報告，但是迄今為止，大致還是顯示了以靜觀為基礎的策略大有可為，因此這個領域裡的科學研究大量增加，前景可期。

第十一章

瑜伽士展現異於常人的專注力量

在山脊環繞的喜馬拉雅麥克里昂‧甘曲（McLeod Ganj）[①] 村落的陡峭山丘上，你可能會無意間撞見一個小小的寮房或偏遠的山洞，那裡住著西藏瑜伽士，正在獨自長期閉關。1992 年的春季，一群科學家，理奇和克利夫‧沙隆也在其中，前來這些小寮房和山洞，打算評估每位瑜伽士的大腦活動。

他們跋涉了三天，到了麥克里昂‧甘曲，這是喜馬拉雅山腳的山地休息站，也是達賴喇嘛和西藏流亡政府的家。這裡有一座招待所，由達賴喇嘛的哥哥經營，他就住在附近。科學家在招待所裡設立了一個工坊，用了好幾個房間把老遠運來的儀器拿出來並重新組裝，以便用背包運上山頂的隱居處去。

當時這樣的大腦測量需要很多的腦電圖電極和放大器、電腦螢幕、影片錄影器材、電池和發電機，這些器材體積比今天的大了很多，重達數百磅。這些研究人員帶著保護在硬殼箱裡的器材旅行，好像一個書呆子組成的搖滾樂團，而且靜觀的瑜伽士總是在他們找得到的最偏遠的地方隱居下來，往往連條路都沒

有。因此他們用了很大的力氣，還有幾個挑夫幫忙，才把測量儀器帶到了瑜伽士的隱居處來。

達賴喇嘛認證這些瑜伽士為修心（lojong）的大師，修心一種系統性的內心訓練方法，在他看來，這些人就是非常理想的研究對象。達賴喇嘛寫了一封信函，鼓勵瑜伽士合作，甚至派了一位使者，也就是他私人辦公室的出家人證實這份邀請。

這些科學家來到了瑜伽士的隱居處所，拿出這封信，經由翻譯者請求瑜伽士在靜觀時讓他們監測大腦。

每一位瑜伽士都異口同聲：不行！

他們其實都非常友善且溫暖，有些還願意教導科學家他們想監測的靜觀方式，只有幾位說他們會考慮一下，就是沒有一個人在當時當場立即首肯。

有人聽說，一位瑜伽士曾經被達賴喇嘛類似的信函請動，離開了靜觀處，飛到一個很遠的美國大學去展示他可以按意願升高體溫的能力，而他回來之後，很快就去世了。山邊的謠傳是，就因為那個實驗！

大部分瑜伽士對科學非常陌生，無人對現代西方文化裡科學扮演的角色有什麼概念。還加上，理奇和他的團隊在旅行中所碰見的 8 位瑜伽士中，只有一人在他們到來之前看過電腦。

有幾個瑜伽士做了很謹慎的立論：他們不清楚那奇怪的機器究竟在測量什麼，如果這次測量跟他們所做的毫不相關，或者，如果他們的大腦達不到科學所期待發現的，有人可能會以為他們的方法一點用也沒有，因此他們擔心這也許會使那些走在同

樣道路上的人灰心喪志。

　　無論是什麼理由，這個科學探險隊最後得到的結果，是一個巨大的落空。

　　別說找不到人願意合作，更不用說獲得什麼數據了。雖然短期徒勞無功，但是這小試身手還是讓我們獲益匪淺。開始研究靜觀，最好別讓儀器就靜觀者，如果靜觀者願意來就儀器，特別是設備完善的大腦實驗室，最好把他們請到儀器那裡去。

　　還有另外一個原因，研究這樣的高手，我們面臨著一個非常獨特的挑戰，遠遠超過上述的因素：他們人數稀少、刻意在偏遠處隱居、對科學不熟悉或不感興趣。雖然他們的內心專長堪比世界級的運動員，但在這個「運動」裡，你愈優秀，就愈不在乎排名，更不要說社會地位、財富或者名譽了。

　　反應冷淡的一串原因當中，還包括個人的尊嚴。因為科學測量可能顯示出你內在的成就，他們在乎的是：這個結果對他人影響是好是壞。

　　科學研究的前景看來非常暗淡。

科學家和僧侶

　　談一談馬修・李卡德，他從法國的巴斯德學院獲得分子遺傳學博士學位，指導教授是前諾貝爾醫學獎得主弗朗索瓦・雅各布（François Jacob）[2]。馬修擔任博士後研究員時，放棄了生物學上的大好前程而出家。往後好幾十年，他住在靜觀中心、寺院和

隱居處所。

馬修是我們的老朋友，他（跟我們一樣）常常參與（由「心智與生命學院」所主辦的）達賴喇嘛和各種科學家的對話，馬修在會中針對討論議題，陳述佛教的觀點[3]。你也許記得，在「破壞性情緒」的對話中，達賴喇嘛鼓勵理奇嚴謹測試靜觀，然後抽出其中有益於廣大世界的價值。

達賴喇嘛呼籲我們採取行動，馬修的感動不下於理奇，攪動了這位僧人的心（他很吃驚），喚起他塵封許久的科學專長。馬修是第一個來到理奇實驗室做研究的僧人，花了好幾天，當做一個實驗對象；他也身兼合作者，精煉這個方法以便用於接續下來瑜伽士研究計畫；他又是合著者，在主要期刊論文中報告這個瑜伽士初步發現[4]。

大部分時間，馬修都在尼泊爾和不丹，他是頂果欽哲仁波切的侍者。仁波切是上個世紀最廣受尊敬的西藏靜觀大師[5]，許多從西藏流亡的知名喇嘛，包括達賴喇嘛，都向頂果欽哲仁波切私人請益。

這樣一來，馬修就位居西藏靜觀圈子的網路中心了，他知道誰是可能的研究對象，而且，最重要的是，他受到許多靜觀專家的信任。馬修的參與，使招募這些避世高手的局面大大不同了。

再者，馬修向他們保證，有必要飛越半個地球到威斯康辛州麥迪森的大學校園，這是一個很多西藏喇嘛和瑜伽士從來沒有聽過、更不要說看過的地方，而且，還得忍受一個外國文化的奇

怪食物和習慣。

　　有些被招募的靜觀大師其實已經在西方教學過，而且習慣西方的文化形式。但是，在瑜伽士的眼裡，除了跋涉到異地的旅程之外，還有科學家奇怪的程序，都是完全陌生的。對那些熟悉喜馬拉雅山隱居處所卻不熟悉現代世界的人，在他們的參照系統裡，這些都看不出個所以然來。

　　他們決定合作的關鍵在於，馬修保證他們的努力會值得。對這些瑜伽士，「值得」並不意味他們的參與會得到個人的利益，譬如說，增加個人的名譽，或讓他們足以自豪，而是能幫助他人！因為馬修了解他們的動機是慈悲，而不是利益自我。

　　馬修向瑜伽士強調科學家的動機，說他們進行這些研究是因為他們相信，如果科學證據支持這些修行的效力，這種修行便可推廣到西方文化裡來。

　　到目前為止，馬修的重大保證帶來了 21 個高深的靜觀者到理奇實驗室來做大腦研究，包括了 7 個西方人，他們至少參加了一個位於法國多爾多涅（Dordogne）的靜觀中心的三年靜觀營，這是馬修靜觀過的地方。還有 14 位西藏的高手，他們不遠千里從印度或尼泊爾飛到威斯康辛。

第一、第二和第三人稱

　　馬修有分子生物學背景，熟悉科學方法的嚴謹和規則。他參加計畫會議，幫助設計研究方法，來測定第一隻天竺鼠，也就

是他自己。他既是設計的合作者，又是第一名自願受試者，他協助設計的研究程序都經他親身受測。

雖然這在科學史上是極不尋常的，但還是有研究人員在自己的研究裡當第一隻天竺鼠的先例，尤其考慮到有些新醫療方法的安全性[6]。然而，馬修這樣做，倒不是擔心他人會冒未知風險，而是在研究一個人如何「訓練心、形塑腦」時，有一些特殊的考慮因素。

因為研究的對象非常私密：是一個人的內心經驗。而用來測量的工具，是客觀測量而產出生物數據的機器，卻測不出內心的數據。從專業上而言，這個內在的評估需要「第一人稱」的報告，然而這些測量卻是一個「第三人稱」的報告。

傑出的生物學家和「心智與生命學院」的共同創立人弗朗西斯科・瓦雷拉，有一個把第一和第三人稱之間的鴻溝彌補起來的想法。他在學術論文裡，建議用「第二人稱」來合併第一人稱和第三人稱的觀點，第二人稱是這個研究主題的專家[7]，他又主張：受測者如果心智久經訓練，應該可以比平常人更能夠提供具有價值的訊息。

馬修既是心智訓練的專家又是教授，因此，例如理奇開始研究不同的禪法，並未認識到「觀想」不只產生一個內心影像，馬修便向理奇團隊解釋，靜觀者「觀想」時，同時也培育跟這個特定影像一致的情操，如綠度母的影像就會伴隨悲心和慈心。這樣的忠告，使理奇的團隊一改大腦科學中一向從上到下的模式，而跟馬修合作設計這些實驗方案的細節[8]。

　　遠在馬修跟我們合作之前，我們就已走向一個方向：把我們自己沉浸在我們所研究的主題，也就是靜觀上，以產生實用的測試假設。現代的科學將這種方法稱為「紮根理論」（grounded theory），也就是研究植根於個人親身的體驗。

　　瓦雷拉的方法自有其必要，因為被研究的對象是潛藏難知的人心和大腦，做研究的人卻往往對其一無所知。有了馬修這樣的專家，熟悉這鮮為人知的領域，才能設計出較精準的研究方法，不至於盲人瞎馬。

　　我們在此要招認自己犯下的錯誤。回到 1980 年代，當理奇是紐約州立大學的年輕教授，丹是在紐約市工作的新聞記者，我們一起研究一位很有天賦的靜觀者，他是烏巴慶（葛印卡的老師）的學生，後來自己成了老師，聲稱可以任意進入涅槃的狀態，這是緬甸佛教中靜觀道路的終點。我們想去驗證他自稱的這個狀態。

　　問題在於，我們的主要方法是化驗血液中皮質醇的濃度，這在當時是相當熱門的研究題目。我們便以此為主要測量方法，因為我們借到了一個知名的皮質醇研究者的實驗室，並不是因為涅槃和皮質醇有什麼相關的有力假設。但要取得皮質醇的濃度，需要靜觀者安置在醫院的房間內，房間在單向鏡一邊，裝設一個靜脈抽血的管子，好讓我們每小時抽一次血。我們和另兩位科學家日以繼夜輪值，以便 24 小時監測，如此一連好多天。

　　這位靜觀者進入涅槃的幾天裡，響了好幾次蜂鳴器，但是皮質醇濃度毫無動靜，原來這兩者並不相關！我們也對大腦做了

量測，不過那也沒什麼相關，以今天的標準來看，其實也很原始而粗糙。我們走過多少漫漫長路啊！

當靜觀科學繼續進化，下一步是什麼？有一次，達賴喇嘛的眼中閃著光，告訴丹：「有一天，被研究和做研究的，會是一個人，同一個人。」

也許部分是因為達賴喇嘛心中有了這樣的目標，他鼓勵埃默里大學的一個團隊引進藏文編寫的科學課程，提供寺院中喇嘛學習[9]。這是一個激進的舉動：六百年來第一次變革！

生之喜悅

2002 年，一個涼爽的 9 月，一位西藏僧人抵達了威斯康辛州麥迪森的機場。他的旅程始於 7,000 英里以外的尼泊爾加德滿都邊緣的山頂上的一個寺院。這個旅程，三天內在空中飛了 18 個小時，跨越了十個時區。

理奇曾經於 1995 年在達蘭薩拉「心智與生命學院」有關破壞性情緒的會議中，短暫見過這位僧人，但是已經忘記他的長相了。然而，他在丹恩郡地區機場是唯一剃著頭、穿著金黃和棗紅色袍子的人，不難從人群中把他認出來，他的名字是詠給明就仁波切（Yongey Mingyur Rinpoche），他大老遠過來，就是讓人在他靜觀時測定大腦。

休息一晚之後，理奇帶著明就去實驗室的腦電圖室，那裡測量腦波的裝置像一件超現實的藝術作品：一個浴帽伸出很多義

大利麵條般的電線，這個特別設計的帽子可以固定 256 根很細的電線，每一根都連到一個貼在頭皮上特定位置的感應器。在感應器和頭皮之間的連接很緊密，才能使腦電活動有用數據的紀錄，不同於只是測噪音天線的電極。

實驗室技師告訴明就仁波切，要把感應器貼到他的頭皮，確定每一個都連緊了，而且把它們放在精確的位置上，大概需要 15 分鐘。但是明就剃了頭，頭皮上沒有頭髮，長期暴露的皮膚比一般人被頭髮保護的頭皮厚一點，繭也多一點，為確定重要的感應器在較厚的頭皮上連接夠緊密，來取得有用的讀數，時間花得比平常久。

大部分到這個實驗室來的人，對這種延遲，要不是不高興，也會覺得不耐煩，但是明就一點也不受擾動，這讓實驗室技師和其他旁觀的人沒那麼緊張了，覺得不管任何事發生，他都沒事。明就是一個非常自在的生命，這是第一個線索，無論生命中發生了什麼，他都隨時放鬆和準備接受，具體可見。明就長時深入人心的印象，就是一種無盡的耐心和慈心的溫和品質。

用了很久的時間來保證感應器緊密接觸頭皮，這個實驗終於可以開始了，明就是馬修初步試驗之後首位被研究的瑜伽士。研究團隊擠在控制室裡，急切地想看看「空谷回音」是不是「其來有自」。

要精密分析如慈悲之類的軟性現象，需要設計精確的實驗方案，也就是在其他現象電子風暴發出雜音時，可以偵測內心狀態所表現的大腦活動的一種精確模式。這個實驗方案請明就花 1

分鐘修慈悲心，然後中性測試期休息 30 秒鐘，兩者交替。為了保證偵測到的結果都可靠而非隨機，他必須很快地連續做四次。

從一開始，理奇就深深懷疑這個是否可行。實驗室團隊裡靜觀的人，理奇也是其中一個，都知道把心安頓下來，需要花些時間，往往都超過幾分鐘。他們認為，甚至像明就這樣的人，要瞬間進入這些狀態，不需要一點時間來到達內在的平靜，簡直不可思議。

雖然他們抱著懷疑，但設計這個實驗方案時，他們聽從馬修，因為馬修既懂得科學，也深諳隱世靜觀。他保證他們，心靈體操對明就這樣層次的高手，完全沒有問題，然而明就畢竟是第一位正式用這種方法來測試的高手，理奇和他的技術人員都不太有把握，甚至有點緊張。

理奇很幸運有威斯康辛大學的佛教學者約翰・杜恩（John Dunne）自願來協助翻譯，他有科學的興趣、人文的專長和流利的西藏文能力[10]。他精確傳達了對明就的指示，告訴他什麼時候開始慈悲禪，60 秒鐘之後，再進行 30 秒鐘的心靈休息狀態，然後再進行三個這樣的循環。

當明就開始靜觀，他大腦信號的電腦監測器，突然顯示很巨大的腦電活動。每個人都想是因為他動了一下。這樣的人造移動，是腦電圖研究的常見問題，腦電圖會記錄大腦頂層的腦電活動的腦波模式讀數，任何拉到感應器的動作，像是換腿或歪頭，都會使這個讀數擴大，顯示出巨大的高峰，看似腦波，但是必須篩掉，以得到乾淨的分析。

奇怪的是，這個湧現持續了整個慈悲禪的時段，而且每一個人都可以看到，明就紋風未動，更加上，當他進入內心休息的時間，這個巨大的高峰減弱了，可是並沒有消失，大家還是看到他絲毫沒有移動身體。

進行下一個靜觀段落，同時，控制室的四個實驗人員目不轉睛。當約翰‧杜恩用西藏文翻譯出下一個指示，團隊一言不發地看著的監視器，從腦波監測器到盯著明就照的影片，來回看著。

突然，同樣巨大的電子訊號出現了，明就仍是坐著不動，看不出他從休息到靜觀之間身體有任何改變，但是監測器還是顯示著同樣的腦波洶湧。當團隊發現，每一次指示他散發慈心。這個模式就重複一次，團隊目目相覷，說不出話來，興奮得快要從椅子上跳起來。

實驗室團隊知道，在那個時刻，他們正在目擊非常深刻的事情，是實驗室裡從來沒有觀察到的現象，沒有人可以預測這會引領我們走到什麼境地，但是每一個人都感覺這將是神經科學史上一個很重要的影響點。

這個實驗的新聞在科學界引起一陣騷動。在我們寫作這本書為止，這篇報告研究結果的期刊論文，在世界科學文獻中被引用了 1,100 次[11]。科學界已經注意到了。

錯失良機

科學界耳聞於明就仁波切漂亮數據的新聞，他就被邀請到

哈佛大學一個知名的認知科學家的實驗室去，在那裡明就接了兩個實驗方案：一個是要求他產生很精細的視覺影像，另外一個是評估他是否有超感官能力。這位認知科學家滿懷希望，能把這位特殊研究對象的成就記錄下來。

可是，明就的翻譯者有點冒火，因為這個實驗方案既費時又繁重，更與明就實際上的靜觀專長完全無關，從翻譯者的觀點來看，按西藏的禮儀，對待明就這樣的老師，簡直是不尊敬的舉動（可是明就仍然維持著一貫的笑容）。

明就在實驗室這一天的最終成績：他兩個測試都當掉了，不比他們通常研究的大二學生強。

原來明就自從他早年的修行以後，就沒修過任何的「觀想」。歲月荏苒，他的靜觀進步了，但他目前的方法是持續的、開放的與當下同在（這表現在日常生活裡的慈心），放下任何念頭，而非產生任何特定的視覺影像。明就的修行，實際上跟這個刻意產生影像或伴隨影像而生起感受截然相反，也許跟他以前練習過的技巧都相反，他視覺記憶的神經迴路並沒有特別的練習，雖然他花在其他禪法的時間有數千小時。

至於「超感官能力」，明就從未宣稱他有神通，的確，他法脈的法本說得很清楚，任何有關這種能力的妄想，都是繞遠路、修行之路的死胡同。

這不是秘密，但沒人問過他，明就撞上了今日研究意識、心和靜觀訓練的弔詭：研究靜觀的人對他們實際上研究的對象茫然無知。

　　通常在認知神經科學裡，一個「研究對象」（subject，這個名詞是客觀化、保持距離的科學用語，指自願來受試的人）會一步步經歷研究人員所設計的實驗計畫，這個研究人員必須捏造實驗設計，以免向受試者透露蛛絲馬跡，部分也是因為這個研究對象必須對研究目的無知（來避免可能的偏見因素），但同時也因為科學家有他們自己的參考點，也就是他們的假設、在同領域中過去完成的研究等。科學家通常不認為研究對象對此有所認知。

　　這個傳統的科學立場完全錯失評估明就實際靜觀天賦的先機，就像我們早期沒能夠測量涅槃，兩次都是第一人稱還是第三人稱的隔膜，讓我們誤判靜觀者卓越的力量在哪裡，又如何去量測？這簡直好比用籃球的罰球來測量傳奇的高爾夫選手傑克・尼古拉斯（Jack Nicklaus）的威力。

神經的威力

　　再回到明就在理奇實驗室的時候。下一個高難度動作是，明就又經歷了另外一批測試，這次是用功能性磁振造影，提供我們等同大腦活動的三度空間影片。腦電圖追蹤腦電活動，而功能性磁振造影在科學上提供與腦電圖互補的觀點。腦電圖的讀數，在時間上更精確，但功能性磁振造影，在神經位置上較精確。

　　腦電圖無法顯示大腦深部所發生的事情，更不要說顯示大腦哪一部分有改變發生，空間的精確要靠功能性磁振造影，詳細

映射大腦活動發生區域。另一方面，功能性磁振造影雖然在空間上非常精確，若要追蹤一秒或兩秒的改變時間，還是比腦電圖慢。

當功能性磁振造影探測明就的大腦，他遵從指示散發慈心，又一次，理奇和其他人在控制室裡目不轉睛，感覺心跳快要停了，理由是，明就的同理心大腦神經迴路（通常在這種內心練習時會激發一些）的活動層次比早先休息的時間提高了 700％到 800％。

這樣極端的增高，讓科學界非常的迷惑，這個狀態在明就大腦內活化的強度，超越了我們任何可以研究的「正常」人。最相似的，就是癲癇了，但癲癇的發作時間不過是幾秒鐘，不是 1 分鐘，而且大腦是被癲癇控制的，而不是像明就那樣可以刻意控制大腦活動。

當實驗室團隊計算明就生平靜觀時數，在那個時候是 6.2 萬小時。他是靜觀天才，生長在一個靜觀專家的家庭，他的哥哥措尼仁波切（Tsoknyi Rinpoche），以及同父異母的哥哥秋吉・寧瑪仁波切（Chokyi Nyima Rinpoche）和慈克・秋林仁波切（Tsikey Chokling Rinpoche），都是現代靜觀大師。

他的父親祖古・烏金仁波切（Tulku Urgyen Rinpoche），是西藏社群裡非常受尊敬的少數幾位在世的、在古老西藏訓練的內心藝術大師，但後來（由於中共入侵西藏）就流亡國外了，雖然在我們寫作本書時，明就在四十二年間曾經閉關十年，父親祖古・烏金仁波切知名的生平有二十年閉關，明就的祖父，也就是

祖古·烏金的父親據說閉關了三十年[⑫]。

明就幼小時，最喜歡的消遣就是假裝自己是瑜伽士在山洞裡靜觀，他才十三歲就進行了一個三年的閉關，比一般人從事同樣的挑戰早了十年以上。在閉關結束的時候，他顯然精通了禪法，在第一個閉關結束之後三年，被推為靜觀專家。

流浪者回來了

2016 年 6 月，明就仁波切再度回到理奇實驗室，明就上一次在這裡受試，已經是八年前的事了。我們非常熱切看一看他大腦的磁振造影會顯示什麼。

幾年前他宣布，他即將展開另一個為期三年的閉關，這是他的第三次閉關。他並沒有依循傳統：找個偏遠處所隱居，並帶著一個侍者幫他煮飯並照顧他，而是在一天晚上，他從印度菩提迦耶的寺院失蹤了，只帶著袍子、一點點現金和身分證，每個人都吃了一驚。

明就在流浪期間，如一個托缽僧，整個冬天在印度的平原上，如苦行僧，在比較暖的月份，就在傳說中西藏大師住的喜馬拉雅的山洞。這樣的遊化閉關，在古老的西藏常見，現在則非常少見了，特別是明就這樣的西藏人，因離鄉而散居到了現代世界各地。

在流浪的日子裡，我們沒有聽到他一丁點消息，除了有一次在一個靜觀的山洞裡，被一位臺灣的比丘尼認出來，他給她

一封信（告訴她，等他動身離去後再寄出），說不要擔心，他很好，然後囑咐他的學生要繼續修行。後來有一個僧人兼老友，願意加入明就一起閉關，就有一個照片流出來了，容光煥發的面孔，稀疏的鬍鬚和蓬長的頭髮，表情洋溢著喜悅。

突然在 2015 年 11 月，差不多四年半的渺無音訊，明就又重新出現在菩提迦耶的寺院。聽到這個消息，理奇在那年 12 月有印度之行，於是安排去看望他。

好幾個月以後，明就在美國的教學巡迴旅行途中，經過麥迪森，住在理奇的家。他到達才幾分鐘就同意再去進入掃描儀，他從很貧瘠拮据的生活回來才幾個月，就很自在地進入高科技的實驗室。

明就進入磁振造影裝備時，實驗室技師友善地歡迎他，說：「我是你上次幫你進入掃描儀的那個技師。」明就回以一個熱烈的微笑。他等機器準備好的時候，和理奇團隊中一個從海德拉巴（Hyderabad）來的印度科學家有說有笑。

聽到指示說開始，明就把他的拖鞋放在兩階的梯子底下，這個梯子幫助他爬上磁振造影的檢查台，然後躺下來，讓技術人員把他的頭緊緊的固定在一個吊架上，只有兩毫米的移動空間，這是為了得到他大腦最清晰的影像。因為經年爬在喜馬拉雅山陡峭的山壁上，僧袍下可見厚實的腿肚，隨著檢查台推入磁振造影儀器內，便從我們眼前消失了。

自從他上次來實驗室以後，科技有長足的進步，儀器的螢幕可以顯示更清晰的大腦皺褶的影像。比較幾年以前所蒐集的數

據，來追蹤他大腦的改變，並且拿來跟他同齡的一般男性的正常改變來比較，要花上幾個月。

雖然他上一次的閉關回來之後，全世界許多實驗室希望掃描他大腦，邀請紛至沓來，明就婉拒了大部分，怕變成一個永久性的受試對象，然而他同意理奇和他的團隊來重新掃描他的大腦，因為他知道，他們持有上一次掃描以來的長時間數據，而且可以分析他的大腦也許會顯示出不尋常的改變。

理奇實驗室第一次掃描明就的大腦是在 2002 年，另外一次在 2010 年，現在這是最近的一次，2016 年。這三次掃描給實驗室團隊提供了一個機會，來檢視年齡相關的大腦灰質，也就是大腦分子作用的位置，密度是否下降。每一個人老化的時候，大腦灰質的密度都會下降，如第九章〈調節基因，降低發炎反應〉。我們可拿一個特定的大腦數據跟其他同齡人的大腦的大數據庫來比較。

因為有了高解析度磁振造影的發展，科學家現在可以用解剖標記點來估計一個人的大腦年齡，在某一個特定年齡的人的大腦是正常的分布曲線，即一個鐘形曲線。大部分人的大腦在他實足年齡左右。但有人的大腦比實足年齡老化得快，他們就有較早罹患年齡相關的腦部疾病風險，像是失智症。也有人的大腦，老化得比實足年齡慢。

在寫作這本書的時候，明就大腦掃描最近的數據大部分仍然在處理中。但是理奇和他的團隊用最嚴謹的量化解剖標記點，已經看到一些非常清楚的模式。比較明就的大腦和他的同齡

人的大腦模式，他是在 99％，也就是說，如果我們有 100 個和明就（掃描時他是四十一歲）同樣年齡的人，他的大腦在 100 個同年齡、同性別群裡是最年輕的。他最近的遊化閉關之後，實驗室把明就的大腦改變，跟在同個時期的控制組相比，明就的大腦顯然老化得比較慢。

雖然他的實足年齡在當時是四十一歲，但他的大腦很靠近實足年齡三十三歲的模式。

這個了不起的事實顯示出神經可塑性的進一步成就，即改變內心素質的基礎：一個持久的生命模式，反映出大腦結構的改變。

明就在遊化閉關期間的靜觀時數很難估計。在他這樣專精的層次，「靜觀」是一個持續的覺知，也就是內心素質，並不是個別的行動。其實，他算是日以繼夜，修行不輟。事實上，他的法脈並不似傳統上分別出坐墊上的時間和日常生活，而是看無論你在做些什麼事，是否處於靜觀的狀態。

從明就第一次到實驗室，就提供了一個非常引人注目的數據，顯示出刻意的、持久的心靈修行可重新串聯神經迴路。但是從明就只是一則非嚴謹的事例研究結果、單獨的案例，可以做另類的解釋，例如也許他優秀的家庭提供神秘的基因，促使他靜觀，而達到今天這樣精通的層次。

若研究更大的一群資深靜觀者的成果，應更讓人心悅誠服。明就卓越的神經表現，只是整個更大敘事中的一部分。這更大的敘事是一個獨一無二的大腦研究計畫，蒐集世界級靜觀專家

的數據。理奇實驗室繼續研究並分析從這些瑜伽士而得的大量資料點。這些不斷出現的研究發現，在靜觀傳承的歷史上前所未見，更遑論大腦科學了。

・心腦效益・

　　起初，理奇實驗室得不到高深瑜伽士的合作，等到一位資深的瑜伽士、也是生物博士的馬修・李卡德向他們保證，參加測試對人類有益，於是有 21 位瑜伽士同意了。馬修和理奇實驗室做了創新性的合作，幫助設計實驗方案。

　　第二個來到實驗室的瑜伽士是明就仁波切，也是終身靜觀時數最高的人，當時是 6.2 萬個小時。從事慈悲禪的時候，經腦電圖記錄下來，他大腦的腦電位有巨大湧動；功能性磁振造影的影像也顯示，他靜觀的時候，同理心神經迴路的活動比休息的時候，躍高了 700％到 800％。後來他去遊化閉關四年半，減緩了大腦的老化，他四十一歲的大腦相當於一般三十三歲的模式。

第十二章

科學驚奇，大腦的持久改變

　　明就在麥迪森測試的結果，讓人驚訝得下巴都要掉下來，然而他並非唯一。多年以來，理奇實驗室有 21 位瑜伽士接受了正式的測試，他們站在這項內心藝術的高峰，累積的終身靜觀時數從 1.2 萬小時到明就的 6.2 萬小時（這是他在測試時所完成的時數，在四年遊化閉關之前）。

　　每一位瑜伽士至少完成了一次三年的閉關，在三年閉關當中，他們每天至少有 8 小時的正式修行，保守估計，每一次閉關相當於 9,500 小時。

　　所有瑜伽士都經歷了同樣的科學實驗方案，一共進行三種靜觀，以 1 分鐘為一次循環，總共四個循環，如此蒐集的數據多如山高。實驗室團隊花了好幾個月，分析他們親身採集的資料，來看這些資深修行人的大腦如何在幾分鐘內產生驚人的變化。

　　這些專家如明就一樣，隨其所意進入某一種特定的禪法，每一種都帶有獨特的神經訊號。他們也同樣顯示出卓越的心靈

技巧，很快而且很自如地改變這些狀態，分別產生了慈悲的感受、對內心生起的現象完全開放的廣闊平等心，還有如雷射一般銳利而堅固的專注力。

他們在瞬間進出這些很難達到的覺知層次，每一次切換覺知，便伴隨著同等、可測量的大腦活動切換。這樣集體的內心鍛鍊，科學界從未見識過。

科學上的驚奇

記得我們前面提過，弗朗西斯科去世前的一個月躺在病床上，無法參加在麥迪遜舉行的科學家與達賴喇嘛的對話。他派遣了親近的學生安童，盧茲（Antoine Lutz）代他出席，他剛在弗朗西斯科的指導之下，取得博士學位。

理奇和安童在會議前一天第一次見面，兩顆科學心靈從一開始就十分契合。安童的工程背景，理奇的心理學和神經科學背景，成為一個互補的雙人組。

結果安童在理奇實驗室一待就是十年，把他精準的心用在分析瑜伽士腦電圖和功能性磁振造影。安童像弗朗西斯科一樣，也是一個非常虔誠的修行人。他內省的洞察力和科學的心態結合起來，成為理奇中心非常特別的同事。

安童目前擔任法國「里昂神經科學研究中心」（Lyon Neuroscience Research Center）的教授，繼續探尋靜觀的神經科學。瑜伽士的研究他一開始就加入了，也與人合著過許多論文，還有

更多研究報告有待發表。

用複雜的統計程式，整理瑜伽士的原始數據以便篩選，需要付出極大的努力。僅僅梳理休息和靜觀時的不同大腦狀態，就是一個很巨大的運算工作。因此一些模式淹沒在洪水般的數據中，安童和理奇花了很久時間才碰撞出一個模式，也就是說，瑜伽士在靜觀狀態中所改變的大腦模式，的確有一些實用證據，我們卻因興奮而忽略了。事實上，這以前沒有看出的模式，是在很多個月以後，一個事後比較不忙、分析小組得以重新篩選數據的時候才浮現出來。

在分析這些瑜伽士的大腦活動時，統計小組將注意力放在暫時的「狀態」，也就是平常的基準線和 1 分鐘靜觀時的差異。當理奇協同安童一起檢查這些數據時，他們想要確認瑜伽士組和控制組的基準線相同，都是靜觀開始前的心電圖基準。於是理奇要求研究人員提供兩組受試者的基準線數據。

當理奇和安童坐下來檢視才從電腦產生出來的資料，一看到那些數字，他們面面相覷，當下完全了然怎麼回事了，然後交換了一句：「真驚人啊！」。

所有的瑜伽士都有高伽瑪波振盪（gamma oscillations），不只是在修行「安住當下」和慈悲心的時間，還在第一次測量、靜觀還沒有開始之前！這個令人振奮的模式就在腦電圖頻率裡的「高振幅」（high-amplitude）伽瑪波顯示出來。在他們開始靜觀以前，這個最強、最密集的波在基準線測量持續了 1 分鐘。

這跟明就在修行「安住當下」和慈悲心所顯示出來令人訝異

的腦電圖波湧動一樣，而今理奇團隊看到所有的瑜伽士都有這樣不尋常的大腦模式，成了日常神經活動的標準特性，換句話說，理奇和安童碰到了他們的聖杯：神經訊號顯示出他們的大腦有持久的轉化！

　　腦波依據頻率來分類，有四個主要的類型（以術語來說，是用赫茲 hertz 來測量），δ（德爾塔，delta）波是最慢波，每秒振動一到四個循環，主要在深度睡眠；θ（西塔，theta）波是次慢波，顯示在昏沉；α（阿爾法，alpha）波發生在我們不思考，只放鬆的時候；β（貝塔，beta）波是最快波，伴隨思考、警醒和專注。

　　γ（伽瑪，gamma）波是極快的腦波，若不同的大腦區域一起和諧地激發，就會產生。比如玩益智字謎的當下，謎底突然「喀嗒一聲就扣上」了。你若想感覺如何「扣」上，試試看這個字謎：「有哪一個字可以加到下列的字上而變成複合字：sauce, pine, crab[①]？」

　　心把答案解出來的剎那，你的大腦訊號很快就產生了獨特的伽瑪波湧動。要引出短暫伽瑪波的另外一個例子是，你想像咬下熟透多汁的桃子，大腦就把你過去存在枕葉、顳葉、體覺、腦島、嗅球皮質等不同區域的記憶全部拉出來，突然把景象、氣味、味道、感覺和聲音緊密結合成一個體驗。在那個很短的瞬間，從各皮質區域的伽瑪波都在完美同步振盪。舉例而言，想出一個好點子的伽瑪波持續不過是 0.2 秒，而我們在瑜伽士身上看到的是 1 分鐘！

任何人的腦電圖都會偶而短暫顯示獨特的伽馬波。通常在醒的時候，我們會顯示許多不同的腦波的組合，在不同的頻率起起伏伏，這個大腦振盪，反映了複雜的內心活動，如資訊處理之類。各種不同的頻率反映各種不同的功能。振盪的位置可出現在大腦不同的區域，如在皮質層區域顯示阿爾法波，在另一區域顯示伽瑪波。

瑜伽士伽瑪波振盪的大腦活動比一般人更顯著。一般人的伽馬波遠不及理奇團隊在明就身上所見的這麼強，瑜伽士的伽瑪波強度和控制組的對比非常巨大。瑜伽士在基準線的高振幅伽瑪波振盪比控制組平均高二十五倍。

我們只能推想這反映出來的意識狀態：明就這樣的瑜伽士不只在靜觀時，在日常生活中也長期處於一種開放而豐富的覺知狀態。瑜伽士自己也形容這是一個廣袤又宏闊的體驗，好像所有的感官都打開了，進入圓滿豐美的全景經驗。

要不，就像 14 世紀的西藏法本這樣形容「大圓滿」：

……是純一、清淨的覺性；
是無住之智慧，任運而自然光明；
是無所緣，無所執取而明淨；
是無量無邊，廣大如虛空的明現；
六根自然安住任坦然[2]……。

理奇和安童發現的伽瑪波大腦狀態十分不尋常，簡直史無

前例,「哇!」,沒有一個大腦實驗室曾經見過伽瑪波振盪可持續幾分鐘,而非幾秒鐘,又如此強有力,而且在大腦中散布甚廣,在許多區域都同步。

讓人驚奇的是,瑜伽士甚至在睡覺的時候仍然持續這個長期、全腦同步的伽瑪波模式,這是戴維森團隊在另一個長期觀靜觀行人研究中發現的,他們約有 1 萬小時的終身靜觀時數。熟睡時伽瑪振盪仍然持續,這也是前所未見,而且似乎是他們日夜持續的覺知的殘留品質[3]。

一般人的伽瑪波振盪模式為時短暫,而且位於一個隔絕的神經位置,瑜伽士則完全不同。這些靜觀專家有非常高度的伽瑪波在整個大腦同步振盪。與任何心理活動都沒有關係,真是前所未聞!

這是理奇和安童第一次看到因經年靜觀而刻畫在大腦上的持久轉化。這就是珍寶:一種真實的質變,卻一直隱藏在數據裡面。

「素質」產生「狀態」

安童領軍的眾多研究當中,有一個是讓從未靜觀的受試者接受瑜伽士同樣的靜觀訓練,一週後顯示他們休息時和靜觀時,大腦毫無不同[4]。對比之下,瑜伽士在休息時和靜觀時則非常不同。

學習而來的心理技巧,需要長期持續練習才能精通,瑜伽

士終身靜觀時數既然這麼多，我們倒不驚訝新手和大師之間有巨大的落差。

但是還有另外一個叫我們驚奇的是：瑜伽士能在一兩秒內進入靜觀狀態，這種高超的能力顯示出內心「素質」的改變。

拿這種心靈能力跟我們大部分的靜觀者相較，我們簡直就像初學者：因為我們靜觀的時候，需要一些時間才能安頓內心，放下一些遮蔽了專注力的分心念頭，然後才會開始累積動能。

有時候，我們或許會出現自以為的「好」的靜觀體驗。但是，我們偶而也會偷看手錶，看看還要坐多久。

瑜伽士可不是這樣。

他們的卓越的靜觀技能，已經顯示了專業上所謂的「『素質』產生『狀態』的互動」（state by trait interaction），這些因內心素質而引起的大腦改變，已經生起了一種特別的能力，可以在靜觀狀態中啟動，不但起跑就快，而且更強力，更能持久。

在靜觀科學裡，「改變了的狀態」僅指靜觀當中的改變，「轉變了的素質」則指靜觀轉變了大腦和生理。因此靜觀引起的改變，應該在開始靜觀以前就看得見。

「素質產生狀態」效應，指已有「持久素質轉變」的人所顯示的「暫時狀態改變」，例如那些長期靜觀者和瑜伽士，其中一些已在理奇實驗室的研究中出現過。

舉個例，回想我們前面提過瑜伽士修行「安住當下」和慈悲心的伽瑪波活動，比一般的控制組明顯高出很多。這種高伽瑪波

活動是從基準線的改變，也就是他們日常的層次，這又標誌了另一個「素質產生狀態」的效應。

再加上，當他們「安住當下」時，暫時狀態和內心素質之間的分際就模糊了：在他們的傳承裡，明白指示要把「安住當下」和日常生活融冶於一爐，就是將「狀態」變成「素質」。

準備就位

他們一個一個躺在掃描儀裡，頭被很累贅的耳機固定。這群人有一組是靜觀新手，另一組是西藏和西方的瑜伽士（終身靜觀時數 3.4 萬小時）。他或她（是的，有女性瑜伽士）修行慈悲心時，接受大腦掃描[5]。

這個慈悲心的方法是跟我們合作的馬修・李卡德所描述。首先把心集中你所深深關懷的人，並把慈悲的感覺散發給那個人，然後，保持同樣的慈心散發給一切眾生，並不念著一個特定的人[6]。

在慈悲心的修行裡，每一個人都聽到一連串隨機的聲音，有的快樂，像是嬰兒的笑聲，有的中性，像是咖啡店的背景聲音，還有人類痛苦的聲音（像是尖叫，如第六章所述的研究）。正如前面同理心和大腦的研究，修慈悲心時，與苦惱同頻的神經迴路，比休息時聽到痛苦的聲音訊號更加活化。

顯然，瑜伽士感同身受的大腦反應，比初學者大很多。此外，他們靜觀的專長同時也提升感同另一人心理狀態或觀點接納

的神經迴路。最後，大腦一些區域會被啟動，特別是杏仁核，也是對重要事件反應的關鍵；因為我們感到另一人的苦惱是大事，而且會更加密切注意。

瑜伽士的大腦顯然準備去行動，但初學者沒有。當我們準備行動，導引身體的肌肉中心活動一下子躍升，採取果斷的行動去幫助他人，即使這個人在掃描儀裡躺著不動，瑜伽士顯示出神經迴路很大的提升，這個行動的神經區域，特別是前運動區皮質非常驚人：對受苦的人有情緒共鳴，更準備好隨時伸出援手。

瑜伽士修慈悲心時的神經特徵，反映了這個改變途徑的目標點。對於從來沒有靜觀過的人、完全的初學者，在他們修慈悲心的時候，這個模式不會出現，他們還需要多加練習。這裡有個劑量效應：這個模式在初學者身上顯露出一點點，終身靜觀時數愈多，則顯露愈多，瑜伽士是最多的。

令人印象深刻的是，瑜伽士做慈心禪的時候，聽到人們痛苦的聲音，在後扣帶皮質的活動比一般人少，這是「自我中心」思想的關鍵區域[7]。瑜伽士聽到痛苦的聲音，全心關注他人的準備便就位了。

他們也同時顯示出，後扣帶皮質和前額葉皮質之間的聯繫更強。「我會有什麼事？」是減弱慈悲行動的自我關切模式，聯繫強則是全面「向下調節」這種模式[8]。

一些瑜伽士後來解釋，他們接受的訓練讓他們有行動的準備，當他們碰到痛苦的時候，他們就會義無反顧準備起而行去助人，這種準備性，跟看到別人痛苦就想後撤的一般傾向截然相反。

這個似乎體現了西藏靜觀大師（而且是馬修的根本上師）頂果欽哲仁波切對瑜伽士的忠告：「對一切情況和情緒，以及對所有人，培育完全的接受和開放，充分感受每一件事，心理上不要有絲毫保留和滯礙[9]。」

與痛苦同在

18 世紀西藏法本鼓勵瑜伽士用「任何迎面而來的傷害」來修行，又說「生病的時候，用生病來修行。……寒冷的時候，用寒冷來修行，這樣修行的話，一切情況都是靜觀[10]。」

明就仁波切同樣鼓勵我們，讓所有的生理覺受，甚至疼痛，都變成我們的「朋友」，當做靜觀的基礎。因為靜觀的實質就是覺知，任何可以安頓專注力的生理覺受，都可以當做助緣，而且疼痛尤其可以集中注意力。他說，把疼痛當做朋友，會「軟化並且溫暖」我們的人際關係，我們會漸漸學著去接受疼痛，而不是只想著疼痛快點消失。

銘記這樣的忠告在心，再來看看理奇團隊用神經纖維刺激器來創造一個強烈的疼痛時，發生了什麼事。每一位瑜伽士（包括明就）都和同年齡、同性別，卻從未靜觀的自願受試者對照。受試者來參加研究的一週以前，學著去產生一種「安住當下」的覺知，這是一種專注力，讓生命在無論有任何事情發生，來了就來了，去了就去了，不要加上念頭和情緒反應，我們的感受是完全開放的，只要覺知發生了什麼事，卻不要被順境或逆境牽著鼻

子跑。

參加研究的人，首先測試個人能忍受的最高熱度，然後被告知會有一個十秒鐘的巨大燃燒裝置，之前會有一個微溫的金屬片給一個十秒鐘的警告，同時做大腦掃描。

金屬片剛開始加熱，預測疼痛即將來到，控制組受試者的整個大腦疼痛區域都啟動了，好像已經感到強烈的灼燒。這種「類疼痛」的感受很強大，以專業術語來說，是一種「預期焦慮」（anticipatory anxiety），當真正的燒灼覺受開始，他們的疼痛感強度不過只增強一點。即使熱度減低了以後的十秒鐘恢復期，表徵還是活化的，沒有馬上恢復。

這個預期—反應—恢復的順序，給我們一個觀察情緒調節的窗口。強烈擔憂某事，例如即將到來的醫療手術，就可以引起我們的預期痛苦，只要想像一下，我們會感覺多糟。真實的事件落幕之後，我們仍然感覺難過。這樣，我們的痛苦反應可以在事件之前就開始了，而且在實際事件落幕之後，還持續很久，這正是控制組所顯示的模式。

相反的，這些瑜伽士在這個順序中顯示了很不一樣的反應。他們如控制組一樣，也是在「安住當下」的狀態中，無疑他們的狀態比新手廣大很多。在鐵板微熱的時候，他們的痛苦表徵沒有顯出什麼活動的改變，甚至他們被暗示極端的疼痛再十秒鐘就要來了，他們的大腦看起來也只不過記錄了這個指示，卻沒有特別的反應。

但是在實際熱度很強的時刻，瑜伽士有一個出人意表的升

高反應,主要是感官區域接收到感覺刺激,熱金屬片放在手腕皮膚上的刺痛、壓力、高熱和其他原始的生理覺受,部分痛苦表徵的情緒區域也遭啟動,但不如感官神經迴路這麼多。

這就表示靜觀者的心理因素較少,如預期疼痛要來而擔憂,疼痛感的強度也較低。一旦熱度停止,所有的痛苦表徵的區域都很快回復到他們被暗示疼痛以前的水平,遠比控制組快了許多。那些靜觀者迅即從疼痛中恢復,若無其事。

這個倒 V 模式的適應能力超強,在疼痛即將來臨的時刻沒有反應,接著在實際發生時刻湧動強烈,然後很快從中恢復。這讓我們對困境充分接納,之前或之後都沒有情緒反應的干擾,因為情緒反應已經沒有建設性。這似乎是情緒調節的最佳模式。

還記得我們六歲時去牙醫補蛀洞時感到的恐懼嗎?在那個年歲,簡直是一場惡夢。然而我們年紀漸長,事情就整個改觀。等我們二十六歲的時候,童年的創傷變成一件無聊煩人的事,不過是在百忙之中抽一段時間看看牙醫。我們長大成人和小時候是完全不同的人,我們對那個時刻的思考和反應都更成熟了。

同樣的,這些疼痛研究中的瑜伽士,因為經年的靜觀,在疼痛中的狀態反映出久經訓練而來的長期轉變。又因為他們正在修行「安住當下」,這應該也是「素質產生狀態」效應。

不費吹灰之力

初學的新手在第一週練習靜觀時,就像要磨鍊任何一種技

巧一樣，注意到自己自如多了。舉例而言，沒有靜觀經驗的自願受試者連續十天每天練習，他們報告這樣的練習，無論是專注呼吸、產生慈心，或只是觀照念頭的串流，愈來愈容易，而且愈來愈享受[11]。

如第八章所述，賈德森·布魯爾發現一組長期的靜觀者（終身靜觀時數約 1 萬小時）在做有關降低後扣帶皮質活動的靜觀中，報告他們的覺知自如而毫不費力，後扣帶皮質是預設網路一部分，在「造我」心理過程中，預設網路一部分會啟動[12]，當我們把自己從景觀中除去，事情似乎就比較不費力了。

當長期靜觀者報告「不分心的覺知」或「自如而毫不費力的作為」、「沒有努力」或「知足」，後扣帶皮質的活化就減低了。反過來，如果他們報告「會分心的覺知」、「努力中」和「不知足」，後扣帶皮質的活化就上升了[13]。

一組首次靜觀者同時也報告自己更輕鬆自在了，雖然只在積極保持正念的時刻，這是一個「狀態」效應，不努力就不會持續。對於初學者，所謂「更自如」當然是相對性的說法：從盡全力，特別是對付內心的妄想紛飛，到一天一天或一週一週過去，專注力變得好一些了。但他們的「更自如」跟瑜伽士的毫不費力是天差地別的，在前述的實驗方案中，我們已經見識到他們的心可以任意開關的本事。

毫不費力的表徵，是心集中在一個鎖定的焦點上，能抗拒被一串念頭或一個聲音拉走的自然傾向，卻不感覺在努力用功，這種輕鬆自在是隨著練習而增加的。

　　理奇實驗室團隊一開始便比較靜觀專家與控制組在集中專注於一個微小的光時，前額葉的活化程度。長期靜觀者顯示出前額葉活化較控制組增加一點點，奇怪的是，差別不大。

　　理奇有一天下午和實驗室團隊坐在一個長會議桌前，思考這些令人不免失望的數據。他們觀察到，這些所謂專家群，修行時數從 1 萬小時到 5 萬小時，其實是一個相當大的分布。理奇覺得好奇，如果他們比較修行時數最多和最少的人，會有什麼發現？他已經發現，專精程度愈高，就愈不費力，前額葉實際上會出現比較少而非比較多的活化。

　　當團隊拿修習時數最多和最少的人做比較，發現有一件事著實讓人吃驚：所有前額葉增加活化的，都是修習時數最少的人，靜觀時數最多的人，前額葉反而活化很少。

　　很奇怪的，這些活化好像只發生在修行一開始，那時內心專注於一個所緣，也就是微小的光，一旦專注力已經穩定集中於光，前額葉就不再活化。這個順序也許代表了跟自如而毫不費力的定力所相應的神經特徵。

　　另一個定力的測量，是看靜觀者專注於光的同時，又聽到背景的聲音，是否被情緒的聲音分了心，像笑聲、尖叫聲和哭聲。對聲音反應的杏仁核愈活化，修定時就愈容易分心。練習時數最高的瑜伽士，終身平均靜觀時數 4.4 萬個小時（等同十年間，每天修行 12 小時），杏仁核幾乎對情緒的聲音沒有反應，但練習比較少的（但時數還是很高，1.9 萬個小時），杏仁核則顯示了強度的反應。這兩組人的杏仁核反應，大小差了 400％。

這個測量顯示了注意力非常特別的選擇性，大腦能夠毫不費力地阻擋外界無關的聲音以及一般會生起的情緒反應。

這就是說，即使達到修行的最高層次，內心素質還會繼續改變，這個劑量效應關係看來甚至到 5 萬小時修行時數都尚未結束。

能夠發現這些極其資深的瑜伽士的心能夠自由切換，都歸功於理奇的團隊開始估計瑜伽士的終身靜觀時數。如果缺乏這個簡單的指標，如此珍貴的發現恐怕會被埋沒在對新手和高手的泛泛比較之中。

心臟和心

回到 1992 年，理奇和他的一群英勇的研究人員帶了很沉重的儀器裝備前往印度，希望能夠測量達賴喇嘛住處附近最資深的靜觀大師。他的住處旁，朗傑寺佛學研究所（Namgyal Monastery Institute of Buddhist Studies）是一個達賴喇嘛法脈的僧人學者重要的訓練基地。你應記得，理奇和他的研究朋友無法從這些隱居山中的瑜伽士身上，蒐集到任何真正的科學數據。

但是當達賴喇嘛請理奇和同事，把他們的工作給寺院的僧人做一場演講，理奇就想，儀器既然大老遠搬來印度，總要好好用一用吧。他無意做一場枯燥的學術演講，而想把他們如何記錄大腦的腦電訊號，做一個生動的展示。

因此，200 位僧人非常認真地坐在地板的坐墊上。理奇和他

的朋友，帶著皮箱來了，裝滿了腦電圖儀器。理奇和其他科學家花了點時間，盡快把滿頭的電極安置就位。

那天晚上的展示，以認知科學家弗朗西斯科・瓦雷拉做為研究對象。理奇把電極放在弗朗西斯科的頭皮上時，觀眾剛好被理奇的身影擋住，看不見弗朗西斯科，但當理奇完成任務，把身子挪開，那些嚴肅的僧人突然爆出一陣很響亮的笑聲。

理奇以為他們笑的是弗朗西斯科看起來有一點滑稽，電線從他頭皮上的電極垂下來，好像是一團義大利麵。然而，這並不是僧人的笑點。

他們笑的是，因為理奇團隊說對研究慈悲心有興趣。但為什麼把電極放在頭上，而不是放在心上！

理奇團隊到十五年之後才弄清楚僧人的意思。一旦瑜伽士開始來到理奇的實驗室，團隊目睹數據才認識到，慈悲心是由於大腦和身體之間的緊密連接，特別是腦和心臟之間，而體現出來的狀態。

這個心腦關聯的證據，由分析瑜伽士的大腦活動跟心率之間的關係而來。這本是一個不經意的發現，因為研究人員量測到瑜伽士聽到他人受苦的聲音時，心率較一般新手為快[14]。瑜伽士的心率顯然與腦島的一個關鍵區域活動結合在一起，這個區域是身體的有關資訊輸送到大腦所經過的入口，反之亦然。

在某種意義上，朗傑寺僧人是對的，理奇團隊有數據顯示，有了心靈訓練，大腦與心臟更細密同頻，尤其是在修習慈悲心的時候。

　　這只發生在瑜伽士修習慈悲心的時候（而不是其他禪法、休息時或對照組的人），又是「素質產生狀態」的研究結果！

　　總而言之，瑜伽士的慈悲心使他們對他人情緒更加敏感，尤其是如果人們很苦惱，而且提高了對自己身體的敏感度，尤其是心臟，這是與他人的痛苦產生同理共鳴的主要源頭。

　　慈悲心的種類也有關係，這是修行人進入「無所緣慈」[15]（nonreferential compassion）的慈悲心！這是馬修的話：「他們產生一種愛和慈悲狀態，滲透整個內心，沒有其他的散漫的念頭。」他們並不專注於一個特定的人，而是散發慈悲心的背景特質。對使大腦與心臟同頻的神經迴路，這格外重要。

　　與另一人同在是慈悲心的基本形式，也就是懷著持續的、關懷的專注力。對他人關懷的專注力可以增強同理心，這樣一來，我們就容易抓到稍縱即逝的面部表情或其他線索，於是我們與這個人當時實際的感覺同頻，但如我們的注意力「瞬盲」了，也許就錯過了這個訊號，如第七章所述，長期靜觀者的瞬盲比一般人少。

　　經嚴謹的心靈訓練後，所產生的內心功能的眾多改變中，如注意力瞬盲之類本來被科學家視為神經系統的基本性質，固定、不可改變，都可能消失。這些在科學圈外都鮮為人知，卻是有力的假設，挑戰現存神經科學領域的假設系統。但因為新發現而放棄舊假設，不正是科學進步的動力嗎？

　　還有另外一個重點。我們本來期待瑜伽士自我中心和貪愛執著（attachment）的減少跟伏隔核縮小有關，就像我們在西方長

期靜觀者身上所發現的。雖然去除貪愛顯然是修行的目標，理奇卻沒能蒐集到這樣的數據。

最近瑜伽士一個一個來到實驗室，才發現預設模式及其測量，同時發現它在大腦裡「自我」系統的重要角色。理奇的團隊本來毫無概念要用基準線來測量這個改變，一直到這個流程的尾端，實驗室才用休息狀態來量測，但是這個分析，還太少瑜伽士展現出明顯的數據。

科學之所以進步，部分是經由創新的測量方法，得到從來沒有見過的數據，這就是我們的情形。但這也是說，我們對瑜伽士一部分研究結果，其實多是經由偶遇的測量方法，而不是仔細估計這人類經驗區的地貌。

這凸顯出我們的弱點，要不然瑜伽士的數據可以看起來是非常亮眼：這個數據點只是長期密集靜觀所產生的內心素質改變一瞥，這種生命境界很廣闊恢弘，我們並不希望把它簡化到只有我們能測量出來的數據。

科學對於這些瑜伽士內心素質轉變的觀點，近於盲人摸象的故事，例如伽瑪波的發現非常令人振奮，卻好像摸到象鼻，而不知道大象身體其他的部分。除了伽瑪波，加上無注意力瞬盲、自如而不費力的靜觀狀態、從痛苦中迅速恢復，以及準備去幫助痛苦的人，都只是一個我們還不完全瞭解的更大實相，而我們只瞥見了一眼。

雖然最重要的是，也許是認識我們醒意識的一般狀態只是其中之一，就如威廉・詹姆斯一個世紀以前的觀察，而完成轉變

的內心素質，則是另外一個。

　　另外要說一下這些瑜伽士對世界的意義。這類人非常稀少，亞洲文化裡叫做「活的珍寶」。能夠遇見他們，非常滋養，也非常令人鼓舞，並不是由於他們自誇有如何的境界，或者他們是知名人物，而是因為他們所散發出來的內在品質。我們衷心希望擁有這些人類生命狀態的國家和文化，會了解到需要保護他們和僧團的專長和修行，同時，保存一種文化心態：能重視他們完成轉變的內心素質。如果人類失去這樣內在的專長，會是舉世悲劇。

・心腦效益・

　　瑜伽士有大規模伽瑪波活動，也有全腦廣大區域同步的伽瑪波震盪，顯示了他們所報告的廣大而且全景式的覺知。瑜伽士對於當下的覺知，也就是沒有卡在對未來的預期或對過去的反芻，對疼痛反映出強大「倒V」反應。當瑜伽士顯示幾乎沒有預期反應，並快速恢復，同時神經證據也顯示自如而毫不費力的定力：他的神經迴路在瞬間就把專注力放在選定的所緣上，固定在所緣上也只須花很少力氣或根本不費力，最後，散發慈悲心的時候，瑜伽士的大腦跟身體的連繫更緊密，尤其是跟心臟，即有情緒共鳴。

第十三章

三層次心的質變

「之前無所來，之中無所住，之後無所去。」這個高深莫測的謎題是 12 世紀西藏有名的詩人、瑜伽士、聖者密勒日巴（Jetsun Milarepa）所說的[1]。

馬修·李卡德這樣拆解密勒日巴的謎語：靜觀一開始，我們內心好似沒有改變。待繼續修行，生命狀態開始有了一些改變，但是來來去去。最後，修行穩定了，這個改變是經常而且持續，沒有波動起伏，也就是完成轉變的「素質」。

從整體看來，靜觀的數據粗略沿著漸進轉化的動徑：從初學者，到長期靜觀者，一直到瑜伽士。這進步的弧線受到終身靜觀時數和參加有專精老師指導的閉關時間的影響。

研究初學者，一般會看總修行時數 100 小時以下（有時候少到 7 小時）的影響。長期靜觀者組，主要是觀靜觀行者，終身靜觀時數平均 9,000 小時（範圍是從 1,000 到 1 萬小時以上）。

理奇實驗室研究過的瑜伽士組全都做了至少一個藏傳佛教式的三年閉關，終身靜觀時數最高的是明就的 6.2 萬小時。瑜伽

士平均終身靜觀時數為 2.7 萬小時，對比於長期靜觀者的 9,000
小時，足足多出三倍。

有幾位觀靜觀行者累積了終身靜觀時數 2 萬小時，有一位甚
至到 3 萬小時，然而沒有一個人做過三年的閉關，閉關已成為瑜
伽士組的特色了。雖然幾組之間偶有終身靜觀時數的交集，但這
三組大部分人都可以這樣粗略分類。

我們對於這三個層次，倒沒有截然終身靜觀時數的分際，
但對他們的研究是用一些特定的範圍來分組的。我們把靜觀的好
處分成三個劑量效應層次，根據各種行業，從芭蕾舞星到西洋棋
冠軍，從新手，到業餘，到專業的專精程度，對各種禪法也大致
設計出這三個排序。

西方絕大部分的靜觀者是在第一層：曾短期靜觀的人，
大部分日子裡僅練習幾分鐘到半小時左右。一小部分人繼續用
功，到達長期靜觀者的層次，長期修行人中又只有一小部分人可
以達到瑜伽士的精通程度。

讓我們看看靜觀對初學者的影響。如果談到壓力的復元，
在每天練習的前幾個月就有助益，但主觀報告大於客觀事實，
而且不穩定。另一方面，大腦壓力神經迴路重要的節點：杏仁
核，在 8 週 30 小時左右的正念減壓練習之後，反應便減少了。

慈悲心的靜觀從一開始就顯示出更強的益處。僅需 2 週中總
共練習 7 小時，便可以增進同理心和正面感受的神經迴路之間的
連結，這已經強到足以在靜觀狀態之外的日常生活表現出來，可
說是第一個「狀態產生素質」的徵象。雖說如果沒有每天練習，

效應就不會持續，但是這在正式靜觀狀態以外出現的事實，或許反映了本初善（basic goodness）與生俱來的神經串聯。

初學者從很早期就發現注意力有所改進，包括只要 8 分鐘的正念練習之後，分心就減少了，當然這只是一個短期的利益。但是，甚至少到 2 週的練習，也足以令人減少分心散漫，增進專注力和工作記憶，還明顯提高研究所入學考試 GRE 的分數。的確，有些研究顯示，只要少至兩個月的練習，便可減少預設模式中「自我」相關區域的活化。要是講到身體健康，利多消息就更多了：只要 30 小時的練習，細胞老化的分子標誌便顯示出少量的進步。

然而，只要不保持練習，這樣的效應就難以保持。即使如此，但初學者身上出現有這麼強的好處，還是讓我們非常吃驚。所以，結論是：即使你只是剛剛開始靜觀，也可以很快在某些方面獲益。

長期效應

當靜觀者經年靜觀，到達長期的範疇，即終身靜觀時數 1 千～1 萬小時，受益會更多。這也許意味每天都要靜觀，再加上一年一度的閉關，接受 1 週左右的進階指導，如此保持多年之後，早期的效應會加深，同時其他的效應會浮現。

舉例來說。在這個範圍內，我們看到神經和荷爾蒙指標的壓力反應降低，再者，大腦一種重要的情緒調節神經迴路的功能

性連動加強。藏在腎上腺裡、對壓力反應的重要荷爾蒙：皮質醇減少。

長期慈心禪和悲心禪可與另一人的痛苦在神經上增進共鳴，還生起關懷，並更傾向於實際助人。長期靜觀之後，專注力也多方面增強：選擇性注意力敏銳了、注意力瞬盲減少了、較容易維持注意力，而且準備反應的警覺性增強了。長期靜觀者對分心散漫以及在預設模式中迷戀「自我」的念頭，都可以「向下調節」，同時，這些神經迴路的連結減弱之後，自我中心就比較輕微了。這些改進通常都在靜觀狀態中顯示出來，久而久之便會形成內心「素質」。

基本生理現象的改變，像是呼吸率變慢，只發生在修行幾千小時以後。有些生理變化顯然在閉關中的密集練習，比僅僅每天練習，增進得更多！

雖然證據尚未有定論，但長期修行所形成的神經可塑性，確會改變大腦結構和功能，如杏仁核和前額葉區域調節神經迴路之間的運作連結更為良好。而且在長期靜觀之後，「想要」或貪愛有關的伏隔核的神經迴路似乎會縮小。

雖然一般而言，我們看到終身靜觀時數愈多，改變愈多，但我們懷疑不同的神經系統裡有不同的改變速率。舉例來說，修行慈悲心比起處理壓力，好處來得快些。關於大腦神經迴路與劑量效應的動態關係，我們期待未來會有研究把細節補足。

一個有趣的跡象：長期靜觀者多少經歷了一種「素質產生狀態」的效應，增強了他們的修行能力。有些靜觀狀態的元素，

如伽瑪波，在睡眠中也持續。資深靜觀者一天的閉關下來，在基因層次會加強他們的免疫反應，這是讓醫學界驚訝的研究結果。

瑜伽士

在世界頂級的層次（終身靜觀時數大約 1.2 萬到 6.2 萬小時，包括多年的深度閉關）有非常明顯的效應，修行的一部分可將靜觀「狀態」轉化為內心「素質」，這個西藏用語翻譯過來就是「串習」（getting familiar）了靜觀的心態。「改變了的狀態」一旦穩定成為「轉變了的素質」，而且變成一種持續的特性，靜觀狀態便融入日常的活動了。

理奇團隊看到，隨著瑜伽士非常正面的人類品質，他們大腦不僅在功能上、甚至在結構上也出現「素質」轉變的徵象。起先觀察到修行慈悲心的時候，同步的伽瑪波振盪升高，而在基準線狀態也是如此，不過幅度小些。換句話說，瑜伽士的「狀態」已經變成「素質」。

「素質產生狀態」的互動，指瑜伽士在靜觀當中發生的現象，較之於做同樣修行的新手大大不同。最強的證據也許是瑜伽士在修行簡單的正念時，生理疼痛反應是很深的倒 V 型，即在預期疼痛時，幾乎沒有大腦活動；疼痛時，有一個強烈卻短暫的高峰；然後就很快復元。

對於我們大部分靜觀者，修定要花一些內心的努力，但是對終身靜觀時數最多的瑜伽士，是自如而毫不費力的。一旦他們

的專注力鎖定在一個所緣上，即使他們還是全然專注，操作注意力的神經迴路卻安靜下來。

當瑜伽士修行慈悲心的時候，有一個在心和腦之間的連結會強化，超過了一般所見。最後，有一個饒有興味的數據顯示，長期靜觀者的伏隔核會縮小，顯示我們也許會發現瑜伽士大腦結構更進一步的改變，以至可減少貪愛、執著、自我中心。至於究竟還有什麼其他神經轉變？又代表了什麼意義？還有待未來的研究來解碼。

靜觀後

這些非凡的數據點只是顯示在這個層次，靜觀如花朵完全綻放。有些結果其實是從偶發事件中發現的：譬如當理奇決定去查看瑜伽士基準線的數據，或比較最資深靜觀者組和其他組。

然後還有一個不經意發現的事例觀察：當理奇實驗室請一位瑜伽士用棉花棒沾點口水，來量測閉關時的皮質醇活動，結果發現這個濃度奇低，低於標準的標度，以致實驗室必須下調測定範圍。

有些佛教傳承認為，這種穩定的層次是認識到內在的「本初善」瀰漫在這個人的內心和活動當中，就像有位西藏喇嘛說自己的老師，這是一位所有西藏靜觀法脈都尊敬的大師，「像他這樣的人有兩層意識」，他無論做什麼事，他的靜觀能力都是日常一言一行的穩定背景。

好幾個實驗室，包括理奇和賈德森・布魯爾的實驗室都注意到，較資深的靜觀者可呈現一種大腦的模式，即休息的時候跟修行正念或慈心的靜觀狀態相似，初學者則不會[2]。從靜觀專家和新手的基準線來比較，專家顯現出「轉變了的素質」的標誌，雖然只是驚鴻一瞥。

將來或許有一天，一個非常長期的研究可以像放一段影片，讓我們看到內心素質的轉變如何一步一步發生。但就目前而言，一如布魯爾的團隊所推測，靜觀似乎可以將大腦的休息狀態（大腦的預設模式）也轉化成跟靜觀的狀態相似。

要不，就像我們前面說過的：「靜觀後」就是下一個「靜觀當中」的「靜觀前」。

追尋持續的改變

如果內心散漫或者分心，天主教的聖人聖方濟各沙雷（Francis de Sales, 1567~1622）說：「把心溫和地帶回來，……即使你整個時間裡除了帶心回來，什麼也沒做。……就算你的心每次都跑開，你的時間也不會白費[3]。」

無論是哪一種修行，所有的靜觀者一般都會執行一連串相同的步驟：從一個刻意選取的所緣開始，過了一陣，心就跑開了，當你注意到心離開所緣，便可以採取最後的步驟：把心帶回到原來的所緣上。

埃默里大學的溫蒂・哈森坎普（Wendy Hasenkamp，是「夏季

研究學院」的畢業生，現在是「心智與生命學院」的科學主任），發現資深靜觀者的大腦執行這些步驟的區域連結比較強大[④]。很重要的是，靜觀者組和控制組的不同，不僅在靜觀狀態，還在一般「休息」狀態，顯示可能有「素質」效應。

計算終身靜觀時數，正好提供了機會，把這個數目和大腦的改變連在一起。但若要確定這樣的關聯並不是出於自我選擇，或其他類似的因素，我們還需要另一個步驟：一個時間縱向的研究。最理想的，是發現：持續修行，這個影響就愈強（加上一個主動控制組，時間同樣久，卻沒有顯示出這些改變）。

有兩個縱向的研究，塔尼亞·辛格的同理心和慈悲心研究，克利夫·沙隆的三摩地研究，提供了一些具有說服力的數據，顯示靜觀的力量確實可以改變內心素質。然而，還是有一些現象出人意表。

就拿塔尼亞的研究結果為例。她注意到研究人員有些納悶，為什麼每天做身體掃描（如葛印卡的教法）的靜觀者，在心跳數目上沒有任何改善，這是「內感作用」（interoception，與身體同頻）的標準測試。

她在「再資源專案計畫」中找到一個答案，這個覺知身體信號的能力，例如心跳，如果三個月每天練習「安住當下」靜觀，包括一個正念身體掃描，並不會增加。然而，六個月以後就開始顯示改善，九個月以後收穫更大。一些好處需要時間來醞釀成熟，這就是心理學家稱為「睡眠者效應」（"sleeper" effect）[⑤]。

想想這位瑜伽士的故事吧。他在喜馬拉雅山山洞裡閉關多

年，有一天，一名旅者剛好路過，看到這位瑜伽士，就問他，他在做什麼？「我在修安忍。」瑜伽士答道。

「這樣的話，」旅者說：「你下地獄去吧。」

瑜伽士很生氣地回嘴：「你才下地獄呢！」

這個故事（就像在市集那位瑜伽士的故事）講了好幾個世紀，用來警示認真的修行者，提醒他們，生活本身（不是在靜觀裡獨一靜處的時間）才能測試他們的修行。像安忍這樣的內心素質，讓人無論生命裡出現什麼，都依舊泰然自若。

達賴喇嘛講過這個故事，接著進一步解釋：「在西藏有一個說法是，有時候修行者貌似聖人，當諸事平順，太陽照耀，肚子飽實的時候，他們有模有樣；一旦考驗或危機來臨，就被打回原形，與常人無異[6]。」

我們生命中的「大災難」提供內心素質最好的耐久測試。當一個瑜伽士在閉關中，呈現超低的皮質醇濃度，我們可知道他有多麼放鬆。其實，在忙亂的一天中，他的皮質醇濃度才真正告訴我們這是不是一個永久的「素質」改變。

專精程度

我們都聽過，一個人需要 1 萬小時的練習，才能夠精通一個技巧，像是寫電腦程式或高爾夫，對不？

錯了。

在現實中，科學發現有些領域，像是記誦，可以在 200 小時

以內精通。更重要的是，理奇實驗室發現，甚至靜觀專家，此為至少投入 1 萬小時修行的人，隨著終身靜觀時數的增加，精通程度還在穩定增進。

這在研究「精通」的認知科學家安德斯・艾瑞克森（Anders Ericsson）眼中看來，純屬意料之中。可是他對 1 萬小時就可達到精通，感到不太對勁，因為這傳播了一個不精確、卻廣為眾人所信的神奇力量[7]。艾瑞克森的研究顯示，重點不是投入修行的全部時數，而是如何「善用」這些時數。

他所謂「刻意」的修行，需要一位專家教練，對你現在的程度給予回饋，你就可以針對自己的進展來著手改進。譬如高爾夫球選手，教練精確建議他要怎樣改進揮桿；例如實習外科醫生，從資深的外科醫生學到如何改進手術技巧。一旦高爾夫球選手或外科醫生開始改進，達到精通，這位教練又可給他更進一步的回饋，讓他再上一層樓。

這也就是很多專業表演者，諸如運動、劇場、西洋棋、音樂和其他行業，在職業生涯當中一直需要教練的原因。無論你多好，你總可以更好。在競賽的場合中，小小的改進可能是勝負的關鍵。就算不在競賽中，百尺竿頭，更進一步，總歸是好事。

這也適用於靜觀，就用理奇和丹的例子來說，我們十幾年來都固定的修行，許多年間都參加一、兩週的靜觀營。四十多年來，每天早上都禪坐（除了早上六點鐘趕飛機之類的事打斷這個例行公事），我倆在技術層面可稱為長期靜觀者，有 1 萬小時的終身靜觀時數，但要是講到高度的正面「素質」轉變，我倆都沒

有覺得我們特別的進化。為什麼？

　　有一個原因，數據顯示，每天靜觀一節，跟多天或更長的靜觀營，非常不一樣。例如有一份資深靜觀者（終身靜觀時數9,000 小時）及其壓力反應的研究[8]（見第五章〈增強抗壓韌性，不受情緒劫擾〉）出現一個無預期的發現：靜觀者的前額葉區域和杏仁核的連結愈強，壓力反應就愈小。出乎意料的是：前額葉區域─杏仁核連結與靜觀者花在靜觀營裡的時數相關，而不是在家修行的時間。

　　在這個過程中，另一個令人吃驚的結果是從呼吸率的研究來的：靜觀者的閉關時數長，則呼吸較慢，比每天練習時數更加相關[9]。

　　有一個重要的區別是，在靜觀營裡靜觀，有老師在一旁指導，像教練一樣。加上靜觀營本來密集度就高，靜觀者一般一天花 8 小時（有時候更多）正式練習，通常是一連好幾天，而且許多、甚至於大多數的靜觀營都要求部分止語，更是增加了強度。這一切加總起來，學習曲線自然容易上升。

　　業餘和專業的另外一個區別，跟如何練習有關。業餘的學習中，技巧的基本動作，不管是高爾夫球、象棋，還是正念之類，往往在 50 小時的改進之後就不再進步，剩下的時間，技巧水準就一直在原地踏步，再多練習，也不會更進步。

　　另一方面，專家的練習是不同的，他們進行密集的靜觀，教練經常注意他們，建議他們下一步要怎麼走才會變得更好？這就會出現一個穩定進步的繼續學習曲線。

這個研究結果指出：我們需要老師，因為比你高深的人可以指導你如何改進。我倆這麼多年都在繼續尋找靜觀老師。但在我們生命裡，這個機會可遇不可求。

《清淨道論》勸告修行者要找一位比你更有經驗的人做導師。古代可能的老師，最高理想是有一位阿羅漢來指導你（阿羅漢在巴利語裡，是一位完全證悟的聖者，也是奧林匹克水準的禪者），如果找不到阿羅漢為師，你又沒研讀過片紙隻字的經典，那麼建議找一位比你資深的，至少他應該研讀過聖典中的一段文字。在今天的世界，這相當於向曾試過靜觀應用程式的人討教。即使如此，也聊勝於無。

頭腦配對

丹寫信給喬・卡巴金說：「你的課程可以散播到整個醫療照護系統。」說時無心，後來果然成真。只是當年還在 1983 年，喬仍得費盡功夫說服醫學中心的醫師將病人轉來。

丹鼓勵喬做一些關於這課程的有效性研究，這也許是今天幾百份有關正念減壓研究的一個種子。丹、理奇和他們在哈佛的論文指導教授設計了一個軟式測量，來量測人們的焦慮是來自心理還是生理。由於正念減壓課程的練習既包括認知也涉及身體，丹建議喬研究「正念減壓哪一個因素，對什麼樣的病症類型最能對症」。

喬於是進行了這樣的研究。有一個成果是，正念減壓中的

瑜伽，用來緩解極端擔憂和焦慮的念頭（即認知焦慮，cognitive anxiety）最有效[10]。這就給各種禪法，以及各種衍生的廣泛運用、友善易用的版本，提出了個問題：哪一種練習形式，最能幫到哪一種人？

將學生跟禪法配對，是個古老的傳統。舉例來說，論典《清淨道論》建議靜觀老師要仔細觀察學生，來估量他們是哪一性行，「貪行人」（greedy type）或「瞋行人」（hateful type）是兩個例子，最好就是把他們的情況和最適合的方法配對，現代觀點看這個配對，也許有一點中古世紀[11]，包括：對貪行人來說（舉例而言，這種人很容易被美麗的事物吸引），要提供不好的食物、不舒服的住處，以不淨觀[12]當做所緣；對於瞋行人（他們第一眼就看出來有什麼不對），要提供好的食物、房間裡床鋪舒服、修習撫慰人心的方法，如慈心或平等心。

理奇和寇特蘭・道爾（Cortland Dahl）這樣建議：較有科學根據的最佳配對，可以用人們現成的認知和情緒型式[13]。例如，容易左思右想、憂慮百轉千迴的人，不妨從正念自己的念頭開始，學著看到念頭就「只是念頭」，而不被念頭的內容所縛束（喬發現瑜伽也是一個好的起點）。從他們的排汗反應也可得到回饋，來量測情緒是否被念頭劫持。此外，若一個人能夠強力專注，卻缺乏同理心的關懷，或可從練習慈悲心開始。

有一天這些配對也許會根據大腦掃描，幫助人們找到最佳方法。事實上，醫療和診斷搭配已經為許多學術醫學中心所採用，「精準醫療」（precision medicine）便針對個人的特殊基因組

合,為病人量身打造治療方法。

地誌

丹第一次去印度的時候,見到卓越的瑜伽士尼姆‧巴洛里‧巴巴,他常常住在印度的寺廟或猴神哈努曼的隱居所,他的信徒修行奉愛瑜伽(bhakti)[⑭],他在印度停留過的地區非常風行這種奉獻的瑜伽。

他從來沒有談過自己的修行歷史,但偶而也會露出一點端倪。據說他曾長期是叢林瑜伽士,有人說他也在一個地底的山洞修行多年。他自己對羅摩(Ram)的靜觀非常虔誠,這也就是印度史詩裡面的英雄羅摩衍那(Ramayana),有時候會聽到他輕聲念誦:「羅摩、羅摩、羅摩……」,用手指幫著數咒語。

據說他在 1930 年代,跟著一位穆斯林信徒旅行到麥加。對西方人,他會讚美耶穌基督。有兩年,他庇護著諾拉喇嘛(Lama Norla)並成為好友。諾拉在 1957 年逃離西藏,遠在目前提供難民營以前就到了印度(諾拉喇嘛是明就仁波切修行的其中一個靜觀法脈的閉關大師)。

如果有人追隨一個特定的修行途徑,尼姆‧卡洛里總是給予鼓勵。在他看來,重點是你做自己的修行,不用去找「最好的」。

只要有人問尼姆‧卡洛里哪一條修行之道最好,他的答案總是「Sub ek」!印度文是「諸道歸一」。每個人都有不同的偏

好、需要、諸般種種，只需抉擇其一，然後專心投入。

在這樣的觀點下，靜觀之路多少是相同的，都是一個超越凡俗經驗的門徑。在實用的層次，各種靜觀形式都有共同的心靈訓練核心，也就是學著放下穿流過心的海量念頭，全神貫注於一個所緣或是一種覺知的狀態。

只要我們更熟悉各種修行之道的機制，就可將它們分類歸組。例如有人安靜念咒，不問他事，這與正念觀察流淌過內心的念頭，便有不同的內心操作。

在最精細的層次，每一條道路的特色都非常獨特。例如，奉愛瑜伽的學生對著神唱拜讚歌（bhajans），跟金剛乘修行者安靜地觀想慈悲的綠度母的形象，以及跟這個形象相配合的心質，兩者相較，都具有一些相同的特色，在其他方面又各自非常不同。

這三層修行的程度，初學者、長期靜觀者、瑜伽士，都曾被科學家深入研究，我們注意到三者修行的方法大約可以區分成三類：初學者主要用正念，長期靜觀者和（一些日本曹洞宗禪）用觀禪。瑜伽士則是藏傳佛法的修行，稱為大圓滿（Dzogchen）和大手印（Mahamudra）。剛好，我們自己的修行歷史大致跟隨著這樣的軌道。在我們的經驗中，這三個方法顯然不同。

舉例而言，正念讓靜觀者目擊各種念頭和感受在內心來來去去。觀禪從那裡開始，然後過渡到心路過程的超知覺，卻不專注於過程中時時變動的內容。大圓滿和大手印在早期包括兩者，而且包括其他的禪法，但是結束於「不二」（nondual）的立

場，安頓在更細微的超知覺層次上。這就對轉化的向量提出了一個科學上的問題：我們可以把從正念得來的洞察力，應用在觀禪上，再從觀禪應用到藏傳佛法的修行上嗎？

分類學有助科學來組織這樣的問題，而且丹也試著為靜觀做了一個分類學[15]。他深入《清淨道論》，取得一個觀點，把他在印度漫遊時所碰到大量的靜觀狀態和方法來分類。他所建立的分類法，圍繞在「心一境性」和「自由流動的正念覺知」，後者是一個觀禪的主要支流（藏傳佛教裡也有，但是意義非常不同，這就複雜了）之間的區別。

理奇跟同事寇特蘭・道爾和安童・盧茲想到根據認知科學和臨床心理學的研究結果，做了一個更總括且更當代的分類學，他們把靜觀按類型編組[16]，分為三種範疇：

◆ 專注力型：這些靜觀集中在訓練各種向度的專注力，無論是修定，如專注呼吸、正念觀察體驗、咒語，或是超知覺，如安住當下。
◆ 建構型：培育美德，如慈心就是這樣的典型。
◆ 解構型：就像觀靜觀行，用自我觀察來穿透經驗的本質，包括「不二」（nondual）法門，轉換到一個不再由凡俗認知所主導的模式。

從這樣包羅廣泛的類型學，就可清楚看出，目前的靜觀研究只集中在相當狹窄的子集合，忽略了靜觀技巧更加寬廣的天

地。截至今日，最大宗的研究都集中在正念減壓和正念相關方法、慈心、超覺靜坐，加上一小部分日本曹洞宗禪法。

除此以外的各式各樣禪法，可能都有各自的大腦神經迴路範圍，培育各自獨特的心質。我們希望，在此靜觀科學蓬勃成長之際，研究人員可以研究更廣泛的各式禪法，而不僅是整棵樹上的一段小枝條。到目前為止，研究成果非常令人振奮，更別提還有我們想都沒想到的。

這個網撒得愈大，我們就會愈明白靜觀訓練如何形塑大腦和心。舉例來說，蘇非學派的迴旋舞、印度教奉愛支派的虔誠歌唱、藏傳佛教徒行的觀修、印度瑜伽士的一些學派，都各有什麼益處？

但是，無論某一條靜觀之道有什麼的特色，所有道路都有一個共同的目標：內心素質轉變。

內心素質轉變的清單

大約有 40 位記者、攝影師和電視攝影操作員，簇擠在倫敦西敏寺大教堂大廳下方一個很狹小的地下室房間裡，他們都為了達賴喇嘛的新聞發布會而來。達賴喇嘛正要接受譚普敦獎（Templeton Prize），這個獎每年發出超過 100 萬美元，以表揚「肯定生命精神維度的特殊貢獻」。

理奇和丹飛到倫敦參加這個新聞發布會，為記者提供一些背景資料：達賴喇嘛畢生對科學知識的追求，以及他對科學與宗

教兩者共同目標的洞見：追求真理，服務人類。

在新聞發布會上，達賴喇嘛回答完最後一個問題，便宣布如何處理這份獎金：馬上送出去。他說明，他不需要一分錢，他只是一個簡單的出家人，而且他是印度政府的客人，印度已經把他所有的需要都照顧妥貼了。

因此，當他得獎的那一刻，他馬上就把一百多萬美元獎金轉手捐給救助兒童會（Save the Children），感謝他們救助全球最貧困的兒童，並協助逃離中國的西藏難民。然後他將剩下的部分捐給「心智與生命學院」，以及開設西藏文課程、教育西藏僧人科學知識的埃默里大學。

我們看到他這樣做不止一次了，他的慷慨布施非常自然，而且毫無懊悔，或為想自己保留一份。這樣的慷慨布施，立即而且沒有執著，標誌著傳統波羅密（paramitas，完成和究竟圓滿之意，字面上是「到彼岸」）[17] 清單上的好幾種品質，也就是標誌靜觀進程的美好內心素質。

有一本明確有關波羅密的論典，是西元 8 世紀印度那爛陀大學（Nalanda University）的僧人寂天（Shantideva）菩薩的《入菩薩行》（*The Way of the Bodhisattva*），這所大學是世界上最早的高等教育機構之一。達賴喇嘛經常開示這部論典，總是聲明感謝自己的導師庫努喇嘛，就是丹在菩提迦耶碰到的那位謙卑的出家人。

來到理奇實驗室的瑜伽士法脈中所修行的波羅密，有布施，無論是物質布施，如達賴喇嘛捐出獎金，甚至簡單的與人同在，付出自己。還有持戒，就是不傷害自己或他人，而且遵從自

我節制的指導方針。

另一個波羅密是安忍，即容忍和平靜，也是寧靜的平等心。達賴喇嘛告訴麻省理工學院的聽眾：「真正的平靜是，你的心一天二十四小時沒有恐懼，也沒有焦慮。」

還有精進和勤奮、禪定和一心，以及智慧，即從深度靜觀當中得來的洞察力。

實現我們最美好的部分，成為持久的內心素質，這個概念迴盪在各心靈傳承中。我們看到第三章〈健康的心是可以鍛鍊的〉，希臘羅馬哲學家有共相交集的美德，而且蘇非修行人也說過：「善良的品格即是富裕[18]。」

想想雷卜教士（Rabbi Leib）的故事吧。他是竇夫‧貝爾教士（Dov Baer）的學生，貝爾是 18 世紀猶太教哈西迪（Hasidic）教派[19]的老師。在當時，那個傳承的學生主要研習宗教巨著和聆聽舊約和聖法經傳（Torah）中章節的講道，但是雷卜另有目標。

他並沒有追隨宗教導師竇夫‧貝爾教士研讀聖法、聆聽講道，反而是去「看他如何繫鞋帶」[20]。

換句話說，他追求的是目睹並且吸收老師所體現的品質。

在科學數據和內心素質轉變的古老地圖中，還有更有趣的吻合。例如 18 世紀的西藏法本告訴我們，修行進步的徵象是對每一個人的慈心和強大的悲心、知足和「少欲」（weak desires）[21]。

這些品質，看起來符合我們在前面幾章追蹤的大腦改變指標：增進同理心關懷和父母式的愛的神經迴路、杏仁核比較放鬆、與貪愛有關的神經迴路變小。

　　來到理奇實驗室的瑜伽士都在一個藏傳法脈下修行，他們提出一個見地，有時候可能讓人困惑：就是說，我們佛性本具，只是沒能認出佛性。這樣說來，修行就變成辨識出本有、已經存在的本性，而非培育新的內心技巧。從這個觀點來看，瑜伽士神經和生理上種種令人稱奇的現象，並不是來自技巧的培育，而只是認知到原有的本質。

　　轉變的內心素質，是在我們本性上外加的？還是揭露一直都存在的？在靜觀科學發展的階段，很難估計這個辯論中哪一方占上風，然而有一個日漸增加的科學研究主體顯示：舉個例，如果給嬰兒觀看兩個木偶，一個表現出利他而懷有慈心，另一個既自私又具有侵略性，讓他從中擇一，幾乎所有的嬰兒都會選友善的木偶[22]。這個天生的傾向會持續到幼兒時期。

　　這些科學研究成果跟已經存在的美德是一致的，如本初善，而且讓以下成為可能：訓練慈心和悲心，是及早認出我們已有的核心品質並予以加強。在這種意義下，修行人也許不是培育新的技巧，而是滋養基本的能力，像發展語言能力一樣。

　　透過各種不同的禪法來開發心的完整品質，究竟該被視為認知本性，還是發展新技能，恐怕得留待給後來的科學研究。我們僅抱著這樣的想法：至少靜觀的某些方面，也許比較不像學習一個新技巧，而更近於一開始就去努力認出我們的本性。

少了什麼？

從歷史上來說，靜觀從來不是用來改善健康、放鬆自己或促進事業，雖然這些都是今天靜觀風行的吸引力。但幾世紀以來，這些益處只是巧合、不受看重的副產品，真正的靜觀目標一直是改變內心素質。

在一群前來理奇實驗室的瑜伽士身上，體現出素質最強的徵象，這就對了解靜觀如何運作引發了一個很重要的問題：這些瑜伽士在其修行法脈中都採取「深耕」模式。而今日大多數人修行都偏愛簡易（而且簡短），實用為上，管用的便借來用，其他一切棄之不顧。

世界上許多豐富的靜觀傳承一旦改裝成友善易用易學的形式，就丟失了許多。只要靜觀從原來的環境移植到通俗的改編形式，被丟下的部分就為人忽視，忘諸腦後。

有一些靜觀重要的元素，並不是靜觀本身。在深層次的道路上，靜觀只是代表整個方法範圍內的一個部分，幫助我們增進自我覺知，洞察意識的細微處，最後達到持久的生命轉化，這些嚴峻的目標，需要終生持之以恆。

來到理奇實驗室的瑜伽士所修行的藏傳佛教法脈，理想是總有一天，每一處的人們都可以從各種痛苦中解脫出來，靜觀者於是從內心訓練做起，來承當這個艱鉅的使命。這些瑜伽士的心態有一部分是，對我們的情緒世界培育更多的平等心，深信靜觀和相關修行會產生持久的轉化，也就是一種完成轉變的內心素質。

在西方，雖有走「深入」的道路的人，他們也許有同樣的信念，然而其他接受同樣訓練的人，也許只是想重新出發，也就是一種內心度假，而不是終生的召喚（雖說如此，在進程中，動機總會改變。所以，引領一個人入靜觀之門的動機，跟他後來繼續靜觀的目標不見得相同）。

這種以修行為終生使命的元素常常被現代社會遺忘，但這會使生命大大改觀。在瑜伽士層次，轉變內心素質很重要的元素有：

◆ 道德的立場：這是一套道德的指導大綱，在修行之道上協助改變內心。許多傳承都鼓勵這樣的內心指針，以免培育出來的能力用做個人的私利。

◆ 利他的意向：修行人懷有為他人而修行的強大動機，並不只是為了自己。

◆ 堅定的信心：相信特定的道路有其價值，而且會引導你到達轉化的目標。有一些經典警告我們不可有盲目的信仰，而且鼓勵學生尋找老師時，遵循今日所謂的「盡職調查」（due diligence）。

◆ 個人化的指導：一個知識豐富的老師，可以在修行之道上指導你，建議你如何走下一步。認知科學知道，要達到頂級的精通，的確需要這樣的回饋。

◆ 虔誠：這是深深感謝一切有助於修行的人、原則等，也可以是針對某位天神、老師，或是老師崇高的內心素質。

◆ 社群：這是同為修行人的朋友圈。反觀許多現代的靜觀者，

往往都是單打獨鬥的。

◆ 文化環境的助力：對於奉獻生命於轉化自身，以體現專注、安忍、慈悲等心質的修行人，傳統的亞洲文化一向推崇其價值。其他有工作或家庭的人，會布施金錢、提供食物給這些放棄一切、專心於深度靜觀的修行人，以減輕修行者的生活負擔。可惜現代社會並非如此。

◆ 轉變內心素質的潛力：修行可以引導我們從凡俗的心態到達究竟解脫，而不僅止於自我改進。這種信念不僅指導著修行，更讓人對這條修行之道和踏上此道的人充滿尊敬和崇仰。

科學研究才剛開始探討造成素質轉變的活性成分。在靜觀方法日益簡易化的潮流下，以上各個元素有多少其實是被遺棄的活性成分，我們就無從得知了。

覺醒

悉達多‧喬達摩，從王子蛻變成解脫的人，在菩提迦耶完成了他的內心旅程。不久，他遇到幾位遊化僧人。他們看到喬達摩已經完成了非凡的轉化，就問他：「你是不是神？」

喬達摩回答：「不是，我只是覺醒了。」

覺醒的梵文是菩提（bodhi），也是我們今天所認識的喬達摩的名字：佛陀（Buddha）── 覺者。沒有人確實知道，覺醒是

什麼境界，但是我們的數據顯示大部分高深的瑜伽士都有一些相同的線索。舉例而言，他們有高度持續的伽瑪波，依此應有廣大的開闊感，各個感官大開大闔，使日常體驗敏銳豐富，甚至在熟睡之中。這意味著日以繼夜，都保有覺醒的特質[23]。

有一個歷史悠久，流傳甚廣的比喻：把我們一般凡俗的意識比喻為睡眠，經過一番內心的轉換，才能「覺醒」。不同的思想學派對覺醒各有相異的主張，我們沒有準備，也沒有資格去涉入數不清的辯論，「覺醒」到底是什麼意思？我們也不堅持用科學去裁定形上學的辯論。

正如數學和詩，對於認識實相（reality）是不一樣的，科學與宗教代表的領域、權威、探索、和認知等互無交集：宗教針對價值、信仰和超越，科學則針對事實、假設和理性[24]。當我們測量靜觀者的心，並不想追究各個宗教對這些心理狀態的價值評斷。

我們追求的目標再實際不過：在這些轉化的過程當中，從深入的路徑能夠抽出最廣泛的普世利益是什麼？我們可否從深入的路徑抽出一些機制，使大眾獲益？

·心腦效益·

在著手靜觀的幾小時、幾天或幾週，有些益處就浮現了。其中一個是，初學者的大腦顯示杏仁核的壓力反應減少。2 週的練習之後，專注力就有改進，包括注意力比較集中、少分心，工作記憶改善，具體的回報是提高研究所入學考試的分數。修習慈悲心很早就會得到好處，包括增加同理心大腦迴路的連結。只要 30 個小時的練習，炎症的標誌便略事減少。僅少許練習時數之後，好處就會浮現，效果卻非常脆弱，需要每天練習來長期維持。

對於已經練習了 1,000 小時以上的長期修行者，到目前為止，記載下來的益處最肯定，還有一些新的好處加進來。壓力反應和發炎反應的大腦和荷爾蒙指標減低，管理煩惱的前額葉神經迴路增強，壓力荷爾蒙皮質醇的濃度減少，即減少了壓力反應。在這個層次修習慈悲心，會與受苦的人的神經同頻，而且傾向去助人。

專注力有一系列的利益：選擇性注意力增強，注意力瞬盲減少，注意力更容易維持，對任何輸入的訊息，反應的準備有所提高，分心減少。還有，一個貪愛的神經迴路會減弱，自我中心的思考也減少了。其他生理和大腦的改變，包括呼吸較慢（意即新陳代謝率減緩）。一天的靜觀營，就可以增進免疫系統。還有，睡眠中，靜觀狀態也會持續。所有的改變，都呈現了「轉變了的內心素質」。

　　最後，還有「奧林匹克」水準的瑜伽士，終身靜觀時數平均 2.7 萬個小時，顯示出很清楚的內心素質轉變的徵象，如大量的伽瑪波，在相距很遠的大腦各區域都同步，這是一個從來沒有在任何人身上見過的大腦模式，而且同時發生在靜觀最多時數的瑜伽士休息的時刻。伽瑪波在修行「安住當下」和慈悲心的時候最強，休息時仍然繼續，只是稍弱。同時，瑜伽士的大腦較之於同齡人的大腦，老化得比較緩慢。

　　瑜伽士專精能力的其他徵象，包括瞬間停下或啟動靜觀狀態，而且在靜觀的時候自如而毫不費力（特別是在那些最資深的瑜伽士）。瑜伽士的疼痛反應也不同凡響：他們幾乎沒有預期焦慮，在感到疼痛的時候，反應短暫而強烈，然後很快恢復。在修習慈悲心的時候，瑜伽士的大腦和心臟連繫在一起，這也是在其他人身上聞所未聞的。最重要的，瑜伽士在休息時的大腦狀態類似於靜觀時，可見「狀態」已經轉變成「素質」。

第十四章

啟動健康的心

理奇的太太，蘇珊‧戴維森博士是高風險產科的專家，跟理奇一樣是長期靜觀者。幾年以前，蘇珊和一些同事決定要在麥迪森的醫院為醫生組織一個靜觀小組，這個小組每週五早晨聚會，蘇珊例行送出電子郵件提醒醫院裡的醫生把握這個機會。她經常在走道上被人攔下來：「妳做這件事真好！」

然後，加上一句：「可惜我沒法參加。」

他們的確有充分的理由。那時，病歷還沒有現成的電子平臺，醫生正忙著進行病歷電子化，忙得不可開交。而且，那時還沒「住院專責主治醫生」（hospitalists）[①] 的專業尚未出現，也就是醫院內完整照顧住院病人的醫生，讓其他人毋須巡房。因此，這個靜觀小組，算是帶給忙碌的醫生一個良機，可以重新出發。

然而，多年以來，一直只有六、七個醫生參加。蘇珊和其他人終於做不下去了，感覺這個小組吸引不了醫生的興趣，於是就結束了。

想要靜觀，卻從來不曾實現？在各種藉口中，覺得自己「沒

時間」，也許排名第一。

　　理奇和他的團隊知悉了這個情況，就發展出一個稱為「健康的心」（Healthy Minds）的數位平臺，特別為那些「沒有時間」的人，用靜觀來培育身心的安康。如果你堅稱太忙，沒有時間正式靜觀，「健康的心」可以量身訂做，把靜觀帶到你反正要做的事情裡，像是通勤或打掃房子。只要這個活動並不需要你全神貫注，你可以把練習指示當成背景聲音來聽。既然靜觀的主要好處，就是幫我們準備好面對日常生活，那麼，在生活中便能練習，還可能是一個強項呢！

　　當然，「健康的心」不過只在眾多靜觀應用程式中又添了一項。雖然許多應用程式都用科學成果來證明靜觀的利益，當做一個賣點，「健康的心」踏出了更重要的一步：理奇實驗室會用科學來探究它的影響，並評估這樣加在生活之上的練習是不是有用？

　　舉例來說，在一天 20 分鐘的通勤時間裡做，相對於一天在家裡安靜之處坐上 20 分鐘，哪一個比較有用？這問題很簡單，可是沒有答案。還有，連續練習 20 分鐘，還是兩次 10 分鐘或四次 5 分鐘，哪個比較好？這些實際的問題，理奇和他的團隊希望能給個答案。

　　為讓更多的人得到有科學根據的靜觀好處，我們認為這種數位平臺，以及對這類禪法進行評估的科學研究，是一個有用的原型（prototype）。時下有正念減壓、超覺靜坐，以及各種靜觀方法，許多人已經從中受益，卻不一定要擁抱、甚至知道靜觀的

根源來自亞洲。

　　例如許多公司已經將靜觀列為員工訓練和個人發展的項目，不但員工受益，甚至可以提升公司的經營績效。有些公司甚至有靜觀室，員工可有一段安靜的時間來集中注意力（當然，即使公司提供靜觀機會，還得有公司文化的支持，有一家公司，員工從早到晚在電腦螢幕前敲打鍵盤，案牘勞形，還有人悄悄地告訴丹，如果有人被看到老是待在靜觀室裡，他很有可能被炒魷魚）。

　　目前邁阿密大學的阿米什·基赫的團隊，對高壓力下的人提供正念訓練，這些人包括從作戰的士兵到足球球員、消防隊員和老師。紐約市邊上的蓋瑞森學院也提供一個正念的課程，幫助前線處理創傷的工作人員，如在非洲和中東與伊波拉病毒奮戰或協助絕望難民的人，來處理他們的二度創傷。還有，弗利·毛爾（Fleet Maull）因走私販毒被判十四年徒刑，創立「監獄正念學院」，現在全美約八十個監獄教導受刑人正念。

　　我們看來，靜觀科學是使我們心、身和腦被形塑得（在廣義上）更健康的基本資訊，就像世界衛生組織定義的「健康」，不僅止於沒有疾病或殘障，還包括「完全的生理、心理和社交的幸福安康」。靜觀及其衍生方法在好幾方面都可成為這種幸福安康的活性成分，而且其效果可能既深且遠。

　　靜觀的科學研究也許可以啟發一些極富創意的新方向，既有可靠的科學根據，又一點也不像刻板印象裡的靜觀。運用靜觀可解決個人和社會的困境，未來的遠景更讓我們振奮。

把靜觀方法跟原始根源保持距離也許是件好事，只要有科學根據，就讓這種解決之道廣泛為人所用。畢竟，為什麼這些方法和利益，只是靜觀者的專利呢？

引導神經可塑性

「植物需要什麼才能夠長大？」勞拉・娉格（Laura Pinger）問。她是理奇的中心的課程專家，為托兒班（preschool）[②]孩子發展了一套慈心課程。

那天早上，十五個學齡前兒童很熱心的學習慈心，許多小手揮著想要回答。

有一個說：「陽光。」

另一個說：「水。」

第三個孩子，曾經為注意力問題所苦，但從慈心課程受益良多。他舉起手，脫口而出：「愛。」

這顯然是一個令人感謝的時刻，因為它成了一個機會教育的時刻，正可把話題引領到：慈心是愛。

「慈心課程」以非常基礎的、與年齡相當的正念練習開始：四歲的孩子面朝上躺著，耳中聽著磬聲，心裡注意著呼吸，小石子放在肚皮上，隨著每個呼吸一起一伏。

然後他們用富於正念的專注力來覺知身體，學著如何緊密注意與其他孩子互動時的感受，尤其是另一個小孩正在生氣的時候，這時生氣變成一個大好機會，這個孩子不但注意到自己身體

裡的感受，同時也想像那個生氣的同學身體裡的感受，不啻是同理心的一場探險。

這課程鼓勵孩子彼此互相幫助，並即時表達感激。要是小孩感謝別人的幫助，可以請老師提供獎勵，像是在一張「慈心花園」的布告欄上貼上一張貼紙。

戴維森團隊為評估這個課程的影響，邀請孩子分享貼紙（這是對幼兒非常重要的貨幣）給以下四種小孩之一：他們在班上最喜歡的同學、最不喜歡的同學、一位陌生人，也許是從未見過的孩子，或者看起來病懨懨的孩子。

慈心課程的幼兒分享最多是最不喜歡的人和病懨懨的小孩，而其他在一般學齡前托兒班的孩子，會送最喜歡的人最多貼紙[3]。另外一個結果：不像大部分的小孩，這些慈心的小孩進入幼稚園的時候，沒有自我中心。

幫助孩子培育慈心，聽起來顯然是個好主意，然而現在這個珍貴的人類品質只能看我們教育系統願否提供。當然，有許多家庭還是會灌輸孩子這樣的價值，但不少家庭已不再堅持。若能把這些課程納入學校，便保證所有的孩子都會接受這樣的課程，有機會鍛鍊心的肌肉[4]。

仁慈、關懷和慈悲，以及專注、自我調節、同理心、與他人連結的能力，這一條心智發展的路線幾乎為我們目前的教育系統完全忽視。我們傳統的智育，如閱讀和數學，算做得還不錯，為什麼不擴大學生所學，納入這些重要技能，活出生命的豐美呢？

發展心理學家告訴我們，專注、同理心和仁慈、平靜和人際關係，每一個都有不同的成熟速率。成熟的行為徵象，像是幼稚園生蠻橫無理，相較於四年級學生的循規蹈矩，是基礎神經網絡成長的外在徵象。而且，神經可塑性也指出，所有大腦神經迴路都可經由類似「慈心課程」的訓練，引導到較好的方向。

目前，兒童如何發展這些重要的能力，只能靠隨機的力量，我們其實可以更技巧地幫助孩子去培育這些能力。舉例來說，所有的禪法從根本上都是加強專注力的練習，採用這些技巧來練習專注力，益處甚多。可以說，沒有專注力，就沒有學習。

說來驚人，我們幾乎從來沒有考慮過要加強兒童的專注力，尤其是因為童年有個很長的機會讓大腦神經迴路成長，只要幫孩子一把，即可增強神經迴路。培育專注力的科學非常健全可靠，要達到這個目標，指日可待。

我們還可提出更多的理由，應該提高專注力：我們的社會到處可見注意力缺陷的問題。今天的社會裡，兒童在成長的過程中機不離手，分心的事物源源不絕（而且接收的訊息量比過去任何一代人都大）。所以我們認為提高注意力的技巧，是緊急的公共健康議題。

丹是「社會／情緒學習」（social/emotional learning，SEL）運動的共同創立者，今天全世界有幾千個學校都已提供這個課程。他說，提高注意力和同理心的關懷是下一步[5]。一個蓬勃的運動確實已經興起，要把正念帶到學校，尤其是帶給貧困而且出了問題的年輕人[6]。但是這些仍是單打獨鬥的努力或是試點，我

們可以預見，專注力和慈心的課程，有一天會納入學生的標準課程中。

由於學齡兒童花不少時間玩電腦遊戲，不妨另闢蹊徑給孩子開課。這些遊戲有時候的確被妖魔化了，說他們造成現代文化裡集體的注意力缺陷，但反過來想想看，如果一個世界可以駕馭電玩的威力，使它朝好的方向前進，培育善良的狀態和內心素質，該有多好。理奇團隊於是跟特別專精於創造青少年教育遊戲的設計者合作[⑦]。

不屈不撓（Tenacity）便是這個電腦遊戲的名字，其發想來自理奇實驗室的數呼吸研究[⑧]。從這個研究發現，如果要你每一次吸氣就輕拍一下平板電腦，大部分人都做得非常精確，如果叫人每呼吸九次就用兩指輕拍一次，大家就會犯錯，可見分了心。

理奇和同事用這個資訊當做一個核心機制來發展「不屈不撓」遊戲。規則是，孩子每一次吸氣，就用一根手指輕拍平板電腦，每第五次吸氣，就用兩根手指來輕拍。因為大多數孩子在每一個吸氣時輕拍電腦都非常精確，理奇團隊便看第五個吸氣，用兩根指頭輕拍是否正確，連續正確輕拍第五次呼吸，分數就愈高，而且每一次以兩根指頭輕拍能夠連續正確的話，平板電腦的螢幕畫面就會出現更多花樣。在一個版本裡，絢麗的花朵就在沙漠景觀中開始萌芽。

理奇的小組發現，只消每天玩這個遊戲 20 ～ 30 分鐘，持續 2 週，會加強前額葉大腦執行中樞和專注的大腦迴路之間的連動[⑨]。另外一個測試顯示，玩遊戲的人比較能夠專注別人臉上的

表情，而且不理會其他分心的事物，這是一個同理心增加的跡象。

沒人會相信，不繼續練習，這種改變還會持續下去（最理想當然是不用這個遊戲）。但是，大腦和行為確實發生有益的改變，事實證明了電玩可以改進正念專注和同理心。

健心房

理奇曾在國家衛生研究院給了一個令人矚目的演講。院內的演講通知裡，提供一個有趣的推想：「我們能練心，像練身一樣嗎？」

我們要健康，因此健身的行業日趨蓬勃，健身是每一個人都擁護的目標（不管我們是不是經常健身）。個人衛生習慣像是固定的沐浴和刷牙是我們的第二天性，所以，為什麼心靈的鍛練不能呢？

神經可塑性，用重複的經驗，來形塑大腦，雖然我們對這個力量毫無所悉，卻在我們的每一天都無意識地進行著。我們花了很長的時間吸收數位裝置螢幕上的資訊，或無數其他相當失心的追求，在此同時，我們的神經元忠實地加強或減弱我們相關的大腦神經迴路，這樣偶然的心靈飲食更在不經意間改變我們心的肌肉。

靜觀科學告訴我們，我們可以更負責地照顧我們的心，刻意形塑心靈可以更早出現好處，就像我們看到慈心練習的數據那樣。

　　想一想認知科學家翠西‧蕭爾斯（Tracy Shors）的研究工作。她發展了一套訓練課程，其假設是可增進神經系統的發育（新腦細胞生長）稱為「心身訓練」（Mental and Physical Training，MAP）[⑩]，參與者做 30 分鐘的專注力靜觀，然後做 30 分鐘的溫和有氧運動，每週兩次，持續 8 週，利益包括改進了大腦執行功能，證實大腦確可正向形塑。

　　密集健身可以產生更強的肌肉和耐力，如果我們停止運動，我們知道自己又會走回頭路而氣喘吁吁、肌肉鬆弛了。內在鍛鍊，即靜觀及其副產品所產生的心、腦改變也是一樣。

　　既然大腦就像肌肉，可以藉運動來改善，為什麼沒有相當於健身的課程，也就是健心房呢？健心房無需實際空間，它可以藉一組應用程式，無時無處不能練心。

　　數位傳遞系統可以把靜觀的好處帶給最多人，如今靜觀的應用程式已經廣泛使用，卻缺乏直接的科學評估。應用程式一般會引用在他處所做有關靜觀的研究（但不見得是研究裡最好的），有效性無法透明。曾經有一個程式，宣稱可以加強某些心理功能，卻因缺乏資料證實，被政府判決必須繳付大筆罰款。

　　另一方面，到目前為止的證據顯示，如果數位式的靜觀指導能夠經過完善的設計，嚴謹的測試，效果應該不錯。例如有一個指導慈心的網路課程的研究（我們在第六章〈培育同理心，愛的行動〉評估過），顯示它可以讓人們更放鬆、更慷慨[⑪]。

　　宋娜‧迪米珍團隊藉由網路連繫上具有低度憂鬱症症狀的人，即憂鬱症發作有高於平均風險的人，為他們發展了一套網

絡課程，從正念認知治療法轉化而來，稱為「正念情緒平衡」
（Mindful Mood Balance）。成果是：上八次課，就可以減低憂鬱
症和焦慮症的症狀，如操心不斷和胡思亂想[12]。

　　但是，這些成功的故事並不意味每一個線上靜觀教學或其
衍生課程都有益處。某些課程比其他的有效嗎？果真如此，又為
什麼？這些問題都有待實驗證明。

　　就我們所知，在主流科學文獻裡還沒有一份出版物，對許
多宣稱有科學根據的靜觀應用軟體做有效性評估。我們希望有一
天，這樣的評估會成為靜觀應用程式的例行標準，來顯示果真如
他們所說的那樣有效。

　　話雖如此，靜觀的科學研究還是提供了有力的支持，證明
心靈訓練確有好處。我們想像一個時代的到來，我們的文化對待
心，像對待身體一樣。練心成為我們每一天的例行工作。

神經整修

　　三月的早晨，新英格蘭的雪在冰封和融化之間。在艾默斯
特學院（Amherst College）校園內，一個維多利亞式房子的客廳，
有如諾亞方舟，聚集了各學科的專家，有宗教學者、實驗心理學
家、神經科學家和哲學家。

　　這個小組是「心智與生命學院」贊助，學者聚在一起探討不
為人所注意的心靈角落，往往從日常欲望開始壯大，有時候這條
路會從貪愛走到上癮，不管是藥物、春宮，還是購物。

　　該學院的宗教學者明確指出，每當心中產生想要「抓取」（grasping）的時刻，問題出在情緒衝動總是導引人們追求享樂，而不計後果。被「抓取」掌握了以後，尤其是增強成貪愛和上癮，我們內心總有一種不安穩的感覺，去發動這個「抓取」，內心會有個聲音悄悄告訴我們，某個欲望目標可以緩解我們的不安（disease）。

　　抓取的那一刻可以非常的微細，它流經我們散亂的內心時，往往難以引人注意。研究顯示，我們往往在注意力最為分散的時候，去抓取那個最讓人發胖的零食，而且經不起一個小小的慫恿，我們就容易去尋求下一個令人上癮的事物，就像在「嗨」的時候穿的襯衫，充滿上一次上癮時的記憶。

　　哲學家傑克・戴維斯（Jake Davis）指出，這個狀態對比於沒有強迫性動機的時候，有一種全然「沒有執著、抓取」的心（a mind of nongrasping），我們不受衝動的控制，對當下的狀態感到知足自在。

　　正念，讓我們觀察內心現象，而不被席捲，這時抓取的衝動就明顯可見。「你要先看到，然後才能放下。」戴維斯說。有正念的時候，我們會注意到衝動生起，卻把它們看成和其他自然生起的念頭沒有兩樣。

　　這裡的神經行動是圍繞著後扣帶皮質，精神病學家和神經科學家賈德森・布魯爾如是說。他剛好就任沃斯特馬薩諸州薩學醫學院「正念中心」的研究主任，此處為正念減壓的誕生地。後扣帶皮質參與的心理活動中，包括分心、心從專注目標跑開、老

想著自己。就像我們要做出的選擇，即使我們覺得不道德，而且感覺罪疚，可是還是做了，這就是貪愛（craving）。

布魯爾的團隊，如我們在第八章〈讓大腦的自我系統靜下來〉看到，在從事正念的時候做大腦成像，發現正念會使後扣帶皮質安靜下來，若正念自如而毫不費力，會更安靜[13]。布魯爾的實驗室已運用正念幫助老菸槍戒除菸癮[14]，他發展出兩個應用程式，用來打破暴食和吸菸成癮。

布魯爾接著把這個神經的研究成果轉化成一個實用的方法，有就是神經回饋（neurofeedback），這是監測一個人的大腦活動，立即告訴他，某一個特定區域活化與否，然後這個人可以實驗一下他的心可以做些什麼，讓後扣帶皮質比較不活化。一般而言，我們都會忽略在自己腦袋裡進行的事，尤其在大腦掃描儀可以讀出的層次，因此神經科學研究結果非常重要。但神經回饋穿透了心—腦之間的障礙，打開了一扇窗口，讓大腦活動有回饋迴路。這讓我們明白某個特定的心理動作，如何影響大腦的動作。我們不妨想像，下一代的靜觀應用程式，以布魯爾後扣帶皮質的神經回饋為原型，從相關的生理或神經系統蒐集回饋訊息。

另外一個神經回饋的目標也許是伽瑪波，也就是以資深瑜伽士大腦為典型的腦電圖模式。雖然瑜伽士內心廣闊的開放性，也許是引起伽瑪波回饋刺激的原因，但我們並不能確認，神經回饋是通向瑜伽士內心質變的捷徑。伽瑪波振盪或其他對瑜伽士的心的測量，只能管窺他們所擁有的豐美境界。我們雖可從伽瑪波回饋或其他類似量測元素，看出瑜伽士與我們凡俗心態的對

比，但瑜伽士絕對是經年靜觀的結果。

　　但是還有其他可能的好處，想想靜觀的老鼠吧。

　　靜觀的老鼠？這個荒謬的可能，或可說一個差強的比喻，已經被奧瑞岡大學的神經科學家探索過了。好吧，說穿了，老鼠並不是真的在靜觀，研究人員用一種特別的閃光燈，來驅動老鼠的大腦調到一種特別的頻率上，這種方法叫做光驅動（photic driving），這個腦電圖波的節奏會鎖定一盞閃亮的燈。從老鼠焦慮較少的徵象來看，老鼠似乎感覺比較放鬆[15]。當其他的研究人員用光驅動老鼠的大腦調成伽瑪頻率，發現至少在一個上了年紀的老鼠身上，神經和阿茲海默症相關的神經疾病減少了[16]。

　　伽瑪波（瑜伽士腦中充滿這個頻率波）的回饋能否放慢或反轉阿茲海默症呢？藥學研究記載著試驗的藥物用在老鼠身上成功的案例，但是人體實驗一開始便失敗了[17]。利用伽瑪波神經回饋來預防人類的阿茲海默症可能（或許不可能）會成為一個白日夢。

　　但是基本的模式，也就是在神經回饋應用程式，對大多數人很難產生的狀態，希望最大，此處我們又要提出警示，這樣的裝置或許會產生暫時的「狀態」效應，絕非持久的「素質」效應，更不要說「經年密集靜觀」和「僅僅用一點點應用程式」之間的巨大的落差。

　　我們仍然可以想像，下一代應用程式，都從靜觀科學所揭露的的方法和智慧而來。究竟會發展成什麼模樣，我們就不得而知了。

我們的旅程

內心素質改變的鐵證，幾十年後才姍姍來遲。我們開始嗅到的時候，還是研究生，現在我們終於總結出令人不得不信的證據，卻已到了考慮退休的生命階段了。

我們追求自己的科學預感，長久以來，支持數據都很稀少，「沒有證明，並不能證明沒有」（An absence of evidence is not evidence of absence.）這句俗話給我們不少安慰。我們的信念來自：自己靜觀營的體驗、我們遇過的少數內心素質完成轉變的人，以及我們鑽研過的靜觀經論，都指向生命狀態的正向轉化。

然而，從學術的觀點來說，仍然十分缺乏證據，特別是沒有客觀的實證。當我們開始走上這個科學歷程，要探索內心素質的轉變，方法非常稀少。1970 年代，我們相當為難，只能做無關的研究。理由之一是，我們缺乏適當的研究對象，無法找來隱居偏遠山區、虔誠靜觀的瑜伽士，只能用哈佛的大二學生來研究。

更重要的理由是，人類神經科學還是一個試驗、草創的階段。從今天的標準看來，當時手邊可以用來研究大腦的方法是非常原始的。當年的「最先進技術發展水平」也不過是模糊而且間接測量大腦活動的方法。

我們進入哈佛的十年前，哲學家湯瑪斯‧孔恩（Thomas Kuhn）出版了《科學革命的結構》（*The Structure of Scientific Revolutions*），認為只要有新的想法，而且在思想上有徹底的創新典範力量，科學會不時突然轉變。當我們在找尋心理學做夢都沒有想到、代表

人類可能性的典範，孔恩的想法攫住了我們的想像力。這個想法受到科學界熱烈地討論，雖然我們的指導老師都反對，還是驅策我們一直向前。

科學需要探險。當理奇坐在坐墊上，跟隨葛印卡老師，一動也不動的靜止時刻；當丹跟瑜伽士和喇嘛一起，花了好多個月，鑽研第 5 世紀的靜觀指導《清淨道論》的當下，我們就是探險者。

因為抱持內心素質可以轉變的信念，對於可能支持我們預感的研究，我們總是特別留意。然後依我們的親身體驗來篩選，結果往往能見人之所未見。

科學，在一個充滿假設的網中操作，而假設又必然受限於文化，因此我們所見的可能便受到局限，特別是行為科學。現代心理學還不知道東方系統可以提供個人生命轉化的方法，當我們從截然不同的東方觀點看出去，便看到了嶄新的可能性。

截至目前為止，大量的實證研究肯定了我們早期的預感：持續訓練內心，可改變大腦的結構和功能，證明修行經論一千年以來記載的內心素質改變觀念，有其神經基礎。更有甚者，我們都可在這修行的光譜上移動，大致遵從著劑量效應的函數關係：一分努力，一分收穫。

靜觀神經科學，這一門新興的學科，為內心素質轉變提供關鍵的科學理論基礎，自此已經進入成熟階段。

尾聲

「要是轉化了心，不僅能促進健康和幸福，還能改善社群和更廣大的世界呢？」這個優美的說辭，是理奇在「國家衛生研究院」演講的內部通知。

如果真轉化了心，又會如何？

我們憧憬一個未來世界，人人熟諳心靈鍛鍊，策勵社會向善。我們希望本書所列舉的科學研究可以佐證：照顧我們的心和腦，便可能得到永續的幸福。而且能說服你：每一天在練心上的一小步，卻是邁向幸福之道上的一大步。

這樣邁向豐美的徵象，包括增進慷慨、慈心和專注、較少「我們」和「他們」的僵硬區分。看到各式各樣的禪法可以增加同理心或觀點接納，我們有理由相信，這些練習最終可能產生人與人之間、人與地球之間的相互依存感。

這些品質，特別是慈心和悲心，如果我們能大量地滋養它，絕對可以導向更好的社群、國家和社會。這些完全正面改變的內心素質，有潛力轉化我們的世界，不僅增進我們個人生命的豐美興盛，而且可以延續物種存活的勝算。

我們被達賴喇嘛八十歲時的遠見所啟發。他鼓勵我們所有人去做三件事情：內心獲得平靜、以慈悲心為道德之舵，並且以行動改善世界。首先必須得到內在的平靜，再用慈悲來導航，兩者都是靜觀的產物，然後執行第三個，也就是智慧善巧的行動。究竟採取何種行動，自然因人而異，視個人能力和選項而

定，然而在集體向善的力量中，每一個人都可以出一份力[18]。

　　我們視這個「課程」為公共健康緊急需要的解決之道：可減少貪愛、自私、「我們／他們」的想法、節節逼近的生態災難等，同時可促進更多的慈心、智慧和平靜。對一些難治的社會弊端，如持續的貧窮、族群之間的仇恨，還有對於我們地球幸福安樂的輕忽失念[19]，都可直接培養並提高這些人類的心質，可幫助打破其惡性循環，否則無解。

　　關於內心素質轉變從何而來，我們的確還有重重問號，需要更多的研究。但是，支持內心素質改變的科學證據，已經累積到理性的科學家都會認可：這個內在的轉變是可能的，只是目前還太少人認識到內心有質變的可能，更遑論覺得自己也有這樣的可能性。

　　科學證據固然必要，對我們所期待的改變來說，確非充分。在這個日益危脆的世界，我們需要在憤世嫉俗的心態、只看壞事而不看那些更多的好事的觀點之外，有另一個選項。總而言之，我們比以前更需要對於「完成轉變的內心素質」所帶來的人類品質。

　　我們需要更多有善意的人，更能容忍，更有耐心，更具有慈心和悲心。這些不應僅僅是信仰上的特質，而是具體表現出來的特質。

　　我們和這段旅程上的同道，已經探索了轉變的素質，在田野，在實驗室，在我們自心，花了四十年以上，那麼，為什麼這本書現在面世呢？

很簡單。我們感到愈追求大腦、心、生命的提升，就愈可以改善這個世界。這個以靜觀改善人類的策略，跟自古以來眾多以失敗收場的烏托邦理念之所以不同，完全在於科學。

我們已經出示了證據，在人類生命中，深層培育這些正面的品質是可能的，人人都可以走上這內心旅程。我們許多人可能無法密集用功，而走上深入的道路，然而，廣泛普及的道路顯示出平等心和慈悲心都能學而知之，用以教導下一代，同時改善自己的生命。

我們朝這個方向所採取的任何行動，都是對我們的生命和世界的正向貢獻。

更多靜觀資源

正進行中的靜觀研究報告

威斯康辛大學健康心智中心　https://centerhealthyminds.org/

心智與生命學院　https://www.mindandlife.org/

國家輔助和整合健康中心　https://nccih.nih.gov/

史丹佛大學「慈悲與利他研究和教育中心」(Center for Compassion and Altruism Research and Education)　http://ccare.stanford.edu/

正念認知療法　http://mbct.com/

主要的靜觀研究團體

理奇・戴維森的實驗室　https://centerhealthyminds.org/science/studies

賈德森・布魯爾的實驗室與正念減壓中心　http://www.umassmed.edu/cfm/

塔尼亞・辛格的靜觀研究　https://www.resource-project.org/en/home.html

阿米什‧基赫的實驗室　http://www.amishi.com/lab/

克利夫‧沙隆（Clifford Saron）的實驗室　http://saronlab.ucdavis.edu/

牛津正念中心　https:// www.psych.ox.ac.uk/research/mindfulness

加州大學洛杉磯分校正念覺知研究中心　http:// marc.ucla.edu/

社會影響力

達賴喇嘛的願景　www.joinaforce4good.org

本書的英文有聲書

www.MoreThanSound.net

致謝

我們萬無可能踏上書中所述的旅程，要不是我們遇見的多位高深修行人給我們莫大的鼓舞，他們已經在靜觀之道走了很長一段路了。

這些人士包括丹在亞洲碰到的尼姆·卡洛里·巴巴（Neem Karoli Baba）、庫努喇嘛（Khunu Lama），阿南達瑪依·瑪（Ananda Mayee Ma）等，還有我們的老師：葛印卡（S. N. Goenka）、慕寧達（Munindra-ji）、班迪達尊者（Sayadaw U Pandita）、紐修堪仁波切（Nyoshul Khen Rinpoche）、阿度仁波切（Adeu Rinpoche）、祖古·烏金仁波切（Tulku Urgyen Rinpoche）和他的兒子，全都是仁波切：秋吉·寧瑪仁波切（Chokyi Nyima Rinpoche）、慈克·秋林仁波切（Tsikey Chokling Rinpoche）、措尼仁波切（Tsoknyi Rinpoche），當然還有詠給明就仁波切（Yongey Mingyur Rinpoche）。

許多西藏的瑜伽士和從法國多爾多涅（Dordogne）靜觀中心的西方閉關者，長途跋涉到理奇的實驗室接受測試。我們深深的感謝馬修·李卡德（Matthieu Ricard）把科學和靜觀的世界橋接起來，我們才可能從事這樣的研究。

對數量日增的靜觀研究有所貢獻的科學家，簡直不可勝數，但我們非常感謝他們在科學上的努力。特別感謝理奇實驗

室的科學家安童，盧茲（Antoine Lutz）、寇特蘭‧道爾（Cortland Dahl）、約翰‧杜恩（John Dunne）、莫麗莎‧羅森克朗茲（Melissa Rosenkranz）、希林‧史雷特（Heleen Slagter）、溫海倫（Helen Weng），以及許許多多其他有巨大貢獻的人士，我們無法在此一一列出大名。理奇的研究中心，若不是以薩‧多爾斯基（Isa Dolski）、蘇珊‧簡森（Susan Jensen）、巴布‧麥錫森（Barb Mathison）這些行政管理人才和領導人才，工作絕無可能開展。

　　還有許多朋友和同事一路上給我們許多深具遠見的建議，謝謝傑克‧康菲爾德（Jack Kornfield）、約瑟夫‧葛斯登（Joseph Goldstein）、達瓦‧塔欽‧菲利普（Dawa Tarchin Phillips）、塔尼亞‧辛格（Tania Singer）、阿維達‧夏夏尼（Avideh Shashaani）、雪倫‧薩爾斯堡（Sharon Salzberg）、米拉拜‧布希（Mirabhai Bush）、賴利‧布里安（Larry Brilliant）等。

　　當然，如果不是我們的妻子蘇珊（Susan Davidson）和塔拉（Tara Bennett-Goleman）的鼎力支持和鼓勵，也不可能成書。

　　我們最感謝的是達賴喇嘛，他不但以身教鼓舞我們，同時也指出靜觀研究如何可以把修行的價值帶給最多的人。

註釋

譯者序

① 見《法句經》第一偈。

第一章

① 他或許是指妥瑞症患者有時會爆發出來的虛詞，這並非強迫症，但在 70 年代，臨床心理學並不熟悉妥瑞症。

② Mindandlife.org。

③ Daniel Goldman, *Destructive Emotions: How Can We Overcome Them?* (New York, Bentam, 2003) 中譯本為《破壞性情緒管理：達賴喇嘛與西方科學大師的智慧》，時報出版，2003 年。亦見 mindandlife.org。

④ 這個實驗室是由我們的生理學教授大衛‧夏皮洛（David Shapiro）所掌管。在研究團隊中，還有喬‧卡巴金，他正要開始教授後來稱為正念減壓的課，另有理查‧舍維（Richard Surwit），當時是麻薩諸塞心理健康中心的心理學實習生，後來成為杜克大學醫學院精神病學和行為醫學教授。夏皮洛後來離開哈佛，轉往加州大學洛杉磯分校任教，他的研究項目包括瑜伽的生理益處。

⑤ 可用以下關鍵字搜尋：meditation, mindfulness meditation, compassion meditation, and loving-kindness meditation。

第二章

① 譯註：應指大菩提寺（Mahabodhi Temple）。

② 譯註：大菩提寺的西面，就是佛陀在其下證悟的菩提樹。祖樹在 1870 年被風颳倒，英國考古學家康寧漢（Alexander Cunningham, 1814～1893）切下一根傾倒的樹枝，栽種於原地，現已繁茂成蔭。

③ 譯註：這是釋迦牟尼心咒，意為能仁聖者，能仁聖者，偉大的能仁聖者，偉大的釋迦族能仁聖者，敬禮！

④ 譯註：Maharaji 意為無上的統治者。

⑤ 認識尼姆‧巴洛里‧巴巴的西方人眼中有五花八門的看法，見 Parvati Markus, *Love Everyone: The Transcendent Wisdom of Neem Karoli Baba Told Through the Stories of the Westerners Whose Lives He Transformed* (San Francisco: HarperOne, 2015)。

⑥ 譯註：悉達多‧喬達摩（siddhartha gautama）是佛陀在俗家的名字。

⑦ Mirka Knaster, *Living This Life Fully: Stories and Teachings of Munindra* (Boston: Shambhala, 2010)。

⑧ 跟隨馬哈拉吉學習靜觀的人，包括克里希納‧達斯和拉姆‧達斯，還有雪倫‧薩爾茲堡（Sharon Salzberg）、約翰‧特拉維斯（John Travis），以及維斯‧尼斯克（Wes Nisker），都成為了觀禪老師。另外一位與會者米拉拜‧布希（Mirabai Bush）後來成立了「社會禪思心智中心」（Center for Contemplative Mind in Society），致力於在大學階段鼓勵靜觀式教學法，並在 Google 安排了第一門關於正念和情商的課程。

⑨ 見 Daniel Goleman, "The Buddha on Meditation and States of Consciousness, Part I: The Teachings," *Journal of Transpersonal Psychology* 4:1 (1972): 1–44。

⑩ Daniel Goleman, Meditation As Meta-Therapy: Hypotheses Toward a Proposed Fifth Stage of Consciousness, *Journal of Transpersonal Psychology* 3:1(1971): 1-25。丹在四十年後再重讀舊作，感覺在許多方面不成熟而不好意思，也很高興有幾個方面它預知了未來。

⑪ 譯註：又稱為三昧。

⑫ B. K. Anand et al, "Some Aspects of EEG Studies in Yogis," *EEG and Clinical Neurophysiology*, 13 (1961): 352–356。這份研究除了算是一份非嚴謹的事例報告，也遠在有電腦數據分析和標準程序之前。

⑬ 理奇的系主任跟隨史金納本人從哈佛取得博士，把他經由制約行為訓練鴿子的研究和整實驗室的籠裡鴿子，帶到紐約大學。在理奇看來，這位系主任的行為主義眼光不僅僵固，而且，即使算不上瘋狂，也算堅不可摧，牢不可破吧。那個時代，行為主義接收了許多有名心理學系，是個心理學界普遍的運動，為的是經由實驗研究讓心理學更「科學」，這是對心理分析理論（多靠臨床奇聞而非實驗）多年占上風的反應。

⑭ 史金納「激進派行為主義」基本觀念是，一切人類活動都是從外來刺激學來的聯想（巴甫洛夫按鈴是最為有名的例子）和被增強（開始是食物）的

特定的反應（狗對鈴聲反應而分泌唾液）。

⑮ 理奇在系主任大四榮譽討論班上課，赫然發現教科書是史金納 1957 年《語言行為》一書，宣稱一切人類習慣都是從增強作用而學來的，語言就是很好的例子。理奇選課的幾年前，史金納的書受到麻省理工學院語言學家諾姆‧喬姆斯基（Noam Chomsky）猛烈而公開的嚴厲批評。這個批評指出，例如，無論狗聽了多少人類的語言，就是用再多獎賞鼓勵牠說人話，牠也永遠學不會，但四處的人類嬰兒都可以不用特定的增強作用學會講話。這指出，先天的認知能力可讓人精通語言，而不只是學習的聯想。理奇在討論班上重述喬姆斯基對史金納的批評，此後便感到系主任不斷拆他台，甚至想把他逐出系門。這門討論課把理奇逼瘋了，甚至幻想凌晨三點闖入系主任的實驗室放走所有的鴿子。見 Noam Chomsky, "The Case Against Behaviorism," *New York Review of Books, December* 30, 1971。

⑯ 理奇的指導教授茱迪絲‧羅丹剛從哥倫比亞大學拿到博士，她在心理學領域的履歷非常傑出，先是耶魯大學文理研究所所長，後來擔任大學教務長，再來是常春藤名校賓夕法尼亞大學第一位女性校長。寫作本書時，她才卸任洛克斐勒基金會執行長。

⑰ 像這樣的方法，他會找城市另一端的、在紐約城市學院任教的約翰‧安卓布斯（John Antrobus），理奇常在安卓布斯的實驗室消磨時光，系裡的氣氛讓他必須找個避難所。

⑱ Daniel Goleman, *Emotional Intelligence* (New York: Bantam, 1995)。譯註：中譯本名為《EQ：決定一生幸福與成就的永恆力量》，時報出版，1996 年。二十週年典藏紀念版，2016 年。

⑲ William James, *The Varieties of Religious Experience* (CreateSpace Independent Publishing Platform, 2013), p. 388。

⑳ 佛洛依德和羅曼‧羅蘭，見 Freud and Rolland: see Sigmund Freud, Civilization and Its Discontents。雖然後來亞伯拉罕‧馬斯洛（Abraham Maslow）的理論包括了超驗的經驗，他稱為「高峰經驗」（peak experiences）。從 1970 年代開始，就有一個新的運動，在已經很周邊的人文心理學運動的邊緣，稱為「超個人」心理學，認真看待意識改變的狀態，丹是超個人心理學學會早期的執行長，他在《超個人心理學期刊》發表他第一篇靜觀的論文。

㉑ Charles Tart (ed.), *Altered States of Consciousness* (New York: Harper & Row, 1969)。

㉒ 迷幻藥的騷動和文化幻想，多少是當時大腦科學的副產品，有好多年大腦科學對神經傳導物質的知識都在推進。在 1970 年代早期辨認出好幾個，雖然還不太明瞭它們的作用，四十年後，我們可以辨認一百個以上，有一份功能更成熟的清單，知道它們在大腦裡做什麼？以及在複雜的互動下鑑別

它們的健康程度。

㉓ 社會科學研究委員會獎學金是研究亞洲修行傳承中的心理學系統 ——「種族心理學」的探討。

㉔ 譯註:四十業處,即四十種心工作的地方,或修行時心專注的對象。

㉕ 譯註:四十業處中有十遍,其中跟顏色有關的是青遍、黃遍、赤遍、白遍。

㉖ 譯註:這個詞係參考《維摩經·香積佛品》:「以難化之人,心如猿猴,故以若干種法,制御其心,乃可調伏。」

㉗ 譯註:心和心所識知的目標。

㉘ 譯註:這裡指初禪,也就是禪那的第一階段。

㉙ 譯註:心一境性是把心固定在所緣,使心和所緣緊密結合的狀態。

㉚ 譯註:總共是四禪八定,色界定包括初禪、二禪、三禪、四禪;無色界定包括空無邊處、識無邊處、無所有處、非想非非想處。

㉛ 譯註:指隨順諸法的自然而運作,不假造作。在本書中,一般翻譯為自然而不費力。

㉜ 這個正念的定義來自向智(Nyanaponika)長老,*The Power of Mindfulness* (Kandy, Sri Lanka: Buddhist Publication Society, 1986)。

㉝ 譯註:《清淨道論》中,修觀會經歷十六個觀智階段,第十四、十五為道智和果智,體證解脫的境界。

㉞ Luria Castell Dickinson, quoted in Sheila Weller, "Suddenly That Summer," *Vanity Fair*, July, 2012, p. 72。同樣的,神經學家奧利佛·塞克斯(Oliver Sacks) 寫出他自己探索好多種改變心智的藥物:「有人可以經由靜觀或類似引發超驗的技巧而達到超驗的境地。但藥物提供了捷徑;它們有求必應保證超驗境地。」Oliver Sacks, "Altered States," *The New Yorker*, August 27, 2012, p. 40。雖然藥物可引發狀態的暫變,卻不能使內心發生質變。

第三章

① 譯註:阿毗達摩的用語為「心所」,心所有法之意。

② 健康和不健康:學術行話是翻譯成「美心所」(wholesome mental factors)和「不善心所」(unwholesome mental factors)。

③ 譯註:這是阿毗達摩的幾個成對的美心所:身輕安與心輕安、身輕快性與心輕快性、身柔軟性與心柔軟性、身適業性與心適業性、身練達性與心練達性、身正直性與心正直性。其中適業在字面上比較不易了解,是指成功

緣取靜觀所緣。阿毗達摩中，這幾個成對的心所，巴利文 kaya 字面看起來像身和心，其實是指心所和心，因為此處的身是指「名身」（精神的身），而不是「色身」（物質的身）。

④ 向智長老，俗名為辛格默德·芬尼格（Siegmund Feniger），是生於德國的猶太人，1901 年出生，二十幾歲就已經是佛教徒，他讀了另一位德國出生的三界智長老（Nyanatiloka Thera）的書，深受鼓舞，三界智長老俗名安頓·古斯（Anton Gueth）。希特勒興起，芬尼格遠颺至當時的錫蘭，追隨三界智大長老，住在可倫坡附近的寺院中，三界智長老曾跟隨證悟的（即阿羅漢）緬甸比丘學習靜觀，向智長老後來跟隨傳奇的靜觀大師和學者馬哈希學習，馬哈希是慕寧達的老師。

⑤ 這門課也吸引了許多校外人士，包括米歇爾·卡珀（Mitch Kapor），他後來創立早期相當成功的軟體公司 Lotus。

⑥ 另一位助教後來有顯赫經歷的是肖薩納·朱伯夫（Shoshanah Zuboff），後來成為哈佛商學院教授，著有 *In The Age of the Smart Machine*（Basic Books, 1989）和其他書。一位學生約爾·麥卡利（Joel McCleary）成為吉米·卡特內閣閣員，對國務院同意達賴喇嘛首次訪美，至為關鍵。

⑦ 在現代化瑜伽中心練習瑜伽的數以百萬計的人，並沒有複製一般亞洲瑜伽士的方法。甚至到今天，瑜伽士也仍在偏遠之地單獨隱密地練習這樣傳統的方法。傳統上，教導這些修行，是一個老師（或「上師」）對一個學生，而不是瑜伽工作室的一班。現代場景中典型的姿勢與傳統的瑜伽修行是不同的：站立是近年的創新，體位法是從歐洲運動慣例而來，瑜伽士在野地更能練習調息呼吸法，使心平靜，引發靜觀狀態，而不像瑜伽課那樣為了健身、而非支持長時間坐禪（這是瑜伽體位法的原始目的）而設計。見 William Broad, *The Science of Yoga*. New York: Simon and Schuster, 2012。

⑧ Richard J. Davidson and Daniel J. Goleman, "The Role of Attention in Meditation and Hypnosis: A Psychobiological Perspective on Transformations of Consciousness," *The International Journal of Clinical and Experimental Hypnosis*," 25:4 (1977): 291–308.

⑨ David Hull, Science As a Process (Chicago: University of Chicago Press, 1990).

⑩ Joseph Schumpeter, *History of Economic Analysis* (New York: Oxford University Press, 1996), p. 41.

⑪ 這正是神經科學領域成形的幾年，大半根據動物研究，而不是人類。神經科學學會於 1971 年舉行首次會議，理奇第一次參加，已是學會的第五次會議。

⑫ E. L. Bennett et al., "Rat Brain: Effects of Environmental Enrichment on Wet and Dry Weights," *Science*, 163:3869 (1969): 825–26. http://www.sciencemag.org/

content/163/3869/825.short。我們現在知道這生長可能也包括增加新的神經元。

⑬ 音樂訓練如何形塑大腦的最近論文，見：C. Pantev and S. C. Herholz, "Plasticity of the Human Auditory Cortex Related to Musical Training," *Neuroscience Biobehavioral Review* 35:10 (2011): 2140–54. doi:10.1016 /j.neubiorev.2011.06.010; S. C. Herholz and R. J. Zatorre, "Musical Training As a Framework for Brain Plasticity: Behavior, Function, and Structure," *Neuron* 2012:76(3): 486–502. doi:10.1016/j.neuron.2012.10.011. 12。

⑭ T. Elbert et al., "Increased Cortical Representation of the Fingers of the Left Hand in String Players," *Science* 270: 5234 (1995): 305–7. doi:10.1126/science.270.5234.305。這是音樂訓練對大腦影響最有影響力的研究項目，受試者由六名中提琴手、兩名大提琴手、一名吉他手以及六名非音樂人控制組所組成。音樂家的培訓歷史從七年到十七年。非音樂家則與音樂家同年齡、同性別。重要的是，所有的音樂家都演奏弦樂器，都是右撇子，他們的左手在演奏時都不斷地撥弄樂器。彈奏弦樂器需要相當的手動靈活性，並增強觸覺靈敏度，這對於表演熟練至關重要。使用一種技術來測量大腦產生的磁信號，非常像測量電信號（儘管具有更大的空間分辨率），顯示音樂家用於左手手指的皮質表面明顯比非音樂家大，而早年就開始接受培訓的音樂家，這個區域最大。

⑮ 在技術上說，這是中央小窩外圍視覺（parafoveal vision），中央小窩（fovea）是視網膜接收眼前物體訊息的區域，而如果訊息在極右或極左，稱為中央小窩外圍。

⑯ 納薇爾研究了十名平均年齡為三十歲的深度和先天性聾人，並將他們與沒有聽力缺陷的年齡和性別匹配正常發育組進行比較。納薇爾的團隊的測試旨在評估他們的旁中心凹視力。屏幕上呈現黃色閃爍的圓圈，有些閃爍很快，但大多數閃爍很慢。參與者的任務是看到不常出現的快的黃色閃爍圓圈時，按下一個按鈕。有時候，圓圈會出現在屏幕的中央，有時候，圓圈則會出現在兩邊的中心凹視力中。聾人看到出現在周邊的黃色圓圈比控制組更為準確。這個發現在預料之中，因為聾人的手語經驗豐富，因此他們的視覺經驗和控制組有很大的不同，並且經常接觸不在中心位置的豐富信息。但是最令人吃驚的發現是，僅有聾人的初級聽覺皮層（皮質區塊，接收從耳朵開始的上游輸入的部分）對出現在兩邊的圓圈顯示出強烈的活化反應，但聽覺正常者的初級聽覺區域對視覺輸入訊號一點也沒有啟動反應。見 G. D. Scott, C. M. Karns, M. W. Dow, C. Stevens, H. J. Neville, "Enhanced Peripheral Visual Processing in Congenitally Deaf Humans Is Supported by Multiple Brain Regions, Including Primary Auditory Cortex," *Frontiers in Human Neuroscience* 2014:8(March): 1– 9.doi:10.3389/fnhum .2014.00177。

⑰ 這項研究擱置了一個神經的神話，即在形似腎臟的大腦地圖上，每個地區都有一組特定的功能，這是無法改變的。

⑱ 這個想法對心理學中一系列空洞的假設提出了嚴峻的挑戰，例如，成年的早期，人格就固定了，而你在那個時候的性格將是你在餘生的性格，性格是隨時隨地保持穩定的。反之，神經可塑性則顯示，生活經驗多少會改變人格特質。

⑲ 見於例如 Dennis Charney et al., "Psychobiologic Mechanisms of Post Traumatic Stress Disorder," *Archives of General Psychiatry* 50 (1993): 294–305。

⑳ D. Palitsky et al, "The Association between Adult Attachment Style, Mental Disorders, and Suicidality," *Journal of Nervous and Mental Disease* 201:7 (2013): 579–586; doi:10.1097/NMD.0b013e31829829ab.

㉑ 更正式的說法是，轉變的素質，代表從刻意修心和隨之而來的持續、有益的大腦改變，而形成的思考、感受、行動上持久而有益的特質。

㉒ Cortland Dahl et al., "Meditation and the Cultivation of Wellbeing: Historical Roots and Contemporary Science," *Psychological Bulletin*, in press, 2016.

㉓ Carol Ryff interviewed at http://blogs.plos.org/neuroanthropology/2012/07/19/psychologist-carol-ryff-on-wellbeing-and-aging-the-fpr-interview/.

㉔ Rosemary Kobau et al., "Well-Being Assessment: An Evaluation of Well-Being Scales for Public Health and Population Estimates of Well-Being among US Adults," *Applied Psychology: Health and Well-Being* 2:3 (2010): 272–97.

㉕ Viktor Frankl, *Man's Search for Meaning*, Boston: Beacon Press, 2006.

㉖ Tonya Jacobs et al., "Intensive Meditation Training, Immune Cell Telomerase Activity, and Psychological Mediators," *Psychoneuroendocrinology*, 2010; doi: 10.1016/j.psyneurn.2010.09.010.

㉗ Omar Singleton et al., "Change in Brainstem Gray Matter Concentration following a Mindfulness-Based Intervention Is Correlated with Improvement in Psychological Well-Being," *Frontiers in Human Neuroscience*, February 18, 2014; doi: 10.3389/fnhum.2014.00033.

㉘ Shauna Shapiro et al., "The Moderation of Mindfulness-Based Stress Reduction Effects by Trait Mindfulness: Results from a Randomized Controlled Trial," *Journal of Clinical Psychology* 67:3 (2011): 267–77.

第四章

① 1. Richard Lazarus, *Stress, Appraisal and Coping* (New York: Springer, 1984).

② Daniel Goleman, "Meditation and Stress Reactivity," Harvard University PhD thesis, 1973; Daniel Goleman and Gary E. Schwartz, "Meditation As an Intervention in Stress Reactivity," *Journal of Consulting and Clinical Psychology*, 44:3 (June 1976): 456– 66; http://dx.doi.org/10.1037/0022-006X.44.3.456.

③ Daniel T. Gilbert et al., "Comment on 'Estimating the Reproducibility of Psychological Science," *Science* 351: 6277 (2016); doi: 10.1126/science.aad7243.

④ 丹所採用的自我評估，稱為狀態—素質焦慮測量（the State-Trait Anxiety Measure），至今仍廣泛用於研究壓力和焦慮，包括靜觀研究。Charles. D. Spielberger et al., *Manual for the State-Trait Anxiety Inventory* (Palo Alto, CA: Consulting Psychologists Press, 1983).

⑤ 丹受了導師鼓勵，因此花了許多週在哈佛醫學院貝克圖書館研讀許多鉅冊文獻來追蹤導向皮電反應的大腦串聯，也就是皮膚上的汗珠，那時還能沒從零零碎碎的線圈拼湊起來，成為現在的神經解剖學。丹的導師有個夢想，希望發表一篇有關的期刊論文，雖然終未能實現。

⑥ 可以肯定的是，理奇的主要電測量方法在當時是相當先進的，但是甚至那時讀紀錄，電流也會給出不精確的大腦內部實況，跟現代腦電圖的分析系統來沒法比。

⑦ 更糟的是，在丹的研究裡，連身體周邊的測量也搞砸了，除了心率和排汗，丹也用肌動電流圖（electromyogram，EMG）評估額肌（皺眉或擔心時，把兩邊眉毛接合的肌肉）的緊繃程度，但是因為別人給丹錯誤的建議，用錯了把感應器貼在額頭的漿糊，肌動電流圖的結果只好放棄不用了。

⑧ 丹的導師教他別在博士論文裡用心率測量，直到後來，他二人合著的學術期刊論文，導師才巧妙地從系裡取得經費，可讓大學部學生計分，但經費不足以在整個紀錄時間都為心率計分，只在導師選出的重要特定時期，譬如從工場意外災害的恢復坡度，但是這裡又有一個問題：靜觀者對意外災害反應比控制組強，雖然他們的恢復坡度更陡（顯示更快回到基準線），這個測量方法沒有顯示他們在意外災害之後比控制組放鬆，後來評估這個研究的人注意到，這是一個弱點。見 e.g., David S. Holmes, "Meditation and Somatic Arousal Reduction: A Review of the Experimental Evidence," *American Psychologist* 39:1 (1984): 1–10。

⑨ 如觀看意外災害影片之前，資深靜觀者和新手都不先禪坐，這是一個重要的比較，會顯示兩者之間可能的素質效應。

⑩ Joseph Henrich et al., "Most People Are Not WEIRD," *Nature* 466:28 (2010). Published online June 30, 2010; doi:10.1038/466029a.

⑪ Anna-Lena Lumma et al., "Is Meditation Always Relaxing? Investigating Heart Rate,

Heart Rate Variability, Experienced Effort and Likeability During Training of Three Types of Meditation," *International Journal of Psychophysiology* 97 (2015): 38–45.

⑫ Eileen Luders et al., "The Unique Brain Anatomy of Meditation Practitioners' Alterations in Cortical Gyrification," *Frontiers in Human Neuroscience* 6:34 (2012): 1–7.

⑬ 譯註：應指第七章所述的研究。

⑭ 推測由於特定干預，諸如靜觀，或心理治療，或藥物，而產生改變的複雜性，而非一般「非特定」的干預效應，仍是實驗設計中的要點。

⑮ S. B. Goldberg et al., "Does the Five Facet Mindfulness Questionnaire Measure What We Think It Does? Construct Validity Evidence from an Active Controlled Randomized Clinical Trial," *Psychological Assessment* 28:8 (2016): 1009–1014. doi:10.1037/pas0000233.

⑯ R. J. Davidson and Alfred W. Kazniak, "Conceptual and Methodological Issues in Research on Mindfulness and Meditation," *American Psychologist* 70:7 (2015): 581–92.

⑰ 亦見例如 Bhikkhu Bodhi, "What Does Mindfulness Really Mean? A Canonical Perspective," *Contemporary Buddhism* 12:1 (2011): 19–39; John Dunne, "Toward an Understanding of Non-Dual Mindfulness," *Contemporary Buddhism* 12:1 (2011): 71–88。

⑱ 見例如, http://www.mindful.org/jon-kabat-zinn-defining-mindfulness/. 以及 Kabat-Zinn, J. "Mindfulness-Based Interventions in Context: Past, Present, and Future." *Clinical Psychology Science and Practice* 10 (2003): 145。

⑲ The Five Facet Mindfulness Questionnaire: R. A. Baer et al., "Using Self-Report *Assessment* Methods to Explore Facets of Mindfulness," *Assessment* 13 (2009): 27–45.

⑳ S. B. Goldberg et al., "The Secret Ingredient in Mindfulness Interventions? A Case for Practice Quality over Quantity," *Journal of Counseling Psychology* 61 (2014): 491–97.

㉑ J. Leigh et al., "Spirituality, Mindfulness, and Substance Abuse, *Addictive Behavior* 20:7 (2005): 1335–41.

㉒ E. Antonova et al., "More Meditation, Less Habituation: The Effect of Intensive Mindfulness Practice on the Acoustic Startle Reflex," *PLoS One* 10:5 (2015): 1–16; doi:10.1371/journal.pone.0123512.

㉓ Breath-counting: D. B. Levinson et al., "A Mind You Can Count On: Validating Breath Counting As Behavioral Measure of Mindfulness,"*Frontiers in Psychology* 5:1202 (2014); http://journal.frontiersin.org/Journal/110196/abstract.

㉔ 同上。

第五章

① 1. St. Abba Dorotheus, quoted in E. Kadloubovsky and G. E. H. Palmer, *Early Fathers from the Philokalia* (London: Faber & Faber, 1971), p. 161.

② Thomas Merton, "When the Shoe Fits," *The Way of Chuang Tzu* (New York: New Directions, 2010), p. 112.

③ Bruce S. McEwen, "Allostasis and Allostatic Load," *Neuropsychoparmacology* 22 (2000): 108– 24.

④ Jon Kabat-Zinn, "Some Reflections on the Origins of MBSR, Skillful Means, and the Trouble with Maps," *Contemporary Buddhism* 12:1 (2011); doi:10.1080 /14639947.2011.564844.

⑤ 同上。

⑥ Philippe R. Goldin and James J. Gross, "Effects of Mindfulness-Based Stress Reduction (MBSR) on Emotion Regulation in Social Anxiety Disorder," *Emotion* 10:1 (2010): 83–91; http://dx.doi.org/10.1037/a0018441.

⑦ Phillipe Goldin et al., "MBSR vs. Aerobic Exercise in Social Anxiety: fMRI of Emotion Regulation of Negative self-Beliefs," *Social Cognitive and Affective Neuroscience Advance Access*, published August 27, 2012; doi:10.1093/scan/nss054.

⑧ Alan Wallace, *The Attention Revolution: Unlocking the Power of the Focused Mind.* Somerville, MA: Wisdom Publications, 2006。欲探索正念的各種意涵，可見 B. Alan Wallace, "A Mindful Balance," *Tricycle* (Spring 2008): 60.

⑨ Gaelle Desbordes, "Effects of Mindful-Attention and Compassion Meditation Training on Amygdala Response to Emotional Stimuli in an Ordinary, Non-Meditative State," *Frontiers in Human Neuroscience* 6:292 (2012): 1–15; doi:10.399/ fnhum.2012.00292.

⑩ V. A. Taylor et al., "Impact of Mindfulness on the Neural Responses to Emotional Pictures in Experienced and Beginner Meditators," *Neuroimage* 57:4 (2011): 1524–1533; doi:10.1016/j.neuroimage.2011.06.001.

⑪ Tor D. Wager et al., "An fMRI-Based Neurologic Signature of Physical Pain," *NEJM* 368:15 (April 11, 2013): 1388-97.

⑫ 見例如 James Austin, *Zen and the Brain: Toward an Understanding of Meditation and Consciousness* (Cambridge, MA: MIT Press, 1999)。

⑬ Isshu Miura and Ruth Filler Sasaki, *The Zen Koan* (New York: Harcourt, Brace & World, 1965), p. xi.

⑭ Joshua A. Grant et al., "A Non-Elaborative Mental Stance and Decoupling of Executive and Pain-Related Cortices Predicts Low *Pain* Sensitivity in Zen Meditators," *Pain* 152 (2011): 150–56.

[15] A. Golkar et al., "The Influence of Work-Related Chronic Stress on the Regulation of Emotion and on Functional Connectivity in the Brain," *PloS One* 9:9 (2014): e104550.

[16] Stacey M. Schaefer et al., "Purpose in Life Predicts Better Emotional Recovery from Negative Stimuli," *PLoS ONE*, 8:11 (2013): e80329; doi:10.1371/journal.pone.0080329.

[17] Clifford Saron, "Training the Mind—The Shamatha Project," in A. Fraser, ed., *The Healing Power of Meditation* (Boston, MA: Shambhala Publications, 2013), p. 45–65.

[18] 譯註：即專注於呼吸的修行，巴利文為安那般那念（ānāpānasati），《大念處經》說：「置念面前，正念而出息，正念而入息。」

[19] Baljinder K. Sahdra et al., "Enhanced Response Inhibition during Intensive Meditation Training Predicts Improvements in Self-Reported Adaptive Socioemotional Functioning," *Emotion* 11:2 (2011): 299–312.

[20] Margaret E. Kemeny et al., "Contemplative/ *Emotion* Training Reduces Negative Emotional Behavior and Promotes Prosocial Responses," *Emotion* 1:2 (2012): 338.

[21] Melissa A. Rosenkranz et al., "Reduced Stress and Inflammatory Responsiveness in Experienced Meditators Compared to a Matched Healthy Control Group," *Psychoneuroim munology* 68 (2016): 117–25。長期靜觀者都修習觀禪和慈悲至少三年，每天至少 30 分鐘，也參加了幾次靜觀營。每一位都用同年齡、同性別的非靜觀者做對照組，在實驗過程中的幾個時間點，他們也同樣提供唾液樣本，來觀測皮質醇的濃度。這個研究沒有主動控制組，基於兩個理由：測量方法用生理測量而非自陳測量，結果比較沒有偏見；克利夫的三個月靜觀課程，不可能創立一個靜觀三年以上接近 9,000 小時靜觀時數的主動控制組。

[22] T. R. A. Kral et al., "Meditation Training Is Associated with Altered Amygdala Reactivity to Emotional Stimuli," under review, 2017.

[23] 如果理奇用其他研究同樣的方法來分析數據，這些差別一個也不會顯示出來，在這些受試組中，杏仁核反應高點是相同的，然而靜觀最久的人顯示出恢復最快，這也許是神經呼應「不黏著」（nonstickiness），此為資深靜觀者對令人難受的圖像，一開始會顯示出一般反應，但不會讓那反應遲遲不去。

[24] 譯註：西元 4 世紀，羅馬皇帝君士坦丁成為基督徒之後，基督教成為一個受人敬重的宗教，開始享受榮華富貴，有一群基督徒看到教會愈來愈腐敗，衷心盼望活出福音生活，在沙漠中或獨居，或建立小社群，尋求屬靈的紀律和聖潔，花很多時間禱告並讀聖經，稱為沙漠教父，詳見第六章第一個原註。

第六章

① 沙漠教父是早期的基督教隱士，住在埃及偏遠的沙漠社群，比較能夠專心修行，主要是誦念 Kyrie Eleison（「主，憐憫我」的希臘字），也就是基督教的「咒語」。這樣的隱士社群是基督教士和修女的先驅，東正教修士，如住在阿索斯山的修士，至今仍誦念 Kyrie Eleison。史冊記載，7 世紀從埃及來的基督教修士，逃離伊斯蘭教的征服，定居在阿索斯山。E. Waddell, The Desert Fathers (Ann Arbor: University of Michigan Press, 1957)。

② 好撒瑪利亞人的計謀是一項實驗，一個廣泛而系統性的有關鼓勵或停止利他行為的研究。Daniel Batson, *Altruism in Humans,* New York: Oxford University Press, 2011.

③ Sharon Salzberg, *Lovingkindness: The Revolutionary Art of Happiness* (Boston: Shambhala, 2002).

④ Arnold Kotler (editor), *Worlds in Harmony: Dialogues on Compassionate Action.* Berkeley: Parallax Press, 1992.

⑤ 研究人員注意到，不只憂鬱症病人才自我批評；在許多情緒問題中都有。我們也像這些研究人員一樣，希望有一個研究顯示靜觀帶來自我慈悲的提升，相關大腦神經迴路也同時轉變。見 Ben Shahar, "A Wait-List Randomized Controlled Trial of Loving-Kindness Meditation Programme for Self-Criticism," *Clinical Psychology and Psychotherapy* (2014); doi:10.1002/cpp.1893。

⑥ 見 e.g., Jean Decety, "The Neurodevelopment of Empathy," *Developmental Neuroscience* 32 (2010): 257–67。

⑦ Olga Klimecki et al. (2013a), "Functional Neural Plasticity and Associated Changes in Positive Affect after Compassion Training," *Cerebral Cortex* 23: 1552–1561.

⑧ Olga Klimecki et al. (2013b), "Differential Pattern of Functional Brain Plasticity after Compassion and Empathy Training," *Social Cognitive and Affective Neuoscience,* online publication, May 9, 2013; doi:10.1093/scan/nst060.

⑨ Thich Nhat Hanh, "The Fullness of Emptiness," *Lion's Roar,* August 6, 2012。'Kuan' 有時英譯為 Kwan、Guan，或 Quan。

⑩ Gaelle Desbordes, "Effects of Mindful-Attention and Compassion Meditation Training on Amygdala Response to Emotional Stimuli in an Ordinary, Non-Meditative State," *Frontiers in Human Neuroscience* 6:292 (2012): 1–15; doi: 10.399/fnhum.2012.00292.

⑪ Cendri A. Hutcherson et al., "Loving-Kindness Meditation Increases Social Connectedness," *Emotion* 8:5 (2008): 720–24.

⑫　Helen Y. Weng et al., "Compassion Training Alters Altruism and Neural Responses to Suffering," *Psychological Science,* published online May 21, 2013, at http://pss.sagepub.com/content/early/2013/05/20/0956797612469537.

⑬　Julieta Galante, "Loving-Kindness Meditation Effects on Well-Being and Altruism: A Mixed-Methods Online RCT," *Applied Psychology: Health and Well-Being* (2016); doi:10.1111/aphw.12074.

⑭　Antoine Lutz et al., "Regulation of the Neural Circuitry of emotion by Compassion Meditation: Effects of Meditative Expertise," *PLoS One* 3:3 (2008;):e1897; doi:10.1371/journal.pone.0001897.

⑮　J. A. Brefczynski-Lewis et al., "Neural Correlates of Attentional Expertise in Long-Term Meditation Practitioners," *Proceeding of the National Academy of Science* 104:27 (2007): 11483–88.

⑯　Clifford Saron, presentation at the Second International Conference on Contemplative Science, San Diego, November 2016.

⑰　Abigail A. Marsh et al., "Neural and Cognitive Characteristics of Extraordinary Altruist," *Proceeding of the National Academy of Science* 111:42 (2014), 15036–41; doi: 10.1073/pnas.1408440111

⑱　利他主義有好幾個因素在運作，但對他人的痛苦感同身受是關鍵因素，可以確定的是，靜觀者的改變不如腎臟捐獻者獨特的大腦結構那樣強烈、那樣長期。見 Desbordes, "Effects of Mindful-Attention and Compassion Meditation Training on Amygdala Response to Emotional Stimuli in an Ordinary, Non-Meditative State," 2012。

⑲　Tania Singer and Olga Klimecki, "Empathy and Compassion," *Current Biology* 24:15 (2014): R875-R878

⑳　Weng et al., "Compassion Training Alters Altruism and Neural Responses to Suffering," 2013.

㉑　譯註：如果老年期分為初老、中老、老老三期，此應指老老期。

㉒　Tania Singer et al.,"Empathy for Pain Involves the Affective but Not Sensory Components of Pain," *Science*, 2004, 303, 5661, pp. 1157–1162 DOI: 10.1126/science.1093535

㉓　Klimecki et al., "Functional Neural Plasticity and Associated Changes in Positive Affect after Compassion Training."

㉔　Bethany E. Kok and Tania Singer, "Phenomenological Fingerprints of Four Meditations: Differential State Changes in Affect, Mind-Wandering, Meta-Cognition, and Interoception before and after Daily Practice across 9 Months of Training," *Mindfulness*, printed online,

August 19, 2016; doi: 10.1007/s12671-016-0594-9.

㉕ 譯註：亦有譯作「後設知覺」、「元知覺」。

㉖ Yoni Ashar et al., "Effects of Compassion Meditation on a Psychological Model of Charitable Donation," *Emotion*, first online publication, March 28, 2016, http://dx.doi.org/10.1037/emo0000119.

㉗ Paul Condon et al., "Meditation Increases Compassionate Response to Suffering," *Psychological Science* 24:10 (August 2013): 1171–80; doi:10.1177/0956797613485603.

㉘ Desbordes et al., "Effects of Mindful-Attention and Compassion Meditation Training on Amygdala Response to Emotional Stimuli in an Ordinary, Non-Meditative State," 2012。兩組都至少練習 20 小時，訓練之前和之後都做了大腦掃描，第二次掃描是在休息時，而非靜觀時。

㉙ 見例如 Derntl et al., "Multidimensional Assessment of Empathic Abilities: Neural Correlates and Gender Differences," *Psychoneuroimmunology*, 35 (2010): 67–82。

㉚ L. Christov-Moore et al., "Empathy: Gender Effects in Brain and Behavior," *Neuroscience & Biobehavioral Reviews* 4:46 (2014): 604–27; doi:10.1016/j.neubiorev.2014.09.001. Empathy.

㉛ M. P. Espinosa and J. Ková ík, "Prosocial Behavior and Gender," *Frontiers in Behavioral Neuroscience* 9 (2015): 1– 9; doi:10.3389/fnbeh.2015.00088.

㉜ 達賴喇嘛將這個觀點無限延伸，雖然沒有證明，但其他遠近的銀河系可能有它們自己的生命形式，果真如此，他們必也希望離苦趨樂。

㉝ A. J. Greenwald and M. R. Banaji, "Implicit Social Cognition: Attitudes, Self-Esteem, and Stereotypes," Psychological Review 102:1 (1995): 4–27; doi:10.1037/0033-295X.102.1.4.

㉞ Y. Kang et al., "The Nondiscriminating Heart: Lovingkindness Meditation Training Decreases Implicit Intergroup Bias," *Journal of Experimental Psychology* 143:3 (2014): 1306–13; doi:10.1037/a0034150.

㉟ 達賴喇嘛於 2013 年 6 月在紐西蘭但尼丁發表的演說，由 Jeremy Russell 記錄在 www.Dalailama.org 網站。

第七章

① Charlotte Joko Beck, *Nothing Special: Living Zen* (New York: HarperCollins, 1993), p. 168.

② Akira Kasamatsu and Tomio Hirai, "An Electroencephalographic Study on Zen Meditation (Zazen)," *Psychiatry and Clinical Neurosciences* 20:4 (1966): 325–36.

③ Elena Antonova et al., "More Meditation, Less Habituation: The Effect of Intensive Mindfulness Practice on the Acoustic Startle Reflex," *PLoS One* 10:5 (2015): 1–16; doi:10.1371/journal.pone.0123512. 靜觀者被教以保持「有聲音時，開放性的覺知」，靜觀新手控制組則教以「整個實驗過程中，保持警醒……如果發現自己心跑開了，回到對周遭的覺知。」

④ 譯註：這是丹在《破壞性情緒》一書中創造的名詞，當情緒升高，誤判情勢的時候，要默念：不要被杏仁核劫持了。

⑤ T. R. A. Kral et al., "Meditation Training Is Associated with Altered Amygdala Reactivity to Emotional Stimuli," under review, 2017.

⑥ Amishi Jha et al, "Mindfulness Training Modifies Subsystems of Attention," *Cognitive, Affective, & Behavioral Neuroscience* 7:2 (2007): 109–19; http://www.ncbi.nlm.nih.gov/pubmed/17672382.

⑦ Catherine E. Kerr et al., "Effects of Mindfulness Meditation Training on Anticipatory Alpha Modulation in Primary Somatosensory Cortex," *Brain Research Bulletin* 85 (2011): 98–103.

⑧ Antoine Lutz, et al., "Mental Training Enhances Attentional Stability: Neural and Behavioral Evidence," The *Journal of Neuroscience* 29:42 (2009): 13418– 27; Heleen A. Slagter, et al., "Theta Phase Synchrony and Conscious Target Perception: Impact of Intensive Mental Training," *Journal of Cognitive Neuroscience* 21:8 (2009): 1536– 49。一個主動控制組，在三個月期間，1 小時課程的頭尾都教導正念，並請他們每天練習 20 分鐘，訓練完畢的表現並不比訓練之前好。

⑨ 譯註：亦有譯作軼事報告、軼聞報告。

⑩ Katherine A. MacLean et al., "Intensive Meditation Training Improves Perceptual Discrimination and Sustained Attention," *Psychological Science,* 21:6 (2010): 829–39.

⑪ 譯註：亦有譯作「注意力暫失」。

⑫ H. A. Slagter et al., "Mental Training Affects Distribution of Limited Brain Resources," *PLoS Biology* 5:6 (2007): e138; doi:10.1371/journal.pbio.0050138。非靜觀的控制組接受同樣時間間隔的測試，並未有注意力瞬盲的變化。

⑬ Sara van Leeuwen et al., "Age Effects on Attentional Blink Performance in Meditation," *Consciousness and Cognition* 18 (2009): 593–99.

⑭ Lorenzo S. Colzato et al., "Meditation-Induced States Predict Attentional Control over Time," *Consciousness and Cognition* 37 (2015): 57–62.

⑮ E. Ophir et al., "Cognitive Control in Multi-Taskers," *Proceedings of the National Academy of Sciences* 106:37 (2009): 15583–87.

⑯ Clifford Nass, in an NPR interview, as quoted in *Fast Company,* February 2, 2014.

⑰ Thomas E. Gorman and C. Shawn Gree, "Short-Term Mindfulness Intervention Reduces the Negative Attentional Effects Associated with Heavy Media Multitasking," *Scientific Reports* 6 (2016): 24542; doi:10.1038/srep24542.

⑱ Michael D. Mrazek et al., "Mindfulness and Mind Wandering: Finding Convergence through Opposing Constructs," *Emotion* 12:3 (2012): 442–48.

⑲ Michael D. Mrazek et a.l, "Mindfulness Training Improves Working Memory Capacity and GRE Performance while Reducing Mind Wandering," *Psychological Science* 24:5 (2013): 776–81.

⑳ Bajinder K. Sahdra et al., "Enhanced Response Inhibition during Intensive Meditation Predicts Improvements in Self-Reported Adaptive Socioemotional Functioning," *Emotion* 11:2 (2011): 299–312.

㉑ Sam Harris, *Waking Up: A Guide to Spirituality without Religion* (NY: Simon & Schuster, 2015), p. 137.

㉒ 見例如 Daniel Kahneman, Thinking, Fast and Slow (New York: Farrar, Straus and Giroux, 2011)。中譯本為《快思慢想》，天下文化，2012 年。

㉓ R. C. Lapate et al., "Awareness of Emotional Stimuli Determines the Behavioral Consequences of Amygdala Activation and Amygdala-Prefrontal Connectivity," *Scientific Reports* 20:6 (2016): 25826; doi:10.1038/srep25826.

㉔ Benjamin Baird et al., "Domain-Specific Enhancement of Metacognitive Ability Following Meditation Training," *Journal of Experimental Psychology: General* 143:5 (2014): 1972–79; http://dx.doi.org/10.1037/a0036882。正念組和主動控制組都上 45 分鐘的課，一週四次，總共兩週，加上在家練習每日 15 分鐘。

㉕ Amishi Jha et al., "Mindfulness Training Modifies Subsystems of Attention," *Cognitive Affective and Behavioral Neuroscience* 7:2 (2007): 109–19; doi: 10.3758/cabn.7.2.109.

㉖ 譯註：奢摩他的意思是止、寂靜、能滅等。止息一切雜念，止息惡不善法，熄滅一切散亂煩惱，達到身心輕安。跟前述三摩地的差別大致是，三摩地泛指達到心念不動的定境，奢摩他指進入禪那的修行方法。

第八章

① Marcus Raichle et al., "A Default Mode of Brain Function," *Proceedings of the National Academy of Sciences* 98 (2001): 676–82.

② M. F. Mason et al., "Wandering Minds: The Default Network and Stimulus-Independent Thought," *Science* 315:581 (2007): 393–95; doi:10.1126/science .1131295.

③ Judson Brewer et al., "Meditation Experience Is Associated with Differences in Default Mode Network Activity and Connectivity," *Proceedings of the National Academy of Sciences* 108:50 (2011a): 1– 6; doi:10.1073/pnas.1112029108.

④ Fakhruddin Iraqi, a thirteenth-century Sufi poet, quoted in James Fadiman and Robert Frager, *Essential Sufism* (New York: HarperCollins, 1997).

⑤ Abu Said of Mineh, quoted in P. Rice, *The Persian Sufis* (London: Allen & Unwin, 1964), p. 34.

⑥ David Creswell et al., "Alterations in Resting-State Functional Connectivity Link Mindfulness Meditation with Reduced Interleukin-6: A Randomized Controlled Trial," *Biological Psychiatry* 80 (2016): 53–61.

⑦ Brewer et al., "Meditation Experience Is Associated with Differences in Default Mode Network Activity and Connectivity.".

⑧ Kathleen A. Garrison et al., "BOLD Signals and Functional Connectivity Associated with Loving Kindness Meditation," *Brain and Behavior* 4:3 (2014): 337–47.

⑨ Aviva Berkovich-Ohana et al., "Alterations in Task-Induced Activity and Resting-State Fluctuations in Visual and DMN Areas Revealed in Long-Term Meditators," *NeuroImage* 135 (2016): 125–34.

⑩ Giuseppi Pagnoni, "Dynamical Properties of BOLD Activity from the Ventral Posteromedial Cortex Associated with Meditation and Attentional Skills," *Journal of Neuroscience* 32:15 (2012): 5242–49.

⑪ V. A. Taylor et al, "Impact of Meditation Training on the Default Mode Network during a Restful State," *Social Cognitive and Affective Neuroscience* 8 (2013): 4–14.

⑫ D. B. Levinson et al., "A Mind You Can Count On: Validating Breath Counting As a Behavioral Measure of Mindfulness," *Frontiers in Psychology* 5 (2014); http://journal. frontiersin.org/Journal/110196/abstract.

⑬ Cole Koparnay, Center for Healthy Minds, University of Wisconsin, in preparation。這項研究比起早期研究靜觀者腦容量各種增加的情況，應用了更嚴謹的腦部變化標準。

⑭ 當然有一小部分靜觀者走另一條路，看起來崇高而冷漠，這也許是很多傳承為彌補這樣的傾向，而強調慈悲心和虔誠的信心，因為「活潑有趣」。

⑮ Arthur Zajonc, personal communication.

⑯ Kathleen Garrison et al., "Effortless Awareness: Using Real Time Neurofeedback to Investigate Correlates of Posterior Cingulate Cortex Activity in Meditators' Self-Report," *Frontiers in Human Neuroscience* 7:440 (August 2013): 1–9.

⑰ Anna-Lena Lumma et al., "Is Meditation Always Relaxing? Investigating Heart Rate, Heart Rate Variability, Experienced Effort and Likeability During Training of Three Types of Meditation," *International Journal of Psychophysiology* 97 (2015): 38–45.

⑱ 見 Daniel Goleman, Destructive Emotions: How Can We Overcome Them? (New York: Bantam, 2003)。中譯本為《破壞性情緒管理：達賴喇嘛與西方科學大師的智慧》，時報出版，2003 年。

第九章

① Natalie A. Morone et al., "A Mind-Body Program for Older Adults with Chronic Low Back Pain: A Randomized Trial," *Journals of the American Medical Association: Internal Medicine* 176:3 (2016): 329–37.

② 譯註：指人們對自身能否利用所擁有的技能去完成某項工作行為的自信程度，這是由美國著名心理學家班杜拉（Albert Bandura）在其著作《思想和行為的社會基礎》中提出的一個重要概念。

③ M. M. Veehof, "Acceptance-and Mindfulness-Based Interventions for the Treatment of Chronic Pain: A Meta-Analytic Review, 2016, *Cognitive Behaviour Therapy* 45:1, (2016): 5–31.

④ Paul Grossman et al., "Mindfulness-Based Intervention Does Not Influence Cardiac Autonomic Control or Pattern of Physical Activity in Fibromyalgia in Daily Life: An Ambulatory, Multi-Measure Randomized Controlled Trial," *The Clinical Journal of Pain* (2017): doi: 10.1097/AJP.0000000000000420.

⑤ Elizabeth Cash et al., "Mindfulness Meditation Alleviates Fribromyalgia Symptoms in Women: Results of a Randomized Clinical Trial," *Annals of Behavioral Medicine* 49:3 (2015): 319–30.

⑥ 譯註：亦有譯為細胞介素、細胞因子。

⑦ Melissa A. Rosenkranz et al., "A Comparison of Mindfulness-Based Stress Reduction and an Active Control in Modulation of Neurogenic Inflammation," *Brain, Behavior, and Immunity* 27 (2013): 174–84.

⑧ Melissa A. Rosenkranz et al., "Neural Circuitry Underlying the Interaction Between Emotion and Asthma Symptom Exacerbation," *Proceedings of the National Academy of Sciences* 102:37 (2005): 13319–24; http://doi.org/10.1073/pnas.0504365102.

⑨ Jon Kabat-Zinn et al., "Influence of a Mindfulness Meditation-Based Stress Reduction Intervention on Rates of Skin Clearing in Patients with Moderate to Severe Psoriasis Undergoing Phototherapy (UVB) and hotochemotherapy (PUVA)," *Psychosomatic Medicine* 60 (1988): 625–32.

⑩ Melissa A. Rosenkranz et al., "Reduced Stress and Inflammatory Responsiveness in Experienced Meditators Compared to a Matched Healthy Control Group," *Psychoneuroim munology* 68 (2016): 117–25.

⑪ E. Walsh, "Brief Mindfulness Training Reduces Salivary IL-6 and TNF-α in Young Women with Depressive Symptomatology," *Journal of Consulting and Clinical Psychology* 84:10 (2016): 887–97; doi:10.1037/ccp0000122; T. W. Pace et al., "Effect of Compassion Meditation on Neuroendocrine, Innate Immune and Behavioral Responses to Psychological Stress," *Psychoneuroimmunology*, 34 (2009): 87–98.

⑫ David Creswell et al., "Alterations in Resting-State Functional Connectivity Link Mindfulness Meditation with Reduced Interleukin-6: A Randomized Controlled Trial," *Biological Psychiatry* 80 (2016): 53–61.

⑬ Daniel Goleman, "Hypertension? Relax," *New York Times Magazine,* December 11, 1988.

⑭ Jeanie Park et al., "Mindfulness Meditation Lowers Muscle Sympathetic Nerve Activity and Blood Pressure in African-American Males with Chronic Kidney Disease," *American Journal of Physiology—Regulatory, Integrative and Comparative Physiology* 307:1 (July 1, 2014), R93–R101; published online May 14, 2014; doi:10.1152/ajpregu.00558.2013.

⑮ John O. Younge, "Mind-Body Practices for Patients with Cardiac Disease: A Systematic Review and Meta-Analysis," *European Journal of Preventive Cardiology* 22:11 (2015): 1385–98.

⑯ 譯註：表觀遺傳學（epigenetics）又譯為表徵遺傳學、擬遺傳學、表遺傳學、外遺傳學以及後遺傳學，1942 年，英國生物學家康拉德‧哈爾、沃丁頓（Conrad Hal Waddington）率先提出表觀遺傳學的概念，認為後天環境對外觀的影響確實無法遺傳，但後天環境對基因的影響則有可能遺傳給後代。

⑰ Perla Kaliman et al., "Rapid Changes in Histone Deacetylases and Inflammatory Gene Expression in Expert Meditators," *Psychoneuroendocrinology* 40 (2014): 96–107.

⑱ J. D. Creswell et al., "Mindfulness-Based Stress Reduction Training Reduces Loneliness and Pro-Inflammatory Gene Expression in Older Adults: A Small Randomized Controlled Trial," *Brain, Behavior, and Immunity* 26 (2012): 1095–1101.

⑲ J. A. Dusek, "Genomic Counter-Stress Changes Induced by the Relaxation Response," *PLOS One* 3:7 (2008): e2576; M. K. Bhasin et al., "RelaxationResponse Induces Temporal Transcriptome Changes in Energy Metabolism, Insulin Secretion and Inflammatory Pathways," PLoS One, 8:5 (2013): e62817.

⑳ H. Lavretsky et al., "A Pilot Study of Yogic Meditation for Family Dementia Caregivers with Depressive Symptoms: Effects on Mental Health, Cognition, and Telomerase Activity," *International Journal of Geriatric Psychiatry* 28:1 (2013) 57–65.

㉑ N. S. Schutte and J. M. Malouff, "A Meta-Analytic Review of the Effects of Mindfulness Meditation on Telomerase Activity,"*Psychoneuroendocrinology* 42 (2014): 45–48; http://doi.org/10.1016/j.psyneuen.2013.12.017.

㉒ Tonya L. Jacobs et al., "Intensive Meditation Training, Immune Cell Telomerase Activity, and Psychological Mediators," *Psychoneuroendocrinology* 36:5 (2011): 664–81; http://doi.org/10.1016/j.psyneuen.2010.09.010.

㉓ Hoge, Elizabeth A., et al., "Loving-Kindness Meditation Practice Associated with Longer Telomeres in Women," *Brain, Behavior, and Immunity* 32 (2013): 159–63.

㉔ Christine Tara Peterson et al., "Identification of Altered Metabolomics Profiles Following a Panchakarma-Based Ayurvedic Intervention in Healthy Subjects: The Self-Directed Biological Transformation Initiative (SBTI), Nature: *Scientific Reports* 6 (2016): 32609; Doi:10.1038/srep32609.

㉕ A. L. Lumma et al., "Is Meditation Always Relaxing? Investigating Heart Rate, Heart Rate Variability, Experienced Effort and Likeability During Training of Three Types of Meditation," *International Journal of Psychophysiology* 97:1 (2015): 38–45.

㉖ Antoine Lutz et al., "BOLD Signal in Insula Is Differentially Related to Cardiac Function during Compassion Meditation in Experts vs. Novices," *NeuroImage* 47:3 (2009): 1038–46; http://doi.org/10.1016/j.neuroimage.2009.04.081.

㉗ J. Wielgosz et al., "Long-Term Mindfulness Training Is Associated with Reliable Differences in Resting Respiration Rate," *Scientific Reports* 6 (2016): 27533; doi:10.1038/srep27533.

㉘ Sara Lazar et al., "Meditation Experience Is Associated with Increased Cortical Thickness," *Neuroreport 16* (2005): 1893–97。這個研究將二十個觀禪的修行者（終身平均約有 3,000 小時的靜觀經驗）與年齡和性別相符的控制組互相比較。

㉙ Kieran C.R. Fox, "Is Meditation Associated with Altered Brain Structure? A Systematic Review and Meta-Analysis of Morphometric Neuroimaging in Meditation Practitioners," *Neuroscience and Biobehavioral Reviews* 43 (2014): 48–73.

㉚ Eileen Luders et al., "Estimating Brain Age Using High-Resolution Pattern Recognition: Younger Brains in Long-Term Meditation Practitioners," *Neuroimage* (2016); doi:10.1016/j.nueroimage. 2016.04.007.

㉛ Eileen Luders et al., "The Unique Brain Anatomy of Meditation Practitioners' Alterations in Cortical Gyrification," *Frontiers in Human Neuroscience* 6:34 (2012): 1–7.

㉜ For example, B. K. Holzel et al., "Mindfulness Meditation Leads to Increase in Regional Grey Matter Density," Psychiatry Research: *Neuroimaging* 191 (2011): 36–43.

㉝ S. Coronado-Montoya et al., "Reporting of Positive Results in Randomized Controlled Trials of Mindfulness-Based Mental Health Interventions," *PLOS One*, 11:4 (2016): e0153220; http://doi.org/10.1371/journal.pone.0153220.

㉞ Cole Korponay，準備發表。

㉟ A. Tusche et al., "Decoding the Charitable Brain: Empathy, Perspective Taking, and Attention Shifts Differentially Predict Altruistic Giving," *Journal of Neuroscience*. 2016; 36(17): 4719–4732. doi:10.1523/JNEUROSCI.3392-15.2016.

㊱ S. K. Sutton and R. J. Davidson, "Prefrontal Brain Asymmetry: A Biological Substrate of the Behavioral Approach and Inhibition Systems, "*Psychological Science* 8:3 (1997): 204–10; http://doi.org/10.1111/j.1467-9280.1997.tb00413.x.

㊲ Daniel Goleman, *Destructive Emotions: How Can We Overcome Them*? (New York: Bantam, 2003)。中譯本為《破壞性情緒管理：達賴喇嘛與西方科學大師的智慧》，時報出版，2003 年。

㊳ P. M. Keune et al., "Mindfulness-Based Cognitive Therapy (MBCT), Cognitive Style, and the Temporal Dynamics of Frontal EEG Alpha Asymmetry in Recurrently Depressed Patients," *Biological Psychology* 88: 2–3 (2011): 243– 52; http://doi.org/10.1016/j.biopsycho.2011.08.008.

㊴ P. M. Keune et al., "Approaching Dysphoric Mood: State-Effects of Mindfulness Meditation on Frontal Brain Asymmetry," *Biological Psychology* 93:1 (2013): 105–13; http://doi.org/10.1016/j.biopsycho.2013.01.016.

㊵ E. S. Epel et al., "Meditation and Vacation Effects Have an Impact on Disease-Associated Molecular Phenotypes," *Nature* 6 (2016): e880; doi:10.1038/tp. 2016.164.

㊶ The Stephen E. Straus Distinguished Lecture In the Science of Complementary Health Therapies.

第十章

① 譯註；中譯本名為《煉心術：用智慧的專注，解脫八萬四千情緒慣性》，大塊文化，2002 年。

② Tara Bennett-Goleman, *Emotional Alchemy: How the Mind Can Heal the Heart* (New York: Harmony Books, 2001).

③ 譯註；中譯本名為《找回內心的寧靜：憂鬱症的正念認知療法》（二版），心靈工坊，2015 年。

④ Zindel Segal, Mark Williams, and John Teasdale et al., *Mindfulness-Based Cognitive Therapy for Depression* (New York: Guilford Press, 2003); John Teasdale et al., "Prevention of Relapse/Recurrence in Major Depression by Mindfulness-Based Cognitive Therapy," *Journal of Consulting and Clinical Psychology* 68:4 (2000): 615–23.

⑤ Madhav Goyal et al., "Meditation Programs for Psychological Stress and Well-Being: A Systematic Review and Meta-Analysis,"*JAMA Internal Medicine*, published online January 6, 2014; doi:10.1001/jamainternmed.2013.13018.

⑥ J. Mark Williams et al., "Mindfulness-Based Cognitive Therapy for Preventing Relapse in Recurrent Depression: A Randomized Dismantling Trial," *Journal of Consulting and Clinical Psychology* 82:2 (2014): 275– 86.

⑦ Alberto Chiesa, "Mindfulness-Based Cognitive Therapy vs. Psycho-Education for Patients with Major Depression Who Did Not Achieve Remission Following Anti-Depressant Treatment," *Psychiatry Research* 226 (2015): 174–83.

⑧ William Kuyken et al., "Efficacy of Mindfulness-Based Cognitive Therapy in Prevention of Depressive Relapse," *JAMA Psychiatry* (April 27, 2016); doi:10.1001/jamapsychiatry.2016.0076.

⑨ Zindel Segal, presentation at the International Conference on Contemplative Science, San Diego, November 18– 20, 2016.

⑩ Sona Dimidjian et al., "Staying Well during Pregnancy and the Postpartum: A Pilot Randomized Trial of Mindfulness-Based Cognitive Therapy for the Prevention of Depressive Relapse/Recurrence," *Journal of Consulting and Clinical Psychology* 84:2 (2016): 134–45.

⑪ S. Nidich et al., "Reduced Trauma Symptoms and Perceived Stress in Male Prison Inmates through the Transcendental Meditation Program: A Randomized Controlled Trial," *Permanente Journal* 20:4 (2016): 43–47; http://doi.org/10.7812/TPP/16-007.

⑫ Filip Raes et al., "School-Based Prevention and Reduction of Depression in Adolescents: A Cluster-Randomized Controlled Trial of a Mindfulness Group," *Mindfulness*, March, 2013; doi:10.1007/s12671-013-0202-1.

⑬ Philippe R. Goldin and James J. Gross, "Effects of Mindfulness-Based Stress Reduction (MBSR) on Emotion Regulation in Social Anxiety Disorder," *Emotion* 10:1 (2010): 83–91; http://dx.doi.org/10.1037/a0018441.

⑭ David J. Kearney et al., "Loving-Kindness Meditation for Post-Traumatic Stress Disorder: A Pilot Study," *Journal of Traumatic Stress* 26 (2013): 426–34。截至撰寫本書之際，退伍軍人研究人員指出，他們樂觀的研究結果需要後續研究。這項後續研究有 130 名有創傷後壓力症候群的退伍軍人，隨機分派到主動對照組，一年為期。慈心禪和主動控制組的「黃金標準」的治療、各種認知療法相比

較。假設：慈心也會起作用，只是通過不同的機制。

⑮ 另一非嚴謹事例報告：P. Gilbert and S. Procter, "Compassionate Mind Training for People with High Shame and Self-Criticism: Overview and Pilot Study of a Group Therapy Approach," *Clinical Psychology & Psychotherapy* 13 (2006): 353–79.

⑯ Jay Michaelson, *Evolving Dharma: Meditation, Buddhism, and the Next Generation of Enlightenment* (Berkeley: Evolver Publications, 2013)。在通俗語中，心靈旅程中的「暗夜」已和原來的意義不一樣了。17 世紀西班牙神秘主義者聖十字若望地首先用了這個詞，只是用來形容從未知領域神秘地超昇，與天主的喜樂融為一體。然而，今天「暗夜」意味陷於恐懼，於是放棄世俗身份帶來的一切。

⑰ 此句似乎符合《清淨道論》中十六觀智中的「生滅隨觀智」的描述，但比照以下描述，又顯然不是。

⑱ 譯註；卡巴拉（Kabbalah）希伯來語，意為接受、傳承，是與猶太哲學觀點有關的思想，用來解釋永恆的造物主與有限的宇宙之間的關係。雖然它被許多教派所引用，但它本身並未形成宗派，僅僅是傳統猶太教典之內的經典。

⑲ Daniel Goleman, "Meditation As Meta-Therapy: Hypotheses Toward a Proposed Fifth State of Consciousness," *Journal of Transpersonal Psychology* 3:1 (1971): 1-26.

⑳ Jack Kornfield, *The Wise Heart: A Guide to the Universal Teachings of Buddhist Psychology* (New York: Bantam Books, 2009).

㉑ 譯註；中譯本名為《智慧的心：佛法的心理健康學》，張老師文化，二〇一〇年。

㉒ Daniel Goleman and Mark Epstein, "Meditation and Well-Being: An Eastern Model of Psychological Health" *ReVision* 3:2 (1980): 73–84. Reprinted in Roger Walsh and Deane Shapiro, Beyond Health and Normality, New York: Van Nostrand-Reinhold, 1983.

㉓ Mark Epstein 的第一本書是 *Thoughts Without a Thinker: Psychotherapy from a Buddhist Perspective* (New York: Basic Books, 1995)；他的第二本書將是 *Advice Not Given: A Guide to Getting Over Yourself* (New York: Penguin, 2018)。

第十一章

① 譯註：即上達蘭薩拉。

② 弗朗索瓦‧雅各布（François Jacob）發現，原核細胞內酵素表現的程度會受 DNA 的轉錄機制影響。由於這個發現，他贏得 1965 年諾貝爾獎。

③ 馬修多年擔任「心智與生命學院」的董事，長期與該學院中多次與達賴喇

喇對話的科學家合作。.

④ Antoine Lutz et al., "Long-Term Meditators Self-Induce High-Amplitude Gamma Synchrony during Mental Practice," *Proceedings of the National Academy of Sciences* 101:46 (2004): 16369; http://www.pnas.org/content/101/46/16369.short.

⑤ Dilgo Khyentse Rinpoche (1910– 91).

⑥ Lawrence K. Altman, *Who Goes First?* (New York: Random House, 1987)。中譯本為《誰先來？：在自己身上做實驗的醫生》，天下文化，2000 年。

⑦ Francisco J. Varela and Jonathan Shear, "First-Person Methodologies: What, Why, How?" *Journal of Consciousness Studies* 6: 2–3 (1999): 1–14.

⑧ H. A. Slagter et al., "Mental Training As a Tool in the Neuroscientific Study of Brain and Cognitive Plasticity, *Frontiers in Human Neuroscience* 5:17 (2011); doi:10.3389/fnhum.2011.00017.

⑨ 這個課程是由「西藏—埃默里科學專案計畫」（Tibet-Emory Science Project）開設，洛桑丹增‧納吉格西為共同主任，理奇為慶祝新課程，與達賴喇嘛、科學家、哲學家、靜觀者在南印度卡納塔克邦（Karnataka State）西藏佛教徒的前哨哲蚌寺（Drepung Monastery）舉行會議。Mind and Life XXVI, "Mind, Brain, and Matter: A Critical Conversation between Buddhist Thought and Science," Mundgod, India, 2013. 9

⑩ 當時約翰‧杜恩是威斯康辛大學亞洲語言文化學系的助理教授，現為靜觀人文學（Contemplative Humanities）特聘教授，附屬於理奇的研究計畫。

⑪ Antoine Lutz et al., "Long-Term Meditators Self-Induce High-Amplitude Gamma Synchrony during Mental Practice," *Proceedings of the National Academy of Sciences* 101:46 (2004): 16369. http://www.pnas.org/content/101/46/16369.short.

⑫ 祖古‧烏金的父親據說生平閉關超過三十年，祖古‧烏金的曾祖父，也就是傳奇的秋林仁波切（Chokling Rinpoche）是修行的巨人，創立至今仍相當活躍的修行法脈。見 Tulku Urgyen, trans. Erik Pema Kunzang, Blazing Splendor (Kathmandu: Blazing Splendor Publications, 2005)。

第十二章

① 譯註：謎底是：全加上 apple，使 sauce 變成 applesauce，使 pine 變成 pineapple，使 crab 變成 crabapple。

② Third Dzogchen Rinpoche, trans. Cortland Dahl, *Great Perfection, Volume Two: Separation and Breakthrough* (Ithaca, NY: Snow Lion Publications, 2008), p. 181.

③ F. Ferrarelli et al., "Experienced Mindfulness Meditators Exhibit Higher Parietal-Occipital

EEG Gamma Activity during NREM Sleep," *PLoS One* 8:8 (2013):e73417; doi:10.1371/journal.pone.0073417。這篇研究與瑜伽士報告相符，而且我們強烈懷疑我們也會有同樣的發現（西藏瑜伽士的睡眠研究還沒有進行，儘管他們確實做了在睡眠期間培育靜觀覺知的練習）。

④ Antoine Lutz et al., "Long-Term Meditators Self-Induce High-Amplitude Gamma Synchrony during Mental Practice," *Proceedings of the National Academy of Sciences* 101:46 (2004): 16369; http://www.pnas.org/content/101/46/16369.short.

⑤ Antoine Lutz et al., "Regulation of the Neural Circuitry of Emotion by Compassion Meditation: Effects of Meditative Expertise," *PLoS One* 3:3 (2008): e1897; doi:10.1371/journal.pone.0001897.

⑥ 在大腦掃描之前的一週，新手每天花 20 分鐘散發這個正面的心態給一切眾生。

⑦ Lutz et al., "Regulation of the Neural Circuitry of Emotion by Compassion Meditation: Effects of Meditative Expertise" (2008).

⑧ Judson Brewer et al., "Meditation Experience Is Associated with Differences in Default Mode Network Activity and Connectivity," *Proceedings of the National Academy of Sciences* 108:50 (2011a): 1– 6; doi:10.1073/pnas.1112029108.

⑨ https://www.freebuddhistaudio.com/texts/meditation/Dilgo_Khyentse _Rinpoche/FBA13_Dilgo_ Khyentse_ Rinpoche_on_ Maha_ Ati.pdf.

⑩ The Third Khamtrul Rinpoche, trans. *Gerardo Abboud, The Royal Seal of Mahamudra* (Boston: Shambhala, 2014), p. 128.

⑪ Anna-Lena Lumma et al., "Is Meditation Always Relaxing? Investigating Heart Rate, Heart Rate Variability, Experienced Effort and Likeability During Training of Three Types of Meditation," *International Journal of Psychophysiology* 97 (2015): 38– 45.

⑫ R. van Lutterveld et al., "Source-Space EEG Neurofeedback Links Subjective Experience with Brain Activity during Effortless Awareness Meditation," *Neuroimage* (2016); doi:10.1016/j.neuroimage.2016.02.047.

⑬ K. A. Garrison et al., "Effortless Awareness: Using Real Time Neurofeedback to Investigate Correlates of Posterior Cingulate Cortex Activity in Meditators' Self-Report," *Frontiers in Human Neuroscience* 7(August 2013): 1– 9; doi:10.3389/fnhum.2013.00440.

⑭ Antoine Lutz et al., "BOLD Signal in Insula Is Differentially Related to Cardiac Function during Compassion Meditation in Experts vs. Novices," *NeuroImage* 47:3 (2009): 1038– 46; http://doi.org/10.1016/j.neuroimage.2009.04.081

⑮ 譯註：慈悲心有三類：眾生緣慈（這是一般凡情的慈愛。不明我、法二空，以為實有眾生，見眾生的有苦有樂，而生起慈悲）、法緣慈（這是悟解得眾生的無我性，見到眾生老是在惑業苦流轉中不得解脫，從此而引起慈悲。不是不緣眾生相，是通達無我而緣依法和合的眾生）、無所緣慈（徹證一切法空時，當下顯了假名的眾生。緣起的假名眾生即畢竟空，這是通達我、法二空所流露的慈悲）。

第十三章

① Milarepa in Matthieu Ricard, *On the Path to Enlightenment,* Boston: Shambhala, 2013. p. 122.

② Judson Brewer et al., "Meditation Experience Is Associated with Differences in Default Mode Network Activity and Connectivity," *Proceedings of the National Academy of Sciences* 108:50 (2011a): 1–6; doi:10.1073/pnas.1112029108.

③ Francis de Sales, quoted in Aldous Huxley, *The Perennial Philosophy* (New York: Harper & Row, 1947), p. 285.

④ Wendy Hasenkamp and her team used fMRI to identify the brain regions engaged by each of these steps. Wendy Hasenkamp et al., "Mind Wandering and Attention during Focused Meditation: A Fine-Grained Temporal Analysis during Fluctuating Cognitive States," *NeuroImage* 59:1 (2012): 750–760; Wendy Hasenkamp and L. W. Barsalou, "Effects of Meditation Experience on Functional Connectivity of Distributed Brain Networks," *Frontiers in Human Neuroscience* 6:38 (2012); doi:10.3389/fnhum.2012.00038.

⑤ 譯註：在態度心理學中，態度改變研究發現一個有趣而反常的現象：人們對消息來源由於威信因素而產生的影響，說服效果隨著時間的推移不降低反而提高，這種現象稱為睡眠者效應。

⑥ 2011 年達賴喇嘛在達蘭薩拉第十三次「心智與生命」會議中，講述這個故事並且解釋其意涵。Daniel Goleman and John Dunne, eds., Ecology, Ethics and Interdependence (Boston: Wisdom Publications, 2017).

⑦ Anders Ericsson and Robert Pool, *Peak: Secrets from the New Science of Expertise* (New York: Houghton Mifflin Harcourt, 2016)。中譯本為《刻意練習：原創者全面解析，比天賦更關鍵的學習法》，方智，2017 年。

⑧ T. R. A. Kral et al., "Meditation Training Is Associated with Altered Amygdala Reactivity to Emotional Stimuli," under review, 2017.

⑨ J. Wielgosz et al., "Long-Term Mindfulness Training Is Associated with Reliable Differences in Resting Respiration Rate," *Scientific Reports* 6 (2016): 27533; doi:10.1038/

srep27533.

⑩ Jon Kabat-Zinn et al., "The Relationship of Cognitive and Somatic Components of Anxiety to Patient Preference for Alternative Relaxation Techniques," *Mind/Body Medicine* 2 (1997): 101– 9.9780399184383_Altered_TX.indd 319 5/2/17 4:38 PM NO

⑪ 譯註：這部論典多是對出家比丘而說，也就是已經決意走上解脫道的人。

⑫ 譯註：修不淨觀是以死屍敗壞過程的十種不淨相來對治貪欲，特別是淫欲。

⑬ Richard Davidson and Cortland Dahl, "Varieties of Contemplative Practice," *JAMA Psychiatry* 74:2 (2017):121; doi:10.1001/jamapsychiatry.2016.3469.

⑭ 譯註：奉愛瑜伽主張我們個體生命真我（個體靈魂）與絕對真理，也就是至尊真我（至尊靈魂、主、博伽梵），奎師那（Krishna）的連結。奎師那在《博伽梵歌》（*Bhagavad-gita*）中說：「只有通過奉獻服務，人們才能認識我。」因此，奉愛瑜珈唱頌至尊人格神聖主奎師那的聖名，哈瑞奎師那曼陀，這是所有曼陀（咒語）中最高的曼陀，又稱曼陀瑜伽。

⑮ 見例如 Daniel Goleman, *The Meditative Mind* (New York: Penguin; first published 1976, as The Varieties of the Meditative Experience)。丹現在看到他的靜觀分類學有局限了。例如，這種二元的分類忽略、甚至簡直扭曲了好幾種重要的靜觀方法，像是心中生起一個圖像與相應感受和心態的「觀想」。

⑯ Cortland J. Dahl, Antoine Lutz, and Richard J. Davidson, "Reconstructing and Deconstructing the Self: Cognitive Mechanisms in Meditation Practice," *Trends in Cognitive Science* 20 (2015): 1–9; http//dx.doi.org/10.1016/j.tics.2015.07.001.

⑰ 譯註：亦譯為波羅密多，是從世間此岸到佛道彼岸的法門，又稱「度」，也有事成辦之意。大乘菩薩修學的大綱為「六度」和「四攝」，其中六度就是施、戒、忍、精進、禪那、般若（智慧）。

⑱ Hazrat Ali, quoted in Thomas Cleary, *Living and Dying in Grace: Counsel of Hazrat Ali* (Boston: Shambhala, 1996).

⑲ 譯註：哈西迪教派或稱極端正統猶太教，是猶太教正統派中最保守的一支，教徒認為他們的信仰和宗教常規是直接傳承自摩西。

⑳ Paraphrased from Martin Buber, *Tales of the Hasidim* (New York: Schocken Books, 1991), p. 107.

㉑ The Third Khamtrul Rinpoche, trans. Gerardo Abboud, *The Royal Seal of Mahamudra* (Boston: Shambhala, 2014).

㉒ J. K. Hamlin et al., "Social Evaluation by Preverbal Infants," *Nature* 450:7169 (2007): 557–59; doi:10.1038/nature06288.

㉓ F. Ferrarelli et al.,"Experienced Mindfulness Meditators Exhibit Higher Parietal-Occipital EEG Gamma Activity during NREM Sleep," *PLoS One* 8:8 (2013): e73417; doi:10.1371/journal.pone.0073417.

㉔ 科學與宗教在權威與認知方式，各領風騷，彼此互不交集，這樣的觀點一直以來為人所倡議，例如，可見於 Stephen Jay Gould 所著 *Rocks of Ages: Science and Religion in the Fullness of Life* (New York: Ballantine, 1999)。

第十四章

① 譯註：亦有譯作「醫院整合醫學專科醫師」。

② 譯註：在美國，未滿五歲上 pre-school，五歲上 kindergarten。

③ L. Flook et al., "Promoting Prosocial Behavior and Self-Regulatory Skills in Preschool Children through a Mindfulness-Based Kindness Curriculum," *Developmental Psychology* 51:1 (2015): 44–51; doi:http://dx.doi.org/10.1037/a0038256.

④ R. Davidson et al.,"Contemplative Practices and Mental Training: Prospects for American Education," *Child Development Perspectives* 6:2 (2012): 146–53; doi:10.1111/j. 1750-8606.2012.00240.

⑤ Daniel Goleman and Peter Senge, The Triple Focus: A New Approach to Education (Northampton, MA: MoreThanSound Productions, 2014)。中譯本為《未來教育新焦點：專注自己、關懷他人、理解世界》，天下文化，2015 年。

⑥ Daniel Rechstschaffen, *Mindful Education Workbook* (New York: W. W. Norton, 2016); Patricia Jennings, *Mindfulness for Teachers* (New York: W. W. Norton, 2015); R. Davidson et al., "Contemplative Practices and Mental Training: Prospects for American Education" (2012).

⑦ 這個工作仍在初生階段，在這本書寫作的同時，為首的幾篇評估這類遊戲的科學論文正準備發表。

⑧ D.B. Levinson et al., "A Mind You Can Count On: Validating Breath Counting As a Behavioral Measure of Mindfulness," *Frontiers in Psychology* 5 (2014); http://journal.frontiersin.org/Journal/110196/abstract. Tenacity will likely be available in late 2017. For more info: http://centerhealthyminds.org/.

⑨ E. G. Patsenko et al., "Resting State (rs)-fMRI and Diffusion Tensor Imaging (DTI) Reveals Training Effects of a Meditation-Based Video Game on Left Fronto-Parietal Attentional Network in Adolescents," submitted 2017.

⑩ B. L. Alderman et al., "Mental and Physical (MAP) Training: Combining Meditation and Aerobic Exercise Reduces Depression and Rumination while Enhancing Synchronized

Brain Activity," *Translational Psychiatry*, 2 (accepted for publication 2016) (2): e726–9; doi:10.1038/tp.2015.225.

⑪ Julieta Galante, "Loving-Kindness Meditation Effects on Well-Being and Altruism: A Mixed-Methods Online RCT," *Applied Psychology: Health and Well-Being* (2016); doi:10.1111/aphw.12074.

⑫ Sona Dimidjian et al., "Web-Based Mindfulness-Based Cognitive Therapy for Reducing Residual Depressive Symptoms: An Open Trial and Quasi-Experimental Comparison to Propensity Score Matched Controls," *Behaviour Research and Therapy* (2014); doi:10.1016/j.brat.2014.09.004.

⑬ Kathleen Garrison, "Effortless Awareness: Using Real Time Neurofeedback to Investigate Correlates of Posterior Cingulate Cortex Activity in Meditators' Self-Report," *Frontiers in Human Neuroscience* 7:440 (August 2013): 1–9.

⑭ Judson Brewer et al., "Mindfulness Training for Smoking Cessation: Results from a Randomized Controlled Trial," *Drug and Alcohol Dependence* 119 (2011b): 72–80.

⑮ A. P. Weible et al., "Rhythmic Brain Stimulation Reduces Anxiety-Related Behavior in a Mouse Model of Meditation Training," *Proceedings of the National Academy of Sciences*, in press, 2017。閃光燈的光驅動影響對癲癇的人有危險，因為那節奏有時會觸使癲癇發作。

⑯ H. F. Iaccarino et al., "Gamma Frequency Entrainment Attenuates Amyloid Load and Modifies Microglia," *Nature* 540:7632 (2016): 230–35; doi:10.1038/nature20587.

⑰ 鼠的基本哺乳類生理與人類近似，但不完全近似，大腦就更加不同了。

⑱ 詳見 Daniel Goleman, *A Force for Good: The Dalai Lama's Vision for Our World* (New York Bantam, 2015); www.joinaforce4good.org。中譯本為《柔軟的心最有力量》，天下雜誌，2017 年。

⑲ 這個策略的一些證據：C. Lund et al., "Poverty and Mental Disorders: Breaking the Cycle in Low-Income and Middle-Income Countries," *Lancet* 378:9801 (2011): 1502-14; doi:10.1016/S0140-6736(11)60754-X。

國家圖書館出版品預行編目（CIP）資料

平靜的力量：正念研究經典，科學實證持續練心即可重塑大
腦迴路，提升內心素質，脫離耗損身心的負面情緒 / 丹尼爾‧
高曼（Daniel. Goleman），理查‧戴維森（Richard J. Davidson）
著，雷叔雲譯 . -- 第二版 . -- 臺北市：天下雜誌 , 2023.05
　　面；　公分 . -- （心靈成長 ; BCCG0102P）
譯自：Altered Traits : Science Reveals How Meditation Changes
　　　Your Mind, Brain, and Body
ISBN　978-986-398-895-3（平裝）
1. CST: 壓力　　2.CST: 情緒管理　　3.CST: 生活指導
176.54　　　　　　　　　　　　　　　　　　112007054

心靈成長 102

平靜的力量

正念研究經典，科學實證持續練心即可重塑大腦迴路，提升內心素質，脫離耗損身心的負面情緒

ALTERED TRAITS: Science Reveals How Meditation Changes Your Mind, Brain, and Body

作　　者／丹尼爾‧高曼 Daniel.Goleman、
　　　　　理查‧戴維森 Richard J. Davidson
譯　　者／雷叔雲
封面設計／葉馥儀
內頁排版／林婕瀅
責任編輯／黃惠鈴、鍾旻錦

天下雜誌群創辦人／殷允芃
天下雜誌董事長／吳迎春
出版部總編輯／吳韻儀
出 版 者／天下雜誌股份有限公司
地　　址／台北市 104 南京東路二段 139 號 11 樓
讀者服務／（02）2662-0332　傳真／（02）2662-6048
天下雜誌 GROUP 網址／ http://www.cw.com.tw
畫撥帳號／ 01895001 天下雜誌股份有限公司
法律顧問／台英國際商務法律事務所‧羅明通律師
製版印刷／中原造像股份有限公司
總 經 銷／大和圖書有限公司　電話／（02）8990-2588
出版日期／ 2018 年 3 月 30 日第一版第一次印行
　　　　　 2023 年 5 月 31 日第二版第一次印行
定　　價／ 480 元

書號：BCCG0102P
ISBN：978-986-398-895-3（平裝）

直營門市書香花園　台北市建國北路二段 6 巷 11 號　（02）25061635
天下網路書店 shop.cwbook.com.tw
天下雜誌出版部落格──我讀網 books.cw.com.tw/
天下讀者俱樂部 Facebook www.facebook.com/cwbookclub

本書如有缺頁、破損、裝訂錯誤，請寄回本公司調換